Les princes du malheur

Le destin tragique des enfants de Louis XVI et Marie-Antoinette

DU MÊME AUTEUR

Albert II de Monaco : les surprises du prince, Michel Lafon, 2006.

Les Princes de la mer, Bartillat, 2006.

L'Homme qui rêvait d'être roi : entretiens avec Henri comte de Paris, Buchet Chastel, 2006.

Scandaleuses princesses : criminelles ou volages, Pygmalion, 2005.

Rainier : un prince de légende, Michel Lafon, 2005.

Le Prince : l'incroyable destin de Rainier de Monaco, Balland, 2004.

Isabeau de Bavière : épouse de Charles VI, mère de Charles VII, Pygmalion, 2003.

Les Rois assassinés, Bartillat, 2002.

La Reine mère : légendes et vérités, Grand Livre du mois, 2002.

Blanche de Castille : épouse de Louis VIII, mère de Saint Louis, Pygmalion, 2002.

Les Aventuriers de Dieu, Picollec, 2002.

Louis XVII, la vérité : sa mort au Temple confirmée par la science, Pygmalion, 2000.

L'Affaire Louis XVII, Tallandier, 2000.

Pantin, Sutton, 2000.

Marie-Antoinette, Pygmalion, 1999.

Anne d'Autriche, Pygmalion, 1999.

Marie de Médicis, Pygmalion, 1998.

Les Grimaldi : 700 ans d'une dynastie, Balland, 1997.

Clovis 496-1996 : enquête sur le XVe centenaire, Régnier, 1996.

Philippe Delorme

Les princes du malheur

Le destin tragique des enfants de Louis XVI et Marie-Antoinette

PERRIN

www.editions-perrin.fr

ISBN : 978-2-262-02309-6

Avant-propos

Peut-on imaginer destinée plus contrastée et plus tragique que celle de Louis-Charles de France, plus connu sous le nom de Louis XVII ? Lorsqu'il voit le jour, le 27 mars 1785, dans le plus beau palais du monde, toutes les fées semblent s'être penchées sur son berceau. Le royaume entier fête l'arrivée de ce petit prince aux boucles blondes dont la naissance garantit l'avenir de la dynastie des Bourbons. Titré duc de Normandie, en sa qualité de second fils de Louis XVI et de Marie-Antoinette, il ne deviendra dauphin qu'à la mort de son frère aîné, Louis-Joseph, rongé par une tuberculose osseuse, le 4 juin 1789, au terme d'une cruelle et douloureuse agonie.

Né sous les ors de Versailles, mort dans un cachot sordide, le second fils de Louis XVI et de Marie-Antoinette résume, dans les dix années de sa courte existence, tous les drames d'une époque clef de l'Histoire de France. Depuis deux siècles, des centaines d'ouvrages et d'articles ont voulu démontrer que le malheureux dauphin s'était échappé et qu'il avait survécu. Il faudra attendre les analyses ADN pratiquées à mon initiative, en 2000, sur le cœur de l'enfant du

Temple pour que la vérité se fasse jour enfin sur son véritable destin. Emprisonné à l'âge de sept ans dans un donjon médiéval puis abandonné au malheur et à la maladie, Louis XVII, brisé physiquement et moralement, s'est éteint après trois ans de captivité. « Que ses souffrances ont dû rendre ses jours lents à couler, et que son règne a été long par la douleur ! déplorait déjà Chateaubriand en 1816, devant la Chambre des pairs. Jamais vieux roi, courbé sous les ennuis du trône, a-t-il porté un sceptre aussi lourd ? » En lui restituant sa mort, c'est à tous les enfants victimes de la politique ou de la guerre, de toutes les époques et de tous les continents, auxquels l'on rend hommage. Et aujourd'hui le romancier Christophe Donner, fils d'un ingénieur communiste et d'une psychanalyste, auteur d'*Un roi sans lendemain*, peut oser affirmer que « reparler de l'enfant du Temple, [c'est] faire remonter à la surface de notre conscience le passé sacrificiel sur lequel notre société française, laïque et républicaine, vacille aujourd'hui, [...] rappeler [...] que le “ sang impur ” qui abreuve le sillon de notre hymne national, c'est aussi celui d'un enfant martyr ».

Cependant, Louis-Charles n'était pas le seul enfant du couple royal. Certes, dans une moindre mesure que son plus jeune frère, Marie-Thérèse – « Madame Royale » – a aussi intéressé les historiens. Comme Louis XVII, une fatalité implacable semblera s'acharner contre elle. Entraînée dans la tourmente révolutionnaire, elle sera la seule rescapée de la famille royale. Devenue duchesse d'Angoulême, elle demeurera, tout au long d'un interminable exil coupé des seize années de la Restauration, l'éternelle « orpheline du Temple ».

Quant aux deux autres enfants de Louis XVI et de Marie-Antoinette, bien que morts avant la chute de l'Ancien Régime, ne méritent-ils pas également le qualificatif de « princes du malheur » ? Mais qui les connaît encore ? La petite Sophie, disparue en 1787, à l'âge de onze mois, a laissé si peu de traces que certains dictionnaires oublient même de la mentionner. Quant au premier dauphin, Louis-Joseph, une seule biographie – à ma connaissance –, lui a jusqu'alors été consacrée. Lorsqu'il succombe avant d'avoir fêté son huitième anniversaire, les Etats généraux sont sur le point de se proclamer Assemblée nationale. L'Histoire, en marche, effacera jusqu'à son seul souvenir...

1

Les souhaits de la France

Versailles, le 16 mai 1770. Après avoir quitté les siens à jamais et traversé en trois semaines l'Allemagne et l'est de la France, Marie-Antoinette Josèphe Jeanne de Lorraine, archiduchesse d'Autriche, fille de la grande Marie-Thérèse, à peine âgée de quatorze ans, épouse à Versailles l'héritier du trône, le dauphin Louis-Auguste, qui n'en a pas encore seize. L'hymen de ces deux adolescents – où les sentiments n'ont pas leur place – vient sceller la réconciliation des maisons de Bourbon et de Habsbourg, gage de paix pour le Vieux Continent.

> « Le front paré d'une noble décence,
> Les yeux baissés et le cœur palpitant,
> Devant l'autel, Antoinette en silence
> Atteint, désire et craint l'instant
> Qui va combler les souhaits de la France[1]. »

---

1. Les citations adoptent une orthographe et une ponctuation actualisées, même si le français du XVIIIe siècle n'est guère éloigné de la langue de notre époque.

Ces vers de l'obscur Delporte ont le mérite d'exprimer ce que les sujets de Louis XV exigent de leur nouvelle dauphine : qu'elle perpétue sans tarder la lignée de Saint Louis ! Or, au matin de sa nuit de noces, la jeune fille n'a toujours pas perdu sa virginité. Mariés trop jeunes et sans inclination, traumatisés par les pressions incessantes de leur entourage, peut-être gênés par quelque « obstacle » physique, Louis-Auguste et Marie-Antoinette attendront sept années avant de nouer des relations sexuelles abouties...

Encore convient-il de souligner que de telles unions de princes à peine pubères apparaissent déjà, au regard des mœurs du temps, comme parfaitement incongrues. Au rebours de ce que l'on imagine souvent, l'âge moyen au mariage – chez les paysans comme chez les bourgeois – est alors assez élevé. Toutes les études démographiques le situent aux alentours de vingt-six ans pour les femmes, et de vingt-sept ans pour les hommes. Dans un contexte toujours structuré par la morale catholique – et où ne sont guère répandus les « funestes secrets » de la contraception – cette nuptialité tardive offre le seul moyen pratique de contrôle des naissances. En outre, certains hommes de l'art affirment que procréer trop jeune expose à engendrer des rejetons de constitution fragile.

Faire régner la vertu

Après les galanteries de Louis XV le Bien-Aimé, son petit-fils, devenu roi en 1774, apportera à la tête de l'Etat des mœurs honnêtes, une instruction solide et le souci sincère du bien public. S'il se méfie de la philosophie des Lumières, le jeune monarque reste marqué par l'empreinte de son précepteur La Vauguyon, disciple de Fénelon, le précurseur chrétien des Encyclopédistes. Louis XVI, qui a appris à lire dans *Télémaque*, est pénétré de la fragilité des puissances humaines, de la relativité et du caractère sacrificiel de toute autorité. « Un prince, se souvient-il, est véritablement l'image de Dieu, lorsqu'il est juste et qu'il ne règne que pour faire régner la vertu. »

L'antique royauté capétienne, pour « absolue » qu'elle fût, n'avait rien d'un régime totalitaire. Et l'historien Frantz Funck-Brentano pourra, à juste titre, la décrire comme « hérissée de libertés ». Soumise au respect de la morale chrétienne, la toute-puissance du souverain, encadrée par les lois fondamentales, est encore limitée par les contre-pouvoirs d'un maquis de traditions et d'usages particuliers. Car ces « privilèges », innombrables, ne sont pas seulement l'apanage de la noblesse, mais concernent également les métiers, les villes et les provinces.

Or, le jeune souverain n'aura pas la volonté – ni peut-être les moyens véritables – de trancher le nœud gordien d'une telle société, figée dans ses corporatismes, préfigurant, à bien des égards, nos blocages contemporains. La France, au crépuscule du XVIIIe siècle, paraît néanmoins assurée de son avenir. Sa façade cossue, les souvenirs d'un passé fastueux masquent assez les fissures qui la lézardent. Riche de ses quelque vingt-sept millions d'habitants, le royaume des lys demeure – et de loin – le mieux peuplé d'Europe. Son influence rayonne sur l'univers, et l'Europe entière parle français. Ses philosophes ont modelé les esprits du siècle des Lumières. Montesquieu, Voltaire et Rousseau sont révérés comme les prophètes d'un monde nouveau.

Dans la main de Dieu

Ainsi donc, Louis XVI, prince farouche et maladroit, dédaignera longtemps d'exercer ses prérogatives matrimoniales, et de devenir vraiment le mari d'une femme à qui l'on impute dès lors – outre une frivolité bien réelle – une apparente stérilité. La naissance d'un neveu, titré duc d'Angoulême, le 6 août 1775, rend la situation de Marie-Antoinette encore plus intolérable. Elle semble incapable de procréer, alors que sa belle-sœur, la comtesse d'Artois, femme du futur Charles X, témoigne d'une impudente fécondité ! « Il est inutile de dire à ma chère maman, se plaint-elle à l'Augustissima, combien j'ai souffert de voir un héritier qui n'est pas de moi. » Les poissardes des Halles, auxquelles une étrange coutume donne une telle licence, escortent la malheureuse souveraine jusqu'aux portes de ses appartements, en l'exhortant, à grand renfort d'apostrophes égrillardes, de remplir sans délai son rôle de génitrice royale.

Dès 1776, Marie-Thérèse d'Artois est de nouveau enceinte. « La comtesse est entrée dans son septième mois de grossesse, se désole Marie-Antoinette, le 10 juin, dans une lettre à sa mère. Je suis dans la main de Dieu et je m'étourdis le plus que je peux. J'en ai besoin, car ce n'est pas être reine de France que de n'avoir pas les honneurs d'un dauphin... »

En mal d'enfant, la reine adopte, en août 1776, un petit paysan de trois ans, que son carrosse a failli renverser aux environs de Louveciennes. Ce petit blondinet aux grands yeux bleus, rebaptisé Armand, connaîtra les enchantements de la monarchie, avant de devenir un républicain acharné – « le terroriste le plus sanguinaire de Versailles » selon Madame Campan –, et d'aller se faire tuer en 1792 à la bataille de Jemmapes.

Beaucoup d'auteurs ont soutenu – sans preuve formelle – que le jeune roi souffrait d'un phimosis, qui rendait douloureux tout contact sexuel. Introverti, il est surtout affligé d'une timidité maladive. Et son autre frère, le comte de Provence, écrira bien plus tard, non sans un soupçon d'ironie : « La nature s'expliqua chez Louis XVI beaucoup plus tard qu'elle ne s'explique ordinairement chez les hommes... » Les chansonniers, qui manient moins finement l'art de la litote, s'interrogent :

« Chacun se demande tout bas :
Le roi peut-il ? ne peut-il pas ? »

Il faudra attendre, pour que la situation se débloque, la visite à Versailles de l'empereur Joseph II, au printemps de 1777. Dans une lettre d'une brutale crudité, celui-ci explique sans ambages au grand-duc de Toscane que le roi « n'est impuissant ni de corps ni d'esprit, mais le *fiat lux* n'est pas encore venu [...]. Dans son lit conjugal, il a des érections fort bien conditionnées, il introduit le membre, reste là sans se remuer deux minutes peut-être, se retire sans jamais décharger, toujours bandant, et souhaitant le bonsoir. Cela ne se comprend pas, car avec cela, il a parfois des pollutions nocturnes, mais en place ni en faisant l'œuvre jamais ; et il est content, disant tout bonnement qu'il ne faisait cela que par devoir et qu'il n'y avait aucun goût. [...] Ma sœur avec cela a peu de tempérament, et ils sont deux francs maladroits ensemble. »

Réussir le grand œuvre

Que doit-on croire de cette page aux relents d'épigramme obscène, que n'aurait pas désavouée Rabelais ? Quoi qu'il en soit, avec l'aide d'un bistouri, ou les sens enfin éveillés, Louis XVI finit par assumer ses devoirs conjugaux. Précisément le 18 août 1777, si l'on en croit l'ambassadeur d'Autriche, Claude-Florimond, comte de Mercy-Argenteau[1] : « Le roi est venu chez la reine à dix heures du matin, au moment où elle sortait du bain. Les deux augustes époux restèrent ensemble près de cinq quarts d'heure. Le roi exigea avec les plus grandes instances que tout ce qui s'était passé entre eux restât secret et la reine dut s'y engager. Il n'y eut d'exception que pour le médecin Lassone[2], lequel, instruit par le roi de toutes les

1. Conformément à l'usage de ses contemporains – et des historiens – nous le nommerons Mercy, et non point Mercy-Argenteau.

2. Pour les noms des médecins et chirurgiens – qui varient selon les sources – nous avons adopté systématiquement l'orthographe de l'*Almanach royal* de 1789.

circonstances, n'hésita pas à affirmer positivement que le mariage était consommé. »

De son côté, la reine s'empresse de confirmer à l'impératrice Marie-Thérèse : « Je suis dans le bonheur le plus essentiel pour toute ma vie. Il y a déjà plus de huit jours que mon mariage est parfaitement consommé. L'épreuve a été réitérée et encore hier plus complètement que la première fois. » Joseph II, bientôt instruit de la bonne nouvelle, se rengorge auprès de l'archiduc Léopold, son frère : « Le roi de France, comme vous savez, a enfin réussi le grand œuvre, et la reine peut devenir grosse. Ils me l'ont écrit tous les deux et me font des remerciements, l'attribuant à mes conseils. Il est vrai que j'ai parfaitement reconnu que paresse, maladresse et apathie étaient les seuls empêchements qui s'y opposaient. »

Pourtant, en dépit de cet heureux rapprochement, ses effets positifs se font toujours désirer. D'ailleurs, après l'embellie de l'été de 1777, les relations du couple royal s'espacent. Durant l'automne, à Fontainebleau, Marie-Antoinette se replonge à corps perdu dans sa passion du jeu et des fêtes. Grand chasseur, Louis XVI se lève aux aurores et déteste veiller tard. « Il n'a pas le goût de coucher à deux », constate la reine qui ne paraît pas tellement regretter ce manque de fougue amoureuse.

En décembre, toutefois, le monarque songe à nouveau à la nécessité de se donner un successeur, comme le confirme dans ses *Mémoires*, Madame Campan, la première femme de chambre de Marie-Antoinette :

« Vers les derniers mois de 1777, la reine, étant seule dans ses cabinets, nous fit appeler, mon beau-père et moi, et, nous présentant sa main à baiser, nous dit que, nous regardant l'un et l'autre comme des gens bien occupés de son bonheur, elle voulait recevoir nos compliments ; qu'enfin elle était reine de France, et qu'elle espérait bientôt avoir des enfants ; qu'elle avait jusqu'à ce moment su cacher ses peines, mais qu'en secret elle avait versé bien des pleurs. Nous avons calculé qu'elle accoucha de Madame, fille du roi, un an juste après la confidence qu'elle avait daigné nous faire. Le bruit de cette union tant retardée ne se répandit pas dans le public. »

Les espérances de Marie-Antoinette

Enfin, vers la fin du mois de mars de 1778, Marie-Antoinette se soupçonne enceinte, lorsqu'elle constate que sa « révolution » – son cycle menstruel, auquel elle donne aussi le nom codé de « générale » – est interrompue. Elle s'assure qu'il ne s'agit pas d'un simple retard de règles, avant d'en avertir sa mère, le 19 avril 1778 :

« Mon premier mouvement, et que je me repens de n'avoir pas suivi, il y a huit jours, c'était d'écrire mes espérances à ma chère maman. J'ai été arrêtée par la crainte de causer trop de chagrin si mes grandes espérances venaient à s'évanouir. Elles ne sont pas encore entièrement assurées, et je n'y compterai entièrement que dans les premiers jours du mois prochain : époque de la seconde révolution. En attendant je crois avoir de bonnes raisons pour y prendre confiance : du reste je me porte à merveille, mon appétit et mon sommeil sont augmentés. Je dois aussi prévenir les alarmes et inquiétudes de ma chère maman, en lui rendant un compte fidèle et bien vrai de ma manière de vivre. Depuis le commencement de mes espérances, j'ai interrompu toute espèce de course en voiture et me suis bornée à de petites promenades à pied. On m'assure que quand la seconde révolution sera passée, il sera plus salutaire d'être moins renfermée. Ma chère maman peut compter que je serai bien modérée et attentive sur tous mes mouvements. [...] Hier, en revenant des Ténèbres [office du vendredi saint], j'ai un peu vomi, ce qui augmente mes espérances. »

Le lendemain, Mercy confirme à l'Augustissima : « Jusqu'à ce que le terme de la seconde révolution soit passé, on ne pourra que rester entre la crainte et l'espérance. Jamais il n'en a existé encore de si fondée ; le roi en est dans le plus grand enchantement. [...] la joie et les vœux de tout Paris ne sont nullement équivoques, et j'en observe journellement les témoignages les plus marqués. »

Néanmoins, l'ambassadeur craint les intrigues versaillaises. S'il ne doute pas de la loyauté de François de Lassone, le premier médecin du roi et de la reine, ni de celle du lecteur et confident de Marie-Antoinette, l'abbé Matthieu-Jacques de Vermond, s'il compte sur l'honnêteté et la fidélité des deux premières femmes de chambre, il n'éprouve qu'une confiance limitée à l'endroit de la foule des serviteurs qui vibrionnent autour de la souveraine.

C'est que les « espérances » de Marie-Antoinette prennent les dimensions d'une affaire d'Etat. Le 24 avril, l'auteur anonyme de la *Correspondance secrète sur Louis XVI, Marie-Antoinette, la cour et la ville de 1777 à 1792* – publiée en 1866 d'après un manuscrit de la bibliothèque de Saint-Pétersbourg – assure que « la reine n'ose encore recevoir les félicitations qu'on s'empresse de lui faire. Déjà, nos politiques spéculent sur toutes les révolutions qu'occasionnera la naissance d'un dauphin ou même seulement d'une princesse ».

Selon des préceptes naturels

Marie-Thérèse, pour sa part, devance les déclarations officielles : « Vous m'annoncez une grande, une non attendue nouvelle, se félicite-t-elle le 2 mai. Que Dieu en soit loué, et que ma très chère Antoinette soit affermie dans sa situation brillante, en donnant des héritiers à la France ! » Ses inquiétudes, elle les garde pour Mercy, à qui elle écrit le même jour : « Toute flatteuse qu'est la nouvelle de l'apparence d'une grossesse de ma fille, je vous avoue que je suis presque tentée de m'en douter jusqu'au moment qu'elle aura mis au monde l'enfant dont on la suppose enceinte ; tant je suis devenue incrédule sur ce chapitre, après que je vois mes espérances frustrées depuis si longtemps... »

Cependant, Marie-Antoinette attend bel et bien un enfant. Sa taille s'arrondit, et elle s'étonne avec ravissement, début juin, « d'avoir pris quatre pouces et demi ». Installée pour la belle saison à Marly, elle dort une grande partie de la matinée, fait des promenades dans le parc, avant de se consacrer à des travaux d'aiguille, entourée de ses amies intimes. Femme d'un siècle qui découvre l'enfant, la reine se promet de soigner le sien selon les préceptes « naturels » mis à la mode par Jean-Jacques Rousseau :

« A la manière dont on les élève à cette heure, ils sont bien moins gênés ; on ne les emmaillote pas, ils sont toujours dans une barcelonnette ou sur les bras, et du moment qu'ils peuvent être à l'air, on les y accoutume petit à petit, et ils finissent par y être presque toujours. Je crois que c'est la manière la plus saine et la meilleure de les élever. Le mien logera en bas, avec une petite grille qui le séparera du reste de la terrasse, ce qui même pourra lui apprendre plus tôt à marcher que sur les parquets. »

Louis XVI a fait chanter un *Te Deum* dans la chapelle de Versailles pour annoncer que sa femme était enceinte de quatre mois. Le 19 juin 1778, il écrit au roi d'Espagne : « Monsieur mon frère et oncle, connaissant l'intérêt que Votre Majesté prend à ce qui me regarde, je ne puis tarder davantage à lui faire part de l'heureux événement de la grossesse de la reine, qui me comble de joie. » Assurément, cet « heureux événement » restitue à Marie-Antoinette une partie de cette popularité que sa légèreté et son caractère primesautier lui avaient fait perdre. Comme marque de satisfaction, Louis XVI lui a donné douze mille francs, avec lesquels elle patronne aussitôt un hospice pour les mères nécessiteuses de Versailles. Elle finance également la délivrance de malheureux pères de familles détenus faute d'avoir pu payer les mois de nourrice de leurs enfants.

L'amour maternel ne s'exprime pas de la même manière au XVIIIe siècle que de nos jours. La pratique de la mise en nourrice reste alors de rigueur. Elever un bébé à Paris, métropole insalubre par excellence, aurait d'ailleurs relevé de l'inconscience ! C'est pourquoi artisans et boutiquiers préfèrent confier leurs rejetons, dès leur naissance, aux soins mercenaires d'une villageoise de la banlieue, plutôt que de les exposer aux miasmes et à la contagion de la capitale. Quitte à les « oublier » pendant trois ou quatre ans.

De saignées en purgations...

Vendredi 31 juillet 1778, à dix heures et demie du soir, l'enfant commence à bouger. « Depuis ce moment, explique la reine à l'impératrice, il remue fréquemment, ce qui me cause une grande joie. Je ne peux pas dire à ma chère maman combien chaque mouvement ajoute à mon bonheur. » A Louis XVI, elle lance sur le ton de la plaisanterie : « Sire, je viens vous demander justice contre un de vos sujets qui m'a violemment insultée. » Et comme le roi s'étonne, elle continue : « Oui, sire, il s'en est trouvé un assez audacieux, le dirai-je ! Pour me donner des coups de pied dans le ventre. »

Le « fruit » que la reine porte dans son sein s'est manifesté le jour où arrivait la nouvelle du combat naval d'Ouessant. Le 27 juillet, en effet, la flotte anglaise a été bousculée par la Royale au large du Finistère. Il n'en faut pas davantage pour que le *Mercure de France* en déduise le sexe du futur prince :

« Avec trop de lenteur s'annonçait à nos vœux
L'auguste rejeton que nous donnent les cieux ;
Mais le récit d'une victoire
A paru l'animer soudain.
N'en doutons pas, c'est un dauphin,
Toujours, dès qu'il respire, un Bourbon sent la gloire. »

De saignées en purgations – les panacées de la médecine du temps –, Marie-Antoinette chemine sans trop d'encombre vers son terme, prévu pour décembre. De son propre chef, elle a choisi comme accoucheur – passant outre à l'opinion contraire du roi – Charles-Toussaint de Vermond, le propre frère de son mentor. Louis XIV a été le premier à faire appel à un accoucheur, Julien Clément, pour assister Mademoiselle de La Vallière. Néanmoins, les milieux populaires considèrent toujours la présence d'un représentant du sexe masculin au chevet d'une femme en couches comme une indécence. Ainsi, dans sa *Défense des sages-femmes* parue en 1771, Elisabeth Nihell s'interroge sur les risques encourus par l'impudique parturiente : « A quels dangers sa vertu ne sera-t-elle pas exposée, si elle se trouve assez jolie pour mériter les attentions de son accoucheur, ou tout au moins un compliment de sa part sur les charmes secrets qu'il aura parcourus... »

L'art des accouchements

Marie-Antoinette peut assurément faire confiance à la discrétion du docteur Vermond. En revanche, ce digne homme de l'art, auteur d'une thèse intitulée : *Positiones anatomicae et chirurgicae – Positions d'anatomie et de chirurgie* –, ne brille pas parmi les phares de sa profession, comme en attestent les *Mémoires secrets pour servir à l'histoire de la République des lettres* : « On rapporte des faits de son ignorance et de sa barbarie, qui font frémir : mais on rit plus volontiers de ses balourdises et de sa grossièreté. Dernièrement, Sa Majesté se plaignait d'être plus grosse qu'on ne doit l'être dans son état : " C'est que vous êtes ventrue, Madame ", a-t-il répliqué. Une autre fois, la reine se plaignait de sa gorge volumineuse : " C'est que vous êtes naturellement tétonnière. " »

Quelques années plus tard, dans sa *Luciniade – Poème en dix chants sur l'art des accouchements* –, le docteur Sacombe exécutera d'une rime ce très médiocre « accoucheur de la reine » :

« ... Vermond a fait voir
Que ce titre éminent dispense du savoir. »

Certes, les techniques obstétricales ont progressé au cours du XVIIIe siècle. Si, à l'Hôtel-Dieu de Paris, quinze pour cent des femmes périssent en couches, d'hémorragie ou de fièvre puerpérale – sans évoquer celles qui en sortent « languissantes » –, le taux de mortalité infantile a cependant diminué d'au moins un tiers. Dans les campagnes, les « matrones » incultes et superstitieuses commencent à céder la place à des sages-femmes nanties d'un réel savoir médical. Par brevet royal du 18 août 1777, Angélique Ducoudray a été autorisée à « tenir des cours d'instruction publique » d'accouchement à travers tout le royaume. Pendant vingt-cinq ans, elle ira de ville en ville pour faire des démonstrations pratiques à l'aide d'un mannequin articulé, le « phantôme ».

Obstétrique et mécanique

Dès 1747, le chirurgien Levret perfectionne le forceps inventé au siècle précédent, tandis que Baudelocque et Chevreul jettent les bases de l'obstétrique moderne. « L'art d'accoucher » peut dorénavant se hausser au rang de science exacte, comme s'en félicite Jean Astruc en 1766 : « Il s'en faut peu que l'art d'accoucher n'ait atteint sa perfection, et que les opérations qu'il faut faire dans l'exercice de cet art, ne soient portées presque à la certitude géométrique : il ne faut pas en être surpris; car, après tout, l'art d'accoucher se réduit au problème de mécanique suivant : une cavité extensible, d'une certaine capacité, étant donnée, en tirer un corps flexible d'une longueur et d'une grosseur données, par une ouverture dilatable jusqu'à un certain point. »

L'Augustissima – qui a mis au monde seize enfants – garde sa confiance dans les méthodes traditionnelles. Elle fait réciter des neuvaines dans les églises de Vienne. Le 25 novembre, elle adresse à sa fille ses ultimes recommandations : « Je serai fort courte; celle-ci vous trouvera bien près de votre terme. Je compte toujours entre le 8 et le 15 [décembre] que Dieu nous accorde la consolation de vous savoir délivrée. Tout le reste est indifférent; les fils suivront les filles. On dit que vous comptez nourrir vous-même votre enfant ; cela dépend du roi et du médecin ; j'avoue à leur place que je ne vous l'accorderais pas, c'est très bien de vous offrir. »

En effet, la croyance commune attribue alors un effet contraceptif à l'allaitement. Et il convient que la reine ne tarde pas à donner le jour à un deuxième bébé, surtout si le premier s'avère être une fille ! Apparemment, Marie-Antoinette aurait donné le sein à Madame Royale pendant un certain temps, puisqu'elle écrit à sa mère, quatre mois après la naissance, qu'elle a encore un peu de lait...

A mesure que s'égrènent les mois et les semaines, une fébrilité presque palpable agite la France : « La nation a vu avec transport approcher le moment qui l'intéressait si fort, lit-on dans le *Mercure de France*. Elle n'a cessé partout de témoigner sa joie et ses espérances, et d'implorer le ciel pour l'heureuse délivrance de la reine ; il n'y a point de ville, point de village dans le royaume qui ne se soit signalé par des actes de piété ; dans plusieurs endroits on y en a joints de bienfaisance. »

Depuis le début de décembre, le premier médecin Lassone et l'accoucheur Vermond campent à proximité des appartements de la reine, prêts à réagir au premier signal. Par précaution, trois nourrices ont été appointées afin d'allaiter le bébé royal. « On a congédié la foule des prétendantes, écrit l'auteur de la *Correspondance secrète*. Deux de ces nourrices sont de simples paysannes, et la troisième est l'épouse d'un brasseur de Paris. »

Louis XVI ne s'est jamais montré aussi attentionné et affectueux à l'égard de son épouse. Dix fois par jour, il va la visiter, et ne cesse de questionner les médecins. Par jeu, Marie-Antoinette fait envoyer anonymement son urine à un charlatan fameux nommé Printan, qui conclut de cet examen qu'elle porte un enfant mâle !

2

Accoucher à Versailles

« La reine n'accouche point, et les esculapes présument qu'elle peut encore aller quelques jours », lit-on le 18 décembre 1778, dans la *Correspondance secrète*. Il est minuit et demi, la nuit suivante, quand se font sentir les premières douleurs. Deux heures plus tard, Marie-Antoinette donne l'ordre d'avertir sa dame d'honneur, la princesse de Chimay. Celle-ci fait à son tour réveiller Louis XVI, qui accourt, suivi du comte et de la comtesse de Provence, du comte et de la comtesse d'Artois, et de leurs tantes, Mesdames Adélaïde, Victoire et Sophie. Surviennent ensuite les autres princes et princesses du sang, le garde des Sceaux et tous les ministres et secrétaires d'Etat, puis une foule hétéroclite où se coudoient grands seigneurs et serviteurs.

Un accouchement au palais du Roi-Soleil n'a rien d'une partie de plaisir ! La légitimité monarchique repose sur le caractère indiscutable de la transmission dynastique. Aussi, en vertu d'une coutume qui remonte au Moyen Age, tout le monde est-il admis à assister aux naissances royales. Les princes des branches cadettes sont intéressés au premier chef à ce que l'on ne pratique aucune substitution d'enfant. Le Garde des Sceaux est là pour constater officiellement le sexe du nouveau-né, puisque la loi salique n'accorde de droits qu'aux mâles.

Sur le lit de travail

Les appartements d'apparat de la reine s'ouvrent, à l'extrémité de la galerie des Glaces, sur le salon de la Paix. Avant d'appartenir à Marie-Antoinette, la chambre à coucher a été celle des reines Marie-Thérèse et Marie Leczinska[1]. Durant tout l'Ancien Régime, dix-neuf enfants de France y verront le jour, dont Louis XV et Philippe V d'Espagne. Elle a été redécorée au début du règne. Au plafond alternent désormais les armes de France et de Navarre, et les aigles d'Autriche. Les dessus de portes ont été peints par Natoire et De Troy, les camaïeux de la voûte par Boucher. Des palmiers festonnés de fleurs ornent trois trumeaux de glace et les portraits de l'impératrice Marie-Thérèse et de son fils Joseph II, tissés aux Gobelins. Derrière une estrade dorée, se dresse le lit à baldaquin, rehaussé d'amours sculptés jouant dans des guirlandes, de grands lys de cuivre à la main. Mais à chaque accouchement, on dresse une banquette étroite face à la cheminée : le « lit de travail ».

---

1. Nous préférons cette graphie traditionnelle à celle, plus savante, de « Leszczyńska », qui d'ailleurs ne correspond pas à la prononciation française. De même, nous évoquerons plus loin le roi Stanislas Leczinsky, duc de Lorraine, et non « Stanisław Leszczyński ».

On ne sait si le docteur Vermond a suivi les recommandations de son confrère, le Vaudois Samuel Tissot, qui préconisait en 1761, dans son *Avis au peuple sur sa santé* : « L'on ne doit donner d'autre nourriture pendant le temps du travail, qu'un peu de panade toutes les trois heures, et de l'eau panée autant que la malade en veut. On donne, de quatre en quatre heures, un lavement avec une décoction de mauve et un peu d'huile ; dans l'intervalle on fait mettre sur une étuve, c'est-à-dire sur un bassin ou sur une chaise percée, dans lesquels il y a de l'eau chaude ; l'on frotte le passage avec un peu de beurre, et l'on tient sur le ventre des fomentations d'eau chaude, qui sont les plus efficaces. »

Toujours est-il que la reine, qui était restée debout jusqu'à huit heures du matin, en marchant dans sa chambre, perd alors les eaux. Elle s'allonge sur son « lit de travail ». Peu après onze heures et demie, alors que, brisée par la fatigue, elle est enfin sur le point de mettre au monde la petite Marie-Thérèse, le docteur Vermond commet l'imprudence d'annoncer à haute voix : « La reine va accoucher ! »

Une saignée au pied !

Aussitôt, un flot de curieux se rue en trombe dans la chambre et manque de faire suffoquer la parturiente, comme le raconte Madame Campan : « Le roi avait eu, dans la nuit, la précaution de faire attacher avec des cordes les immenses paravents de tapisserie qui environnaient le lit de Sa Majesté. Sans cette précaution, ils auraient à coup sûr été renversés sur elle. Il ne fut plus possible de remuer dans la chambre qui se trouva remplie d'une foule si mélangée, qu'on pouvait se croire dans une place publique. »

Deux petits Savoyards montent sur les meubles pour mieux observer la scène ! La malheureuse souveraine est frappée d'une syncope. Madame Campan poursuit : « Le sang se porta à la tête, la bouche se tourna, l'accoucheur cria : " De l'air, de l'eau chaude, il faut une saignée au pied ! " Les fenêtres avaient été calfeutrées ; le roi les ouvrit avec une force que sa tendresse pour la reine pouvait seule lui donner, ces fenêtres étant d'une très grande hauteur, et collées avec des bandes de papier dans toute leur étendue. » Comme le bassin d'eau chaude n'arrive pas assez vite, l'accoucheur intime au premier chirurgien l'ordre de piquer la reine à sec, au risque de léser une veine ou un nerf. « Estropiez plutôt ! » Le sang jaillit, avec force. La reine ouvre les yeux. « On eut peine à retenir la joie qui succéda si rapidement aux plus vives alarmes. »

En réalité, il semble que Louis XVI ait déjà quitté la pièce lorsque se produit l'incident, qu'il ne mentionne pas dans son *Journal.* « La reine est accouchée à onze heures et demie d'une fille, note-t-il. J'ai passé tout de suite dans le grand cabinet pour la voir emmailloter et la remettre entre les mains de Madame de Guéméné, gouvernante. » Les fenêtres auraient donc été débloquées par quelques courtisans vigoureux, tandis que les huissiers évacuent enfin les importuns. « On vit que c'était une fille et chacun s'éloigna comme consterné », assure le duc de Croÿ. Néanmoins, la première déconvenue passée, tout le monde s'embrasse et pleure de joie.

Samuel Tissot préconise d'utiliser un « mélange d'un tiers de vin avec deux tiers d'eau », afin de délivrer « le corps de l'enfant qui naît [...] [de la] crasse qui vient de la liqueur dans laquelle il a vécu. [...] Si cette crasse paraît gluante et épaisse, il faut se servir d'une décoction de camomille, avec la grosseur d'une noisette de savon. » Pour faire cette toilette, on utilise « une éponge, et l'on commence par le visage, ensuite les oreilles, le derrière de la tête – on évite la fontanelle –, le cou, les reins, tout le corps, les cuisses, les jambes, les bras, en un mot on les lave partout. »

« Vous adoucirez mes peines »

Marie-Antoinette, réveillée de son évanouissement, marque d'abord sa déception de n'avoir pas conçu un dauphin. Elle ne consent à sécher ses larmes que lorsque le roi lui témoigne « la plus grande tendresse et beaucoup de joie d'avoir un enfant ». La reine peut admirer sa fille et la presser « sur son cœur vraiment maternel » : « Pauvre petite, lui murmure-t-elle, vous n'étiez pas désirée, mais vous ne m'en serez pas moins chère. Un fils eût plus particulièrement appartenu à l'Etat. Vous serez à moi ; vous aurez tous mes soins, vous partagerez mon bonheur et vous adoucirez mes peines. »

Dans plusieurs de ses lettres, Marie-Antoinette désignera sa fille par cette expression surprenante de

« pauvre petite ». On se souvient aussi qu'il lui est arrivé de qualifier son royal époux de « pauvre homme », au grand dam de générations d'historiens. Or, il faut se souvenir qu'au XVIIIe siècle, l'adjectif « pauvre » – selon le dictionnaire de l'Académie française – pouvait se dire « par tendresse et par familiarité », sans la moindre nuance de mépris ou de compassion. « Pauvre petite » ou « pauvre homme » équivalait donc à « chère enfant », « cher homme ».

Tandis que le bébé est conduit dans ses appartements par sa gouvernante et ses trois sous-gouvernantes, escortées d'un sous-lieutenant, Louis XVI assiste à un *Te Deum*. Entre-temps, Mercy a griffonné une missive à l'impératrice. Dans son émotion, il la date du « 20 décembre, à midi trois quarts », au lieu du 19 :

« Je profite du courrier dépêché au baron de Breteuil pour annoncer très respectueusement à Votre Majesté que la reine vient de mettre au monde une princesse ce matin, à onze heures et demie. Les douleurs ont commencé à minuit et demi ; elles ont d'abord été peu considérables et avec de longs intervalles, même de repos et d'instants de sommeil. Les grandes douleurs suivies n'ont commencé que vers huit heures, et les eaux ont percé dans ce même moment. La reine a soutenu le mal avec un grand courage ; j'ai vu cette auguste princesse dans les derniers moments de l'accouchement et encore quelques instants après. La violence qu'elle s'était faite pour ne pas se plaindre lui causa un léger mouvement convulsif dans les nerfs : on jugea convenable de la saigner, et l'accident se calma sur-le-champ. La reine est autant bien qu'il est possible de l'être dans ces premiers instants de son état, et son auguste enfant, qui est grand et fort, se porte à merveille. »

Non sans exagération, l'abbé Maudoux affirme, dans son *Journal*, que l'impératrice a dû apprendre la nouvelle en moins de trois heures, car « on avait disposé des canons jusqu'à Vienne, de deux lieues en deux lieues ».

Madame, fille du roi

A Versailles, les princes du sang s'en vont faire la révérence devant le souverain, qui reçoit ensuite les compliments des ambassadeurs et des ministres étrangers. Dès deux heures de l'après-midi, le baptême est célébré dans la chapelle du château par le cardinal-prince Louis de Rohan, grand aumônier de France, en présence de messire Honoré-Nicolas Brocquevielle, curé de Notre-Dame de Versailles. Contrairement à l'ancien usage, selon lequel les enfants princiers n'étaient qu'ondoyés le jour de leur naissance, la fille aînée de Louis XVI et de Marie-Antoinette est immédiatement baptisée et nommée Marie-Thérèse-Charlotte, en l'honneur de sa grand-mère et marraine l'impératrice – qui d'ailleurs a choisi le prénom – et de son parrain, le roi Charles III d'Espagne, représentés par le futur Louis XVIII et son épouse. Elle reçoit aussi le titre de « Madame fille du roi » – ou « Madame Royale » – afin de ne pas la confondre avec l'autre « Madame », la comtesse de Provence.

L'acte est consigné sur les registres de la paroisse, comme pour n'importe quel autre nouveau chrétien versaillais, noble ou roturier. Tandis que le rédacteur, au comble de l'émotion, se perd dans la titulature du « prince Louis René Edouard, cardinal de Rohan-Guéméné, évêque de Canople, coadjuteur de Strasbourg », Monsieur, qui a tenu sa nièce sur les fonts baptismaux, hasarde une remarque faussement naïve : « La première chose est de savoir quels sont les père et mère, c'est ce que prescrit le rituel... »

Certains médisants chuchotent en effet que la petite Marie-Thérèse serait la fille du duc de Coigny, l'un des favoris de la reine. Des libelles injurieux circulent déjà sous le manteau. On en jettera même dans l'antichambre de l'Œil-de-Bœuf, à l'entrée des appartements royaux. De factums de ce genre continueront d'être imprimés durant tout le règne. Souvent illustrés de gravures pornographiques, ils prêtent à Marie-Antoinette une sexualité débridée, et une foule de partenaires, tant masculins que féminins. Selon l'un d'eux, intitulé *Les Amours de Charlot et Toinette*, le père de Madame Royale serait en réalité le comte d'Artois, car son « pauvre sire » de frère :

> « Trois ou quatre fois condamné
> Par la salubre Faculté,
> Pour impuissance très complète,
> Ne peut satisfaire Antoinette.
> De ce malheur bien convaincu,
> Attendu que son allumette
> N'est pas plus grosse qu'un fétu ;
> Que toujours molle et toujours croche,
> Il n'a de vit que dans la poche... »

Un autre de ces pamphlets met en scène un Louis XVI – connu pour son goût de la serrurerie – éberlué d'avoir réussi à procréer :

« J'étais bien éloigné
De croire l'aventure,
J'allais même l'abandonner ;
Mais à force de fourgonner,
J'ai forcé la serrure. »

Ces insinuations venimeuses n'empêchent pas les Parisiens de se réjouir. En début d'après-midi, le canon de la ville leur annonce l'heureuse naissance. Le comte de Béon, sous-lieutenant des gardes du corps, se présente solennellement devant le prévôt des marchands – l'équivalent de l'actuel maire de Paris –, Antoine Lefebvre de Caumartin, qui le congratule :

« L'envoyé d'un roi chéri vers un peuple fidèle porte en son cœur la certitude du succès de sa mission. Vous avez dû compter, Monsieur, que le corps de ville de la capitale du royaume sentirait tout le prix de l'honneur que lui fait le monarque en l'associant à sa joie. »

Les Parisiens en liesse

Aussitôt, deux échevins se rendent au Fort-l'Evêque, quai de la Mégisserie, pour délivrer soixante et onze parents, prisonniers pour dettes de nourrice. Les uns sont peintre, gagne-denier ou rubanier, les autres évantailliste, gazier, carrier, menuisier, ou encore « ouvrier mathématicien ». Le total de leurs dettes, qui s'élève à six mille six cents livres six sols et six deniers[1], est intégralement remboursé. L'un des bénéficiaires, un compagnon doreur nommé Lafosse, déclenche un généreux élan de charité, en affirmant être le père de vingt-quatre enfants, dont dix-neuf encore vivants et restant à sa charge ! Quelques jours plus tard, il avouera n'en avoir... que dix.

Au cours de l'après-midi, on distribue dans les rues du pain, du vin et des cervelas. A la nuit tombée, un « feu en cérémonie » est dressé devant l'hôtel de ville illuminé, avec deux buffets et un orchestre, tandis que des fusées volantes éclatent dans le ciel. Le canon tonne de nouveau le lendemain dès sept heures du matin, puis à midi, et encore à sept heures du soir. Les théâtres donnent des représentations gratuites. A la Comédie Française, charbonniers et poissardes revendiquent d'occuper les loges du roi et de la reine, comme les y autorise la tradition.

Une ordonnance prescrit aux bourgeois d'illuminer leurs maisons samedi 26 décembre, à l'occasion des réjouissances pour « l'ouverture du ventre de la reine », selon la curieuse expression du temps désignant la naissance du premier enfant d'une souveraine. Ce jour-là, un *Te Deum* est célébré à Notre-Dame, en

1. Il n'est guère aisé d'établir une conversion pour les monnaies anciennes, car les échelles des prix et des salaires étaient autrefois très différentes. En France, l'unité de compte était la livre – qu'on appelle aussi le franc –, divisée en vingt sols de douze deniers. On peut hasarder, pour sa valeur à la veille de la Révolution, l'équivalent de 3 euros 2008. Mais on mesurera mieux toute la difficulté d'un tel calcul, lorsque l'on saura qu'un ouvrier non qualifié ne percevait environ qu'une livre par jour.

présence du parlement, des ordres de la magistrature et du corps de ville. Dans tous les quartiers, les habitants dansent jusqu'à l'aube, autour des fontaines de vin et des tables croulant sous les victuailles. A moins de quinze ans de l'exécution de Louis XVI, ces vers publiés par le *Journal de Paris* ne manquent pas d'une cruelle ironie :

« J'ai vu dans tous les cœurs l'amour et l'allégresse,
J'ai vu la ville en feu signaler sa tendresse.
Français, peuple volage et constant à la fois,
Que j'aime ta brillante ivresse !
Il est donc vrai qu'on peut te fixer quelquefois,
Et si tu changes de maîtresse,
Tu restes fidèle à tes rois. »

Certes, tout le monde rêvait de la naissance d'un héritier mâle, seul habilité à succéder à son père. La comtesse de Beauharnais, qui avait pronostiqué un garçon, bat sa coulpe :

« Oui, pour fée étourdie, à vos traits je me livre ;
Mais si ma prophétie a manqué son effet,
Il faut vous l'avouer, c'est qu'en ouvrant le livre
J'avais, pour le premier, pris le second feuillet. »

Un certain Imbert rimaille un impromptu sur le même thème :

« Pour toi, France, un dauphin doit naître ;
Une princesse vient pour en être témoin,
Sitôt qu'on voit une Grâce paraître,
Croyez que l'Amour n'est pas loin. »

A quoi Marie-Antoine-François Chivot, professeur de seconde au collège de Montaigu et auteur d'une ode intitulée *Mars trompé*, renchérit en promettant « dans un an, deux trésors à la terre, / A la France un Bourbon, la paix à l'Angleterre ».

A mesure que la nouvelle se répand à travers la province, puis l'Europe, les manifestations de liesse populaire se multiplient. La *Gazette de France* passe successivement en revue « les villes de Limoges, d'Etampes, la compagnie de l'Arquebuse royale de Montereau-faut-Yonne, les soldats vétérans et invalides de la ville d'Auxerre, la dame de Rochelambert, abbesse de l'abbaye royale de Saint-Sernin de Rodez ». Mais le 22 janvier suivant, le journal, « instruit [...] qu'il n'est en France ni villes, ni communautés, etc. qui n'aient manifesté leur joie, à la naissance de Madame, fille du roi, en trouv[ant] la liste trop longue, se voit forcé de s'arrêter sur cette nomenclature ». Ce qui n'empêche pas le *Courrier d'Avignon* de préciser que « toutes les villes des provinces méridionales de France se sont empressées à l'envi de célébrer par des actes de bienfaisance et par des réjouissances publiques, l'heureuse naissance de Madame fille du roi ».

Dès le 8 janvier 1779, le correspondant parisien des *Nouvelles d'Amsterdam* a souligné : « Les témoignages de l'allégresse publique donnés dans toute l'étendue de ce royaume à l'occasion de l'heureux accouchement de notre auguste souveraine, ne se sont pas bornés seulement à des marques extérieures, telles que des illuminations, feux de joie et autres démonstrations de cette espèce, c'est par des preuves plus solides et plus efficaces que se sont manifestés les sentiments de la nation dans cette circonstance. Des distributions abondantes de pain, des aumônes en argent, des malheureux, languissants depuis longtemps pour dettes au fond des prisons, arrachés à cette affreuse situation ; enfin des dots remises pour marier d'honnêtes, mais indigents artisans, ont servi plus toute autre chose à convaincre de la manière la plus authentique, que la bienfaisance est le caractère distinctif du règne actuel, et que la félicité publique devient le trésor assuré du pauvre. »

Des bulletins médicaux détaillés

Avec la vigueur de ses vingt-trois ans, Marie-Antoinette recouvre très vite ses forces. Sous l'Ancien Régime – bien plus encore qu'aujourd'hui –, l'intimité et la santé des grands constituent un objet d'un intérêt passionné. Aussi le bulletin médical que Lassone publie quotidiennement offre-t-il un luxe de détails que l'on ne saurait imaginer :

« Hier 19 du présent [mois de décembre 1778] à onze heures trente-cinq minutes du matin, la reine est accouchée à terme d'une princesse forte et bien constituée après un travail long et douloureux de près de douze heures. Quoique l'accouchement ait été terminé fort heureusement et naturellement, la reine n'étant pas encore délivrée a eu tout à coup une très forte convulsion avec perte totale de connaissance. On a jugé à propos de faire tout de suite une ample saignée du pied qui a eu un plein succès en faisant cesser promptement un accident fâcheux. Le délivre [le placenta] est sorti bien entier et sans le moindre effort.

Le reste du jour, le pouls a été un peu agité mais sans avoir rien de convulsif ; il y a eu par intervalles quelques reprises de bon sommeil. Dans la soirée, Sa Majesté a été plus calme et plus tranquille. Les suites de couches sont abondantes ; les urines passent bien, la nuit a été bonne ; le sommeil a été peu interrompu. Il y a eu une ample évacuation. Et ce matin, l'état de la reine est aussi satisfaisant qu'on peut le désirer. »

Le 21 décembre, le deuxième bulletin précise que « le ventre est souple, n'est point douloureux ». Le lendemain, à dix heures du matin, Lassone indique que « le lait commença hier dans la soirée, à se porter dans les deux seins, à les rendre un peu douloureux. Ce travail de la nature s'opéra sans donner jusqu'à présent plus d'activité au pouls, sans causer aucune agitation ». Le 23 décembre, « la crise de la matière laiteuse se fait comme il faut ». Un dernier bulletin, publié le jour de Noël, explique qu'« hier dans la matinée, la reine changea de lit, se trouvant faible, prit de la crème au riz avec du biscuit ; quatre heures après Sa Majesté en fit autant, s'en trouva bien ».

Dès qu'elle a assez de force pour prendre la plume, Marie-Antoinette s'empresse de donner de ses nouvelles à l'impératrice : « J'aurais bien voulu pouvoir, dès le premier moment, vous écrire moi-même pour vous annoncer mon heureux accouchement ; mais le roi, mon bien-aimé roi, s'est acquitté de ce devoir avec tant de bonheur auprès de moi, qu'il a fait les choses mieux que je ne les aurais faites. Je ne lui ai pas donné un dauphin, mais la pauvre petite qui est venue ne m'en sera pas moins chère, un fils ne m'eût pas appartenu ; elle sera toujours auprès de moi, elle m'aidera à vivre, me consolera dans mes peines, et nous serons heureuses à deux. Elle est ici à mes côtés qui ne demanderait qu'à me tendre ses petits bras et à me sourire. Le roi est pour moi d'une attention de mère, et il ne cesse de parler du plaisir que vous aurez éprouvé de la naissance de sa fille, elle est très forte et bien portante. J'ai failli périr en la mettant au monde, comme vous l'a écrit le roi. Je pense que ce cruel usage de remplir la chambre des reines en un pareil moment par la foule du peuple sera aboli... »

Filles pauvres et honnêtes artisans

Dès le 20 décembre, les ambassadeurs et toute la Cour ont été admis à visiter « l'enfant royal qui, dans sa petite physionomie, annonce des traits réguliers et charmants, de grands yeux, une tournure de bouche agréable, et un teint de la meilleure santé ». Mercy, à qui l'on doit cette esquisse, atteste que « la reine est vivement et tendrement occupée de son auguste fille », et que ni elle ni son mari ne semblent chagrinés de n'avoir pas encore mis au monde un dauphin. « Le roi, poursuit l'ambassadeur, auquel un exercice habituel est devenu nécessaire pour la conservation de sa santé, n'a pas voulu sortir du château pour faire la moindre promenade pendant les huit premiers jours des couches. Au réveil de la reine, il se trouvait le premier au chevet de son lit et y passait une partie de la matinée. Il y revenait à différentes reprises l'après-midi, y restait toute la soirée et partageait le temps de la journée à aller chez la reine auprès de son auguste enfant, auquel il marque la tendresse la plus touchante. »

Par égard pour son épouse, Louis XVI a résolu de ne se rendre à Paris que lorsque la reine pourra l'accompagner, à la faveur de ses relevailles. Lundi 8 février 1779, Leurs Majestés sont accueillies avec les princes à la porte de la Conférence – sur le quai des Tuileries – par le duc de Cossé, gouverneur de Paris, et le corps de ville. A Notre-Dame, le roi et la reine assistent aux noces de cent « filles pauvres et vertueuses avec d'honnêtes artisans ». Les heureuses élues, choisies dans chaque paroisse, ont reçu une dot de cinq cents livres de la part de Marie-Antoinette. En outre, maris et femmes ont été gratifiés d'« un habit complet et de couleur uniforme ». Enfin, la reine s'est engagée à régler les frais de nourrice du premier-né de chaque union. Quant aux mères qui allaiteront elles-mêmes, elles bénéficieront d'une layette et toucheront un tiers en plus de la somme qu'aurait perçue la nourrice. Pour donner à la cérémonie une tonalité plus patriarcale, deux époux mariés depuis cinquante ans, entourés de leur nombreuse descendance, renouvellent solennellement « leurs serments d'être pour la vie l'un à l'autre ».

Après s'être rendus à l'église Sainte-Geneviève – l'actuel Panthéon –, pour un service d'action de grâces, Louis XVI et Marie-Antoinette, au milieu d'une foule immense, reprennent en cortège la route de la Muette, « emportant avec eux les bénédictions du peuple le plus fidèle et le plus vivement attaché à ses souverains ».

Pourtant, au-delà des phrases de convenance de la *Gazette de France*, Madame Campan reconnaîtra qu'« il y eut peu d'acclamations populaires », et Mercy ne dissimulera pas à l'impératrice « que, lorsque le roi et la reine sont venus à Paris, les démonstrations du public n'ont pas répondu tout à fait à ce que l'on aurait pu s'en promettre. Il y a eu des acclamations de " vive le roi et la reine ! " dans de certains endroits de la ville ; dans d'autres il a régné un grand silence, et on remarquait en général que l'empressement du peuple tenait beaucoup plus à la curiosité qu'à des mouvements d'affection. Cette tiédeur avait quelques causes accidentelles, entre autres le renchérissement des vivres. Quoique la reine n'entre pour rien dans de semblables motifs, cependant l'humeur du public le rend plus disposé à la critique ».

3

Au service de Madame Royale

« On n’a rien vu quand on n’a pas vu la pompe de Versailles », soupirera Chateaubriand dans les *Mémoires d’outre-tombe*. Quant à Louis-Sébastien Mercier, l’auteur du *Tableau de Paris*, il avait joliment écrit : « L’étiquette donne des lois à ceux qui en donnent à la terre. » A la veille de 1789, le cérémonial instauré par Louis XIV n’a guère changé. La « mécanique » de la Cour – selon l’expression de Saint-Simon – se règle toujours en fonction des levers et des couchers solennels du roi et de la reine, avec une régularité presque astronomique.

Deux à trois cents familles nobles possèdent assez d’ancêtres pour être admises aux honneurs de Versailles. Mais moins jalouse en cela de ses magnificences que notre Ve République, la royauté française ouvre largement ses palais au peuple. Trois fois par semaine – les « jours d’appartement » –, il suffit de porter un habit convenable et, si l’on est un homme, de louer une épée aux grilles du château, pour déambuler sans contrainte dans toutes les salles et le parc. Chaque Français peut ainsi approcher son roi, le regarder déjeuner ou se rendre à la chapelle. La sécurité n'en est pas oubliée pour autant ! Plus de dix mille gardes protègent le monarque. Pour sa seule part, la Maison civile du roi comprend quatre mille personnes qui veillent aux moindres besoins quotidiens de celui-ci. A côté, la reine fait pâle figure, puisqu'elle ne dispose que de cinq cents officiers ! En tout, ce sont quinze mille figurants qui rejouent, année après année, la chorégraphie grandiose imaginée par le Roi-Soleil.

L'aile des Princes

Les rejetons de Louis XVI et de Marie-Antoinette occuperont le rez-de-chaussée de l'aile du Midi – ou aile des Princes – donnant sur la terrasse qui domine l'Orangerie. La petite Madame Royale y est installée dès sa naissance, délogeant ainsi sa tante, Madame Elisabeth, la plus jeune sœur du roi, alors âgée de quatorze ans. Le vaste appartement – qu'elle partagera ensuite avec ses deux frères et sa sœur – comporte des pièces communes : une antichambre, une galerie et un cabinet aux murs tendus de damas rouge. Dans les circonstances solennelles, les jeunes princes reçoivent leurs visiteurs sous un dais cramoisi.

A elle seule, Marie-Thérèse compte quatre-vingts personnes à sa disposition. Encore la reine a-t-elle tenu à réduire leur nombre en « supprimant une multitude inutile de gens de service qui n'est propre qu'à favoriser les sentiments d'orgueil ». A la tête de cette cohorte, se trouve Victoire-Armande-Josèphe de Rohan-Soubise, princesse de Guéméné, gouvernante des Enfants de France depuis 1776. Elle est la nièce de la comtesse de Marsan – nièce elle-même de la duchesse de Tallard –, et l'arrière-petite-fille de la duchesse de Ventadour, qui toutes ont occupé avant elle cette prestigieuse fonction. Les charges de la Cour, propriété inamovible de leur détenteur, se transmettaient ainsi – « en survivance » – au sein de véritables dynasties de serviteurs du trône...

La gouvernante des Enfants de France a le pas sur toutes les autres grandes dames de Versailles. Elle peut monter dans les carrosses de la reine, et s'avancer en chaise à bras jusqu'à la chambre des souverains. En contrepartie de ces privilèges, son rôle n'a rien d'une sinécure. Ayant prêté serment entre les mains du roi, elle est responsable des autres officiers, sur lesquels elle exerce une surveillance constante. Elle a également en charge la gestion administrative des Maisons des jeunes princes et princesses, qu'elle partage en liaison avec le ministre de la Maison du Roi.

Dans la hiérarchie, les sous-gouvernantes viennent immédiatement après elle. La plus ancienne est Marie-Angélique de Fitte de Soucy, baronne de Mackau. Issue d'une famille de la noblesse irlandaise qui a suivi Jacques II dans son exil, elle a été appelée à la Cour par Madame de Marsan pour présider à l'éducation des petites-filles de Louis XV. Sa fille, Renée-Suzanne de Mackau, marquise de Soucy, la rejoindra en février 1782, tandis que sa belle-sœur, Louise-Elisabeth Lenoir, comtesse de Soucy, s'occupera plus particulièrement du duc de Normandie. Enfin, Marie-Henriette d'Aumale, vicomtesse d'Aumale, ne demeurera en poste que jusqu'en 1783, avant d'être remplacée par sa survivancière, Madame de Villefort.

Coiffeur, portefaix et nourrices

La petite Madame Royale dispose également d'un aumônier, d'un médecin, d'un chirurgien, d'un secrétaire de la chambre, d'un argentier, d'un coiffeur, d'un porte-manteau ordinaire, d'une blanchisseuse, d'une servante de cuisine, de deux valets de chambre, de deux garçons de la chambre, de deux portefaix, d'un fourrier, sans oublier le porte-chaise d'affaires, destiné à présenter le pot de chambre. Même s'ils restent plusieurs années sans emploi, elle a un instituteur et des maîtres en diverses disciplines, de l'écriture à la langue italienne, de la danse au dessin, en passant par la musique, les mathématiques ou le « forte piano ».

Pour le moment, la jeune princesse a surtout besoin des bons offices de sa « nourrice du corps », Madame Julie Rousseau-Laurent, qui dispose d'une gouvernante à titre personnel, de même que les autres « nourrices retenues ». Pour assurer le bien-être de l'enfant, outre une remueuse et deux premières femmes de chambre, sont mobilisées une dizaine de femmes de chambre ordinaires. « On veillait de même les Enfants de France pendant très longtemps, et une femme de garde restait toutes les nuits levée et habillée pendant les trois premières années de leur naissance », se souvient Madame Campan.

Quant à la comtesse de Genlis, préceptrice de Louis-Philippe d'Orléans, futur roi des Français, elle déplore les conséquences néfastes d'un tel système : « C'est un miracle à la cour d'élever un prince ou une princesse. La nourrice n'a d'autres fonctions que de donner à téter à l'enfant quand on le lui apporte ; elle ne peut pas le toucher. Il y a des remueuses préposées pour cela, mais qui n'ont pas d'ordre à recevoir de la nourrice. Il y a des heures pour remuer l'enfant, trois ou quatre fois dans la journée. Si l'enfant dort, on le réveille pour le remuer. Si après avoir été changé, il fait dans ses langes, il reste ainsi trois ou quatre heures dans son ordure. Si une épingle le pique, la nourrice ne doit pas l'ôter ; il faut chercher et attendre une autre femme : l'enfant crie... C'est une vraie misère que toutes ces cérémonies. »

A vrai dire, beaucoup de ces offices de la Cour ne sont que nominaux. S'ils coûtent cher à acquérir, ils sont également très lucratifs. Un document des Archives nationales – sous la cote O1-3799-2 – dresse l'« Etat des gages nourritures, indemnités, attributions, gratifications, etc., attachés aux différentes places de l'éducation et du service des Enfants de France », dans les premiers temps de la Révolution. On y apprend que la gouvernante perçoit annuellement, « sous la dénomination de plat et livrée », la somme de 24 000 livres, à laquelle il convient d'ajouter un supplément de traitement de 12 000 livres. En outre, elle jouit de 3 600 livres de gages pour chaque « berceau », soit 7 200 livres après la mort du premier dauphin. D'autre part, « les attributions en nature dont jouissaient ci-devant les gouvernantes des Enfants de France ont été converties par une décision du roi du 14 janvier 1787 en une indemnité en argent, et cette indemnité a été réglée pour chaque berceau de prince ou de princesse à une somme de 45 000 livres », payable en cinq ou dix ans. Enfin, « indépendamment des traitements et indemnités, la gouvernante est fournie de bois et de bougie pendant tout le temps qu'elle occupe l'appartement des Enfants de France ».

Chaque sous-gouvernante touche 7 500 livres par an, plus 6 000 livres en compensation des « quatre paires de draps qu'elles touchaient antérieurement en nature ». Les traitements des autres serviteurs sont à l'avenant. Certes, les titulaires des hautes charges ont un rang fort dispendieux à tenir, mais beaucoup sont logés gratuitement au château. Ils reçoivent des gratifications régulières, sans parler des autres pensions que déverse sur eux la générosité royale.

La somptueuse layette des princes

En sa qualité de gouvernante, la princesse de Guéméné ordonne le budget et traite avec les fournisseurs. Un rapport affirme qu'« elle place mal sa confiance et [qu'] on en abuse ». Elle couvre plus ou moins sciemment de nombreuses concussions. En 1779, pour la seule Madame Royale, la Maison des Enfants de France engloutit 299 253 livres, le double de ce que Madame de Marsan dépensait en moyenne. Ce chiffre culminera à 539 334 livres en 1781, avant de régresser sous l'administration de la duchesse de Polignac, dans le louable effort d'économie auquel s'astreint alors la royauté.

La « layette » de chaque prince est aussi le prétexte à des dissipations somptuaires. Au XVIIIe siècle, ce terme ne désigne par seulement « le linge, les langes, le maillot », mais encore « tout ce qui est destiné pour un enfant nouveau-né », selon la définition du dictionnaire de l'Académie française. Dès le 25 novembre 1778, la *Correspondance secrète* rapporte :

« La layette de l'enfant royal et celles de ses nourrices ont été apportées ici hier de Paris avec le plus grand appareil ; elles sont magnifiques. La voiture était escortée par des gardes. » On y recense des lits et des paravents, de la vaisselle d'argent, des draps, des nécessaires de cuisine et de toilette, des objets liturgiques. La seule argenterie de Madame Royale comprend un hochet et un couvert complet en argent, six assiettes en vermeil, une aiguière couverte, un bassin ovale, une écuelle couverte, une soucoupe ronde, une grande et une petite tasse, deux cuillers, deux fourchettes, etc. La « layette » est entièrement renouvelée au troisième anniversaire de l'enfant, puis encore pour ses sept et ses douze ans. Au passage, la gouvernante a la faculté de prélever les pièces qui lui plaisent. Elle garde l'ensemble en cas de décès, et lorsque les jeunes princes, à sept ans, « passent aux hommes ». A titre indicatif, la « layette » du premier dauphin, en 1781, coûtera la bagatelle de 314 795 livres...

A la différence de son époux, Marie-Antoinette a reçu une éducation assez négligée. A douze ans, elle faisait d'élégantes révérences, dansait avec une grâce médiocre et lisait passablement la musique... mais elle savait à peine écrire. Lorsqu'il s'était agi d'adresser un compliment à l'impératrice Marie-Thérèse, la petite archiduchesse avait dû repasser à l'encre les lettres que sa gouvernante, la trop bienveillante Madame de Brandis, avait tracées au crayon. Avant de l'expédier à Versailles, sa mère résolut de la couvrir d'un vernis d'instruction, par le truchement de l'abbé de Vermond, qui restera son confident. Malgré ces évidentes lacunes intellectuelles, la reine prétend, selon la « sensibilité » du temps, prendre une part active à l'avenir de sa progéniture.

Un plan très sage et réfléchi

En ce domaine, l'*Emile*, de Jean-Jacques Rousseau, publié en 1762, est alors l'ouvrage de référence. Nul n'ignore que le penseur genevois a abandonné ses cinq rejetons aux Enfants-Trouvés. Malgré cela, chacun révère ses théories hardies sur l'éducation, dans lesquelles il mêle retour à la nature, activités manuelles et nécessaire prééminence de l'éveil sensoriel. En cela, comme en d'autres choses, la reine suit la mode sans bien réfléchir aux conséquences...

Le 29 décembre 1778, à peine plus d'une semaine après la naissance de Madame Royale, Mercy rapporte à l'impératrice : « J'ai passé toute la journée d'hier à Versailles, et pendant près de deux heures que j'ai été chez la reine, elle a daigné me parler de plusieurs objets importants, entre autres de celui d'un plan très sage et réfléchi que Sa Majesté a formé pour l'éducation de son auguste enfant. On a commencé à retrancher les harangues usitées ci-devant, et on veut éloigner des premiers regards de l'enfant royal toutes les images de grandeur, lesquelles, lorsqu'elles sont aperçues trop tôt, peuvent mettre de grands obstacles aux progrès d'une éducation bien ordonnée. »

Ces velléités de Marie-Antoinette d'épargner à ses enfants le poids écrasant du cérémonial versaillais se heurteront souvent aux réticences de Louis XVI qui comprend que, sans décorum, la monarchie perd une grande partie de son mystère. D'ailleurs, Marie-Thérèse ne dit pas autre chose, dans sa réponse datée du 13 janvier 1779 : « Je ne conviens aucunement qu'on doit rayer les étiquettes dans le plan d'éducation des enfants de notre naissance. Sans les pousser jusqu'au point de nourrir leur orgueil, il faut les accoutumer dès leur enfance à la représentation, pour obvier à tant d'inconvénients inévitables lorsque le souverain et sa famille ne se distinguent pas, par la représentation, de l'ordre des particuliers. C'est un point essentiel, surtout à l'égard de la nation française, aussi vive que légère. »

Aussi, Mercy se croit-il obligé de préciser, le 25 janvier, « que le projet de la reine n'est pas un retranchement absolu des étiquettes, mais seulement de les borner de manière à supprimer une mollesse nuisible, une affluence inutile de gens de service, et toute image propre à faire naître des sentiments d'orgueil ». Et si « tout apprêt de cérémonial est interdit ; le service ne s'en fait que plus exactement, sans être embarrassé par cette foule de domestiques inutiles, dont il y a toujours eu un si grand étalage à cette cour-ci ».

La plus belle enfant du royaume

Durant les mois suivants, Marie-Antoinette s'occupe avec beaucoup d'attention de son « auguste fille ». Méfiante à l'égard de la princesse de Guéméné, qu'elle ne prise guère, elle voudrait aussi « retrancher la multiplicité des sous-gouvernantes ». La méthode qui consiste à les faire servir une semaine à tour de rôle, lui paraît – à juste titre – « sujette à bien des inconvénients ». Mercy, auquel on doit toutes ces informations, explique, le 17 mars 1779, que « la reine se fait une douce occupation d'aller, à différentes heures du jour, voir son auguste enfant, qui se fortifie et jouit de la meilleure santé. Le roi partage des soins si précieux, et y met une suite et une tendresse qui est le gage de celle qu'il a vouée à la reine ».

« La reine s'[...] occupe beaucoup et bien tendrement de son auguste fille, notera-t-il à nouveau le 17 juin. La physionomie de cette jeune princesse se développe de la manière la plus avantageuse : ses traits annoncent de la beauté, elle est vive, gaie et de la meilleure santé... »

Bien entendu, Marie-Antoinette partage cet avis, comme elle l'écrit à l'impératrice, le 14 avril : « Ma fille prend des forces ; et en ma qualité de mère, je suis persuadée qu'elle est la plus belle enfant du royaume. Le roi est de cet avis et je suis sûre que ma chère maman en serait également. [...] Le roi affirme qu'elle lui a souri. Moi, je trouve qu'elle ne fait encore que la moue, mais une moue si gentille qu'on peut s'y tromper. »

Le 16 août, la reine envoie un portrait à Vienne : « Cette pauvre petite commence à marcher fort bien dans son panier. Depuis quelques jours, elle dit papa ; ses dents n'ont pas percé encore, mais on les sent toutes. Je suis bien aise qu'elle ait commencé par nommer son père, c'est pour lui une attache de plus. Il y va toujours bien exactement, et pour moi, je n'ai besoin de rien pour l'aimer davantage. »

4

Enfin le dauphin !

Assurément, Louis XVI adore sa fille aînée, mais il n'empêche que la dynastie des Bourbons et tous les Français requièrent plus que jamais un héritier mâle. Ainsi, dans son homélie du 1er janvier 1779, « à l'occasion de l'heureuse délivrance de la reine », un curé du diocèse de Reims – dont l'Histoire n'a pas gardé le nom – n'hésite pas à invoquer les bienheureux protecteurs du royaume :

« Avec quels transports auriez-vous appris, mes frères, que l'enfant si désiré était un dauphin destiné par la Providence à régner sur vous ou sur vos descendants, et à perpétuer l'empire et les vertus de Charlemagne et de Saint Louis ! Dans le céleste séjour ils s'y intéressent, n'en doutons pas, pour la gloire de celui dont ils possèdent la béatitude, et dont l'adorable Providence, en enchérissant sur sa première bénédiction, exaucera infailliblement la constance de nos supplications et de nos soupirs. »

Dès la fin de décembre 1778, à peine dix jours après l'accouchement de la reine, Louis XVI, très empressé de réparer sa « sottise », veut renouer sans tarder les relations intimes avec son épouse. Pour concevoir, ette fois-ci, un garçon ! Il n'est pas le seul à piaffer d'impatience. La fougueuse Marie-Thérèse s'enflamme, le 28 février 1779 : « Je ne serais guère flattée si le premier début du roi en sa qualité de mari, après les couches de ma fille, devait nous annoncer un délai d'une nouvelle grossesse encore pendant huit ans ! »

Il suffit que Marie-Antoinette, renouant avec ses habitudes de « frivolité », assiste au bal du mardi gras, le 17 mars, pour que l'on crie au scandale ! Après quoi elle contracte la rougeole et va se cloîtrer plusieurs semaines au Petit Trianon, entourée d'un quatuor de « chevaliers servants ». A peine a-t-elle recouvré la santé que l'Augustissima revient à la charge : « Je souhaite plus que je me flatte que vous employiez tous les ménagements nécessaires, surtout pour les courses à cheval, qui généralement, à cette heure que vous avez commencé à porter des enfants, ne conviennent nullement, et je vous recommande d'y penser sérieusement. Vous le devez au roi, à vos peuples et un peu pour ma consolation, souhaitant ardemment un dauphin. Je n'ai plus guère à attendre, il faut se dépêcher. »

La reine s'est blessée

Hélas, sans qu'elle ait commis d'imprudence particulière, Marie-Antoinette pense avoir fait une fausse couche au début de l'été de 1779, comme le révèle Madame Campan : « Peu de temps après la naissance de Madame, la reine devint grosse. Elle n'avait encore parlé de son état qu'au roi, à son médecin, et à quelques personnes honorées de sa confiance très intime, lorsque ayant levé avec force une glace de sa voiture, elle sentit qu'elle s'était blessée, et huit jours après elle fit une fausse couche. Le roi passa la matinée entière près de son lit ; il la consolait, lui donnait les marques du plus tendre intérêt. La reine pleurait beaucoup, le roi la prenait avec affection dans ses bras, et mêlait ses larmes aux siennes. [...] Le roi ordonna le silence au petit nombre de personnes instruites de cet événement fâcheux ; il resta généralement inconnu. »

S'agit-il à proprement parler d'une fausse couche, ou seulement de règles tardives et particulièrement douloureuses ? Quoi qu'il en soit, Marie-Thérèse, dans une lettre du 1er août, croit bon de consoler sa fille : « Il n'y a rien de perdu. Vous êtes tous les deux si jeunes, en bonne santé, et vous aimant si tendrement. Ce sera facilement réparé, mais il est plus sûr d'avoir que d'attendre. Grâce à Dieu que vous n'avez eu ni perte ni aucune incommodité ou faiblesse ! »

Quinze jours plus tard, c'est la reine qui lui demande presque pardon pour son infortune :

« Ma santé est entièrement remise. Je vais reprendre ma vie ordinaire, et par conséquent j'espère pouvoir bientôt annoncer à ma chère maman de nouvelles espérances de grossesse. Elle peut être rassurée sur ma conduite, et je sens trop la nécessité d'avoir des enfants pour rien négliger sur cela. Si j'ai eu anciennement des torts, c'était enfance et légèreté, mais à cette heure ma tête est bien plus posée, et elle peut compter que je sens bien tous mes devoirs sur cela. D'ailleurs je le dois au roi pour sa tendresse, et j'ose dire, sa confiance en moi, dont je n'ai qu'à me louer de plus en plus. »

Cependant, rien ne se passe. En octobre 1779, Mercy évoque « un très léger soupçon que la reine pût être grosse ». Mais il s'agit d'une méprise, et le 16 novembre, Marie-Antoinette confirme à sa mère : « Ma bonne santé, celle du roi et la manière dont nous vivons me donnent toujours espérance ; mais pour ce mois-ci, depuis hier je suis sûre de ne l'être pas. [...] Ma fille continue à se très bien porter : elle a présentement quatre dents. »

Au cours de l'hiver suivant, son premier médecin décide d'administrer à la reine, qui « souffre assez souvent de faiblesse d'entrailles », un remède à base de fer. Aux personnes atteintes de chlorose – une sorte d'anémie nommée poétiquement « maladie des pâles couleurs » – la pharmacopée du temps recommande les « boules de mars » ou « boules de Nancy », réputées toniques et fortifiantes. Elles sont également prescrites en cas de coliques et de pertes de sang. Pour les confectionner, on fait passer une première décoction de plantes vulnéraires sur de la limaille de fer ou d'acier. Au résidu pulvérisé, on ajoute le produit d'une seconde décoction qu'on a mélangé avec du tartre blanc. Ces boules sont ensuite dissoutes dans du vin. L'Augustissima y met son grain de sel, dans sa lettre du 1er février 1780 : « Il me paraît que Lassone a raison de vous donner du fer, qui a fait merveille auprès de la reine de Naples, et une saignée ne vous fera du mal. Je pouvais compter d'être grosse, quand je me faisais saigner. Je suis donc bien contente de tous ces arrangements, et en attends en quelques mois les effets tant désirés et si importants pour vous. »

Pour l'heure, Marie-Antoinette se livre à la joie sans mélange de voir grandir sa fille : « On va bientôt la sevrer, se félicite-t-elle le 16 mars 1780. Elle est grande et forte, on la prendrait pour une enfant de deux ans. Elle marche toute seule, se baisse et se relève sans qu'on la tienne, mais elle ne parle guère. J'ose confier au tendre cœur de ma chère maman un bonheur que j'ai eu il y a quatre jours. Etant plusieurs personnes dans la chambre de ma fille, je lui ai fait demander par quelqu'un où était sa mère. Cette pauvre petite, sans que personne lui disait mot, m'a souri et est venue me tendre les bras. C'est la première fois qu'elle a marqué me reconnaître ; j'avoue que cela m'a fait une grande joie, et je crois que je l'aime bien mieux depuis ce temps. »

Néanmoins, l'impératrice n'en a cure : « Tout ce que vous me marquez de votre fille m'a bien fait plaisir, s'emporte-t-elle. [...] Que cela est touchant ! mais il nous faut un dauphin. »

Le sevrage de Madame Royale

Les anciens griefs contre la reine reprennent vigueur. On l'incrimine plus que jamais de ses fêtes et de son goût ruineux des jeux d'argent. On la critique aussi pour les bienfaits qu'elle déverse sur la famille de sa favorite, Yolande de Polastron, dont le mari sera bientôt créé duc de Polignac. Madame Royale a beau annoncer « la meilleure constitution de santé possible », l'opinion publique s'émeut lorsque le jour même du sevrage de la petite princesse, en avril 1780, sa mère est en escapade à Paris.

En ce siècle où l'existence des nourrissons n'est qu'une frêle espérance, cette phase délicate « où l'on retire à un enfant le téton qui lui donnait sa nourriture, afin de l'accoutumer à des aliments plus solides » apparaît comme redoutable : « Il faut de la précaution dans ce changement de régime, lit-on dans le *Dictionnaire des notions primitives*, publié en 1773. On y va par degrés, sinon on compromettrait la vie de l'enfant : car son estomac étant fait à une nourriture légère, n'en soutiendrait pas une autre plus forte, si on l'y réduisait tout-à-coup. »

C'est pourtant un mauvais procès que l'on fait là à Marie-Antoinette qui, le 11 octobre suivant, laisse exhaler, dans une lettre à l'impératrice, toute son inquiétude de mère, devant une indisposition de la petite Marie-Thérèse : « La santé de ma fille m'a occupée et un peu inquiétée depuis trois semaines. Plusieurs dents qui ont voulu sortir toutes à la fois lui ont causé de grandes douleurs, et donné une fièvre qui s'est réglée en tierce. Lassone en envoie le détail à ma chère maman, et m'assure qu'il n'y a pas de danger. Depuis hier l'accès a manqué ; Dieu veuille que cela soit fini ! Je suis touchée de la douceur et de la patience de cette pauvre petite au milieu de ses souffrances, qui dans certains moments ont été fort vives. [...] La fièvre lui a repris cette après-dînée, mais si légère que j'espère que cela ne sera rien. »

Dans un autre registre, Louis XVI et Marie-Antoinette semblent se fatiguer à nouveau des jeux de l'amour. L'excellent Lassone, ne sachant plus à quel saint se vouer, songe à faire prendre à sa patiente les eaux minérales de Forges, en Normandie, réputées contre la stérilité. De son côté, Marie-Thérèse, se souvenant de la syncope de la reine lors de son accouchement, s'interroge avec angoisse : « Cet événement n'aurait-il pas été produit par un attentat, de la malice la plus noire à la vérité, mais pas tout à fait impossible dans une nation où il y a nombre de scélérats, pour mettre ma fille hors d'état de porter des enfants ? »

« A la longue, je deviendrai importune »

Cependant, l'Augustissima n'y tient plus : « Il nous faut un dauphin, ordonne-t-elle à sa fille le 30 juin. Jusqu'à cette heure j'étais discrète, mais à la longue je deviendrai importune. Ce serait un meurtre de ne pas donner plus d'enfants de cette race, car on dit une merveille de santé et de charme de votre chère petite. » Hélas, la vieille souveraine s'éteint cinq mois plus tard, le 29 novembre 1780, et Marie-Antoinette n'est toujours pas enceinte. Il faut attendre le 2 mars suivant pour que le marquis de Bombelle puisse enfin noter dans son *Journal* : « Ce jour nous a apporté une bien grande, une bien bonne nouvelle, la reine est grosse. » Et l'auteur de la *Correspondance secrète* ajoute : « Si tous les Bourbons ont des droits assurés sur le cœur des Français, on doit penser combien leur sera cher un prince qui fait depuis si longtemps l'objet de leurs vœux, l'auguste rejeton d'un souverain et d'une reine adorés. »

Bien entendu, personne ne doute que la reine porte un petit prince, ce « consolateur », ce dauphin tant attendu ! Son amie Louise, princesse héréditaire de Hesse-Darmstadt, à qui elle s'est dépêchée de « faire part de l'événement le plus intéressant et le plus heureux pour [elle] », lui garantit que l'enfant à naître sera du sexe masculin. Le 7 mai, Marie-Antoinette lui répond non sans humour : « Ma santé est parfaite, je grossis beaucoup. Votre Sorcellerie est bien aimable de me prédire un garçon. J'y ai beaucoup de foi et je n'en doute nullement. »

Un *Songe ou horoscope sur l'accouchement futur de Marie-Antoinette-Jeanne-Joséphine de Lorraine, archiduchesse d'Autriche, reine de France et de Navarre*, publié « à Paris, de l'imprimerie de Clousier, rue Saint-Jacques, vis-à-vis des Mathurins », brosse le portrait idéal du prince à venir : « Il aura toutes les vertus en partage ; il aimera la paix et l'union, et fera tout pour les maintenir. Les défauts inséparables de la créature humaine ne l'assiégeront que faiblement. Il aimera tendrement son auguste père et son auguste mère ; il aura pour eux un respect profond ; il régnera, tard, et son règne sera beau. »

Après un été splendide où Marie-Antoinette reçoit son frère, Joseph II, à Trianon, les Français implorent le ciel, comme jadis au temps de Louis XIII et d'Anne d'Autriche. Le *Courrier d'Avignon* rapporte, à la date du 13 octobre 1781 : « Le public se porte en foule à Saint-Germain-l'Auxerrois [la paroisse du Louvre à Paris] où on fait une neuvaine pour l'heureuse délivrance de la reine. La châsse de sainte Geneviève est à moitié découverte pour demander au ciel la même grâce. On croit que cette souveraine accouchera dans les derniers jours de ce mois. »

En fait, après une fausse alerte le 19, les signes précurseurs de la naissance se déclarent vraiment trois jours plus tard, dans la matinée. Sans attendre, la princesse de Lamballe, Marie-Thérèse de Savoie-Carignan, surintendante de la Maison de la Reine, va prévenir le roi. Moins laconique qu'à son ordinaire, celui-ci consignera dans son *Journal* : « La reine avait très bien passé la nuit du 21 au 22 octobre. Elle sentit quelques petites douleurs en s'éveillant, qui ne l'empêchèrent pas de se baigner. Elle en sortit à dix heures et demie ; les douleurs continuèrent à être médiocres. Je ne donnai aucun ordre pour le tiré que je ne devais faire à Saclay qu'à midi... »

Accouchement à huis clos

Si les princes du sang et les principaux officiers ont été avertis, comme l'exige la tradition, les portes resteront cette fois-ci fermées au tout-venant, suivant les ordres de Louis XVI : « Pendant le travail, il n'y avait dans la chambre que Madame de Lamballe, Monsieur, le comte d'Artois, mes tantes, Madame de Chimay, Madame de Mailly, Madame d'Ossun, Madame de Tavannes et Madame de Guéméné qui allaient alternativement dans le salon de la Paix, qu'on avait laissé vide. Dans le Grand Cabinet, il y avait ma Maison, celle de la reine, les grandes entrées et les sous-gouvernantes qui entrèrent tous au moment des dernières douleurs, et restèrent dans le fond de la chambre, sans intercepter l'air. [...] Après que la reine a accouché, on a porté mon fils dans le Grand Cabinet où il a été lavé et habillé, et où je l'ai remis entre les mains de Madame de Guéméné, gouvernante. »

Marie-Antoinette sort à peine des affres de l'accouchement. Le garde des Sceaux a officiellement constaté le sexe du nouveau-né, mais personne n'ose dire à la reine que c'est un dauphin, craignant que la joie ne lui provoque une trop forte commotion. Oppressée par le silence qui règne dans la chambre, elle implore timidement son mari : « Vous voyez que je suis raisonnable ; je ne vous demande rien. » Louis XVI, les larmes aux yeux, n'y tient plus : « Madame, vous avez comblé mes vœux et ceux de la France. Monsieur le dauphin demande d'entrer ! » Le précieux enfant est déposé sur le lit de sa mère qui l'admire, avant de le rendre à la princesse de Guéméné : « Prenez-le, il est à l'Etat ; mais aussi je reprends ma fille. »

Ainsi donc, pour la première fois depuis 1729 et la naissance du fils aîné de Louis XV, un dauphin voit le jour en France. « La joie du roi était extrême, se souvient Madame Campan. Des pleurs coulaient de ses yeux. Il présentait indistinctement sa main à tout le monde, et son bonheur l'avait entièrement fait sortir de son caractère habituel. Gai, affable, il renouvelait sans cesse les occasions de placer les mots, “ mon fils ”, ou “ le dauphin ”. »

Un quart d'heure plus tard, une femme de la reine, la robe en désordre, se précipite hors de la chambre, en proie à une agitation extrême : « Un dauphin ! Mais défense d'en parler encore ! » Le palais s'embrase aussitôt à cette annonce qui semble exaucer les vœux universels, comme l'explique l'ambassadeur de Suède, le comte Curt Stendingk : « L'antichambre de la reine était charmante à voir. La joie était à son comble ;

toutes les têtes en étaient tournées. On voyait rire, pleurer alternativement des gens qui ne se connaissaient presque pas. Hommes et femmes sautaient au cou les uns des autres, et les gens les moins attachés à la reine étaient entraînés par la joie générale. »

Mercy, dans une missive au Premier ministre autrichien von Kaunitz, se fait également l'écho de cette « joie tumultueuse » : « Il n'y a pas d'exemples de couches plus heureuses que ne l'ont été celles de la reine. Elle n'a eu que cinq quarts d'heure de travail et le roi était prêt de partir pour la chasse à midi. Le roi paraît être dans une joie inexprimable, et le public semble la partager sincèrement. Cet événement va donner une grande considération à la reine ; puisse-t-elle se décider sérieusement à en faire un usage utile ! »

« Qu'il est petit, mon cousin ! »

Une heure après la naissance, les deux battants de la chambre de la reine s'ouvrent, et l'huissier annonce « Monsieur le dauphin ». Madame de Guéméné, tenant le petit prince dans ses bras, traverse les appartements, portée dans son fauteuil, rayonnante de joie. « Ce furent des acclamations et des battements de mains qui pénétrèrent dans la chambre de la reine et certainement jusque dans son cœur. C'était à qui toucherait l'enfant, la chaise même. On l'adorait, on le suivait en foule. » Etabli dans son appartement, le plus jeune descendant de Hugues Capet reçoit aussitôt les hommages et les visites d'usage. Du haut de ses six ans, le duc d'Angoulême s'étonnera auprès de son père, le comte d'Artois : « Mon Dieu, papa, qu'il est petit, mon cousin ! » Et le futur Charles X lui répond : « Il viendra un jour où vous le trouverez bien assez grand, mon fils. »

Comme pour sa sœur, le « très haut et très puissant et excellent prince Louis-Joseph-Xavier-François, dauphin de France », est baptisé le jour de sa naissance, à une heure de l'après-midi. Il reçoit les mêmes prénoms que ceux de son oncle, le feu duc de Bourgogne : funeste patronage lorsque l'on se souvient que le frère aîné de Louis XVI est mort à dix ans, miné par la tuberculose. Officie à nouveau le cardinal de Rohan, grand aumônier de France – sacré entre-temps évêque de Strasbourg –, en présence des princes et princesses du sang, sans oublier l'indispensable curé de Notre-Dame. Dans ses registres paroissiaux, le prêtre consacre trois pages à cet acte d'importance, entre le baptême de Louise-Rosalie Vattier, fille d'un « aide à la selle à la Petite Ecurie du Roi » et celui de Vincent Etienne Desmoulins, rejeton d'un cordonnier. Curieusement, son collègue de Saint-Cloud, Maÿer, consigne l'événement dans les siens, tirant prétexte que Marie-Antoinette avait pour « aïeule paternelle Elizabeth-Charlotte d'Orléans, dite Mademoiselle de Chartres, fille de Monsieur frère unique de Louis Quatorze [...], née à Saint-Cloud le treize septembre mil six cent soixante seize... ».

La comtesse de Provence tient son neveu sur les fonts baptismaux, au nom de la marraine, Clotilde de France, princesse de Piémont et sœur de Louis XVI, tandis que Monsieur – qui perd en ce jour son rang d'héritier présomptif – remplace le parrain, qui n'est autre que l'empereur Joseph II. L'enfant n'est paré qu'ensuite du cordon bleu du Saint-Esprit, son père ayant souhaité qu'il soit « chrétien premièrement ». En compagnie de ses frères et des seigneurs de la Cour, le roi se rend solennellement à l'église Notre-Dame pour entendre le *Te Deum*. Il fait jeter des pièces sur son passage, redoublant ainsi l'allégresse populaire. Les commerçants de Versailles ont fermé boutique, et les habitants envahissent pacifiquement les cours et le parc du château, où est tiré dans la soirée un feu d'artifice « impromptu ».

Violons, chansons et danses

Paris, après Versailles, entre à son tour en ébullition. « Le peuple, les grands, tout parut, à cet égard, ne faire qu'une même famille, raconte Madame Campan. On s'arrêtait dans les rues, on se parlait sans se connaître, on embrassait tous les gens que l'on connaissait. » Le soir même, sur la scène de la Comédie italienne, l'actrice Billoni interpelle le public :

> « Je suis fée et veux vous conter
> Une grande nouvelle :
> Un fils de roi vient d'enchanter
> Tout un peuple fidèle.
> Ce dauphin que l'on va fêter,
> Au trône doit prétendre :
> Qu'il soit tardif pour y monter,
> Tardif pour en descendre ! »

La capitale – où pendant une semaine, l'« on ne rencontre dans les rues que violons, chansons et danses » –

s'apprête à fêter l'événement, trois jours et trois nuits, avec encore plus d'exubérance que la naissance de Madame Royale. Le prévôt des marchands et les échevins enjoignent, par ordonnance, « à tous bourgeois et habitants de faire des illuminations au-devant de leurs maisons », durant trois jours, « en réjouissance de l'heureux accouchement de la reine, et la naissance d'un dauphin ». Les commerçants devront tenir leurs boutiques fermées, attendu que cette venue au monde « fait l'objet de l'attention et de la joie de tous les habitants de la cette capitale ; que jamais occasion ne fut plus importante à leur bonheur ; et que ce grand événement mérite en effet les marques les plus éclatantes de la respectueuse sensibilité, que les Français portent au fond du cœur pour leur souverain. [...] le tout à peine de deux cents livres d'amende contre les contrevenants ».

L'archevêque de Paris, Christophe de Beaumont, ordonne une procession générale. La conclusion de son mandement sonne étrangement, à huit ans de 1789 :
« Le Seigneur, mes très chers frères, semble oublier nos iniquités, pour ne se souvenir que de ses miséricordes ; et dans le temps même où nous osons provoquer sa colère par la multitude de nos prévarications, sa bonté nous accorde le bienfait le plus signalé. Qu'y a-t-il en effet dans l'ordre des grâces temporelles, que nous puissions comparer à la naissance d'un dauphin ? Elle est pour le trône la preuve la plus sensible de la protection divine, et pour la nation, le gage le plus certain de la félicité. [...] Cette gloire et ce bonheur [...] sont l'ouvrage d'un gouvernement sage et bienfaisant, qui a constamment préservé la France de ces tristes révolutions que présente l'histoire de tant d'autres peuples. »

Du pain, du laurier pour tous

Pendant plus d'une semaine, les délégations des « arts et métiers » de Paris, musique en tête, vont se succéder devant le berceau du dauphin. « Des ramoneurs, aussi bien vêtus que ceux qui paraissent sur le théâtre, portaient une cheminée très décorée, au haut de laquelle était juché un des plus petits de leurs compagnons ; les porteurs de chaises en avaient une très dorée, dans laquelle on voyait une belle nourrice et un petit dauphin ; les bouchers paraissaient avec leur bœuf gras ; les pâtissiers, les maçons, les serruriers, tous les métiers étaient en mouvement : les serruriers frappaient sur une enclume ; les cordonniers achevaient une petite paire de bottes pour le dauphin ; les tailleurs un petit uniforme de son régiment, etc. [...] Les fossoyeurs eurent l'impudence d'envoyer leur députation et les signes représentatifs de leur sinistre profession... »

Le corps des serruriers de Versailles offre à Louis XVI une serrure à secret, dont le ressort révèle un dauphin d'acier admirablement ouvragé. Cinquante dames de la Halle, en robes de soie noire et parées de diamants, viennent complimenter la reine. Trois d'entre elles sont introduites jusqu'auprès du lit pour lui adresser un discours écrit par l'académicien Jean-François La Harpe : « Il y a si longtemps, Madame, que nous vous aimons sans oser vous le dire, que nous avons besoin de tout notre respect pour ne pas abuser de la permission de vous l'exprimer. »

Puis, selon l'usage, elles présentent un bref compliment au dauphin : « Vous ne pouvez encore entendre les vœux que nous faisons autour de votre berceau ; on vous les expliquera quelque jour ; ils se réduisent à voir en vous l'image de ceux de qui vous tenez la vie. » Marie-Antoinette se montre aimable, ne serait-ce que pour marquer la différence avec les vulgaires poissardes qui l'ont jusqu'alors abreuvée d'avanies. Cela n'empêchera pas ces dernières d'y aller, elles aussi, de leurs couplets enjoués :

« Ne craignez pas, cher papa,
D' voir augmenter vot' famille,
Le bon Dieu z'y pourvoira :
Fait's-en tant qu' Versailles en fourmille,
Y eût-il cent Bourbons cheu nous,
Y a du pain, du laurier pour tous. »

Maints écrivaillons – parmi lesquels le futur conventionnel Collot d'Herbois – retrempent leur plume dans l'encrier. Dès le 22 octobre, un certain Marin Gamas adresse une *Epître aux Français sur la naissance du dauphin.* L'abbé d'Harmonville trousse une *Ode sur la naissance de Monseigneur le dauphin*, Vauvilliers une *Idylle*, et Duval une *Chanson sur l'heureux accouchement de la reine*, tandis que Létang, pour composer sa cantate, invoque *La Nymphe de la reine.* Plus ambitieux encore, le très obscur Peyraud de Beaussol publie *L'Antonéide, ou la Naissance du dauphin et de Madame...* poème en sept chants ! Roger-Joseph Boscovich, savant latiniste, emploie la langue de Virgile pour son élégie *In recenti ortu regii Galliae Delphini* – « De la naissance récente du dauphin royal de France », et Lorenzo Bondinetti l'italien : *Per la nascita del serenissimo delfino* – « Pour la naissance du sérénissime dauphin ». Enfin, un auteur anonyme, excédé par une telle avalanche poétique, exécutera tous ces piètres rimailleurs... en composant un impromptu :

« Prince dont dépendront un jour nos destinées,
Longtemps dauphin et longtemps roi,
Puisses-tu vivre autant d'années
Qu'on a fait et fera de mauvais vers pour toi ! »

Peu de jours après l'accouchement, Louis XVI fait à son épouse un présent de cent mille écus en or, dont près d'un tiers est immédiatement utilisé pour des charités et des bonnes œuvres. D'autre part, deux cent mille francs sont distribués aux pauvres des paroisses de Paris, au nom des souverains.

« Invoquez le Dieu d'Israël »

A travers tout le royaume, provinces, villes et communautés semblent se livrer à une compétition de fêtes et d'actes de bienfaisance. Ce sont les Etats de Bourgogne à Dijon ou les Pénitents bleus de Toulouse qui organisent de fastueuses cérémonies. Les paroisses de Besançon qui offrent un « troussel en valeur de cent livres » et une dot de trois cents livres à sept fiancées méritantes. A Strasbourg, le magistrat décide de marier à ses frais dix jeunes filles luthériennes et dix catholiques, et d'accorder à leurs époux le droit de bourgeoisie, pendant que les membres de la « nation juive d'Alsace » organisent une somptueuse cérémonie dans la synagogue de Bischheim-au-Saum, le

20 novembre 1781. Pour la circonstance, les chrétiens indigents des villages de Bischheim, Henheim et Schiltigheim, désignés par les curés et les pasteurs, ont reçu du pain, du vin et de l'argent de la part de leurs compatriotes israélites. Enfin, les rabbins ont composé un cantique en action de grâces :

« Réjouis-toi, France, d'avoir obtenu de la bonté du Seigneur, le fils que tes vœux lui demandaient depuis longtemps. [...] Ce jour si ardemment désiré est advenu ; ce cri d'allégresse s'est répandu dans nos contrées, après avoir répandu la joie dans la cour de Louis XVI, notre sire et bienfaiteur. Unissez vos chants ; la reine, l'épouse chérie de notre monarque bienfaisant est accouchée d'un prince, et le Seigneur a préservé ses jours, et ceux de ce précieux rejeton. [...] Invoquez le Dieu d'Israël, et priez-le de répandre ses grâces et de donner une longue prospérité au roi, à la reine, à Monseigneur le dauphin et à toute la famille royale : que la gloire les accompagne toujours, et que sous leur règne nous soyons exempts de peines et de tribulations. »

Cependant, la naissance du prince tant espéré est loin d'être saluée par tout le monde avec autant d'emphase. Les pamphlétaires, plus que jamais, s'emploient à pourfendre le monarque et les siens. Pas davantage que la petite Madame Royale, Louis-Joseph ne saurait être le fils de Louis XVI ! Aussi, ce dernier reçoit-il ce conseil incisif :

« Louis, si tu veux voir
Bâtard, cocu, putain,
Regarde dans ton miroir,
La reine et le dauphin. »

5

Un fort bel enfant

Les autorités de Paris – dont les finances souffrent d'un grave déficit – ne paraissent guère empressées de célébrer les relevailles de la reine, comme l'exige pourtant la tradition. Prétextant les rigueurs de la mauvaise saison, les édiles évoquent les beaux jours... « Attendra-t-on que le dauphin soit en âge de venir danser aux fêtes données en l'honneur de sa naissance ? » s'agace Marie-Antoinette. En fin de compte, la cérémonie est fixée au 21 janvier 1782. Les rues ont été sablées, des braseros ont été allumés à tous les carrefours. Six mille « terrines » et trois mille lampions illuminent les monuments publics. L'hiver n'a qu'un pâle soleil à offrir. Et si les Parisiens, après avoir applaudi à la venue au monde d'un héritier du trône, ne font pas trop mauvaise figure à sa mère, c'est surtout parce que le retour de La Fayette et la victoire de Yorktown leur fournissent une meilleure raison de se réjouir. En outre, le roi s'est employé à réchauffer le loyalisme des bourgeois, marchands et artisans de la capitale en les faisant bénéficier d'une large exemption de l'impôt de capitation, afin de « consacrer par de nouveaux bienfaits l'heureuse époque où Dieu répandait sur lui ses grâces par la naissance d'un dauphin ».

A neuf heures et demie du matin, la reine quitte le château de la Muette « dans tout l'éclat d'une majesté royale et d'une beauté céleste », selon l'expression de Joseph Weber, frère de lait de Marie-Antoinette : « Les équipages étaient les mêmes qui avaient servi à la cérémonie du sacre. La reine avait dans son carrosse Madame Elisabeth et Madame Adélaïde, l'une sœur et l'autre tante du roi, la princesse de Lamballe, surintendante de la Maison de Sa Majesté, la princesse de Chimay, sa dame d'honneur. Dans dix-huit autres voitures étaient successivement les dames du palais de la reine, les dames de compagnie des autres princesses, les grands officiers, les officiers inférieurs, et ainsi de suite. Toutes les voitures qui appartenaient à la reine étaient traînées par huit chevaux blancs, dont la beauté naturelle était encore relevée par l'éclat de leur harnais et les panaches qui flottaient sur leurs têtes. Une moitié des gardes du corps du roi en grand uniforme escortait cette longue suite de chars brillants, qui s'avançaient au pas. La reine avait demandé qu'aux deux côtés de son carrosse il y eût une interruption dans les deux files, pour que rien ne la séparât des regards du peuple. »

Tout l'appareil de la royauté

Marie-Antoinette se rend d'abord à Notre-Dame, où elle s'agenouille sur les dalles pour faire ses prières d'action de grâces. Puis elle gagne Sainte-Geneviève, où l'abbé et les moines l'accueillent pour vénérer les reliques de la patronne de Paris. Enfin, elle redescend vers la place de Grève en empruntant les rues Saint-Thomas, d'Enfer, de Vaugirard, de Tournon, des Quatre-Vents, de la Comédie et Dauphine. C'est là que Louis XVI, parti de la Muette trois heures après la reine – « environné de tout l'appareil de la royauté » –, la rejoint pour le banquet, composé de soixante-dix-huit couverts. Une longue galerie de bois a été bâtie pour la circonstance devant l'Hôtel de Ville. La table d'honneur est environnée d'une balustrade, et le public peut « entrer et circuler autour sans s'arrêter, pour procurer à chacun la liberté de jouir d'un spectacle également auguste et magnifique ».

« Le roi et la reine étaient placés seuls au haut de la table, rapporte Joseph Weber avec lyrisme. Des deux côtés suivait la famille royale, puis soixante-dix femmes toutes plus brillantes les unes que les autres par leur beauté, leurs noms, leur parure. [...] Partout brillait le marbre, l'or, le lapis, le porphyre. Partout des signes visibles, des emblèmes parlants rappelaient la fête du jour et les objets de l'idolâtrie du peuple. Ici étaient sous un même dais les portraits du roi et de la reine, là leurs bustes unis par des guirlandes de fleurs, ailleurs des dauphins, des aigles, des vases d'or d'où sortait un nouveau lys. Des symphonies mélodieuses exprimaient tour à tour les plus doux sentiments et la plus vive allégresse ; et de quart d'heure en quart d'heure, il s'élevait de la place des cris confus de vive le roi, la reine, le dauphin ! qui ne troublaient les concerts intérieurs que pour leur en substituer un mille fois plus délicieux. »

La soirée se termine par un feu d'artifices où l'on peut admirer, entre autres merveilles, le temple de l'Hymen. « Des colonnes, des portiques ouverts, formaient une rotonde magnifique. A l'entrée du temple, la France recevait des mains de l'Hymen l'enfant précieux qui venait de naître. Dans l'intérieur était un autel, sur lequel brûlaient les offrandes du peuple français. Des aigles, des enfants couronnaient l'édifice qu'ils ornaient de festons, de chiffres et d'emblèmes. »

Le lait de Madame Poitrine

Autant et plus encore que sa sœur, le nouveau-né est entouré d'une kyrielle d'officiers. Aux Archives nationales, un « état des personnes établies pour le service de Monseigneur le dauphin à compter du 1er octobre 1782 » énumère ceux qui lui sont les plus proches : « Deux premières femmes de chambre : la dame Le Moine de Clermont, la dame Leschevin de Billy et la dame Leschevin de Neuville sa fille en survivance. Neuf femmes de chambre. [...] Une blanchisseuse. Une raccommodeuse de dentelles. Un valet de chambre. Un garçon de la chambre. Un portefaix. » Sans omettre les « officiers du roi servant par quartier près Monseigneur le dauphin », à savoir « un chapelain, un clerc de chapelle et deux huissiers ». Mais hormis ces domestiques plus précisément attachés au service de sa chambre, Louis-Joseph dispose aussi de précepteurs – maître de physique ou maître à voltiger –, qui ne lui seront guère d'un grand secours avant plusieurs années ! Pour l'heure, « cet auguste enfant » a d'abord besoin de l'affection de sa « remueuse », Julie-Françoise Genet-Rousseau, sœur de Madame Campan, et du lait de sa nourrice.

Dès le 8 novembre 1781, le rédacteur anonyme des *Mémoires secrets* rapporte que l'« on a déjà pris toutes [s]es dimensions. Il pèse treize livres, et a vingt-deux pouces de long [1]. Sa nourrice se nomme Madame Poitrine ; c'est une paysanne qui s'est évertuée d'elle-même, et qui est venue à Paris avec son mari. Et se sentant les qualités requises, s'est tellement démenée et fait connaître, qu'elle a été acceptée. Elle a continuellement auprès d'elle une gardienne du ventre qui ne la quitte point, même lorsqu'elle va à la garde-robe, et rend compte à la faculté de l'état de santé de la nourrice, afin que, s'il lui survenait quelque dérangement, elle pût être remplacée sur le champ par une autre de celles toujours en réserve pour ces cas éventuels. Cette paysanne, malgré son assurance, a cependant l'air encore assez embarrassée de se voir en pareil lieu, et le rôle qu'elle y joue. Elle venait de quitter ses habits de village, et de se vêtir suivant le costume de sa place. »

La brave femme – épouse d'un jardinier de Sceaux – surmonte aisément sa timidité. Si elle refuse de se poudrer les cheveux, préférant garder son bonnet rustique, elle ne craint pas de donner la tétée en public !

---

1. En mesure du « système du roi », une livre correspondait à un peu plus de 489,5 g, et un pouce à 2,7 cm. Si l'on en croit les chiffres donnés par les *Mémoires secrets*, le dauphin aurait donc pesé – quelques jours seulement après sa naissance – 6,36 kg, et mesuré près de 60 cm. Cela semble un peu excessif.

Une estampe immortalisera d'ailleurs la scène, sous le titre de *L'Amour maternelle* [*sic*]. Pour endormir son nourrisson, elle lui fredonne le vieil air de *Marlborough s'en va-t-en guerre*..., qui court bientôt sur toutes les lèvres, tandis que la mode ne tarde pas à commander aux femmes de dévoiler leur gorge... jusqu'à la pointe des mamelons ! Les élégantes arborent à l'envi des dauphins en or ou en brillants. Une nouvelle couleur – dans les nuances de marron – reçoit le nom non équivoque de « caca-dauphin ». Et comme la reine a perdu des cheveux à la suite de ses couches, elle lance une coiffure basse, dite « à l'enfant », créée par Léonard, et qui fait bientôt fureur.

Une mère sensible

En décembre, Louis-Joseph, débordant de santé, a épuisé les capacités galactogènes de la robuste Madame Poitrine qui, malgré son nom prédestiné, ne fournit plus assez de lait. Il faut alors faire appel à l'une des suppléantes, à la grande satisfaction du public. Le petit dauphin est bien le digne héritier d'Henri IV :

> « Du plus vert galant des Bourbons
> Le sang coule en ses veines.
> Palper deux paires de tétons,
> N'avoir pas huit semaines !
> Ce début est d'un franc luron,
> La faridondaine, la faridondon ! »

Faute de l'allaiter elle-même – comme elle l'avait envisagée –, Marie-Antoinette songe d'ores et déjà à l'avenir de son fils. Mercy l'explique le 11 novembre 1781, dans une lettre à Joseph II : « La reine est fortement occupée des moyens d'établir un bon plan d'éducation pour le dauphin. Sa Majesté est convenue avec le roi qu'il n'y aura point de gouverneur désigné avant cinq ans, c'est-à-dire au moment où il s'agira de lui confier le jeune prince. Cette disposition donnera du temps pour former un bon choix et qui ne soit pas l'effet des intrigants de la cour. Ce grand objet sera aussi bien rempli que possible, si la reine ne se décide que d'après son propre jugement et sans le concours des avis de ceux qu'elle appelle sa société. »

En fait, Marie-Antoinette s'intéresse à ses enfants et les caresse volontiers... quand elle les voit. Elle n'est guère dissemblable, en cela, des autres dames « sensibles » de la haute société. De la même façon qu'elle aime jouer à la bergère, elle apprécie de mignoter, pourvu que cet amusement ne cesse d'être agréable. De plus, les règles sacro-saintes de l'étiquette dressent cent barrières entre les enfants royaux et leurs parents. Ainsi, quand Marie-Antoinette s'avisera de reposer elle-même l'un des siens dans son berceau, elle s'attirera les foudres de la redoutable comtesse de Noailles qu'elle a surnommée « Madame l'Etiquette » !

Avant la Révolution, Marie-Antoinette est parfois plusieurs semaines sans rencontrer ses fils ou ses filles, même si elle fait preuve à leur égard d'un intérêt supérieur à celui de la plupart des souveraines de l'époque. Elle y est également moins attentive que son mari. A ses enfants, le roi enseigne cette simplicité qui est le signe de la véritable grandeur. Ainsi requiert-il des hôtes de Versailles – sans toujours être obéi – qu'ils appellent Louis-Joseph « Monsieur le dauphin », et non « Monseigneur ». Avec le souci du détail qui le caractérise, Louis XVI se préoccupe de la nourriture de ses enfants, de leurs menus ennuis de santé et de leurs jeux. Il désigne, parfois contre l'avis de la reine, les membres de leur entourage. Pour ses fils, il fera réaliser un globe terrestre démontable et patronnera une édition d'auteurs classiques. Il ira jusqu'à leur acheter une collection de peintures amérindiennes sur peaux de bison.

Une telle sollicitude, à la fois tendre et vigilante, n'est pas tellement fréquente chez les pères du XVIIIe siècle. Il semble qu'en retour, les deux petits princes et Madame Royale voueront à leur père un attachement sincère – même s'il leur « en impose ». D'ailleurs, les enfants des courtisans manifestent, eux aussi, une grande affection pour ce monarque bienveillant qui leur offre des friandises et sait les séduire par sa bonhomie.

Les enfants à Trianon

Le 20 mai 1782, alors qu'il n'a pas encore sept mois, le dauphin prend part à sa première entrevue diplomatique. Ce jour-là, le tsarévitch Paul, fils de Catherine II, et sa seconde épouse, la grande-duchesse Maria Féodorovna, née Sophie de Wurtemberg, qui séjournent à Versailles sous le pseudonyme de « comte et comtesse du Nord », sont présentés à l'héritier du trône des lys par la princesse de Guéméné. Paul embrasse Louis-Joseph avec transport, et le trouve « fort bel enfant ». Puis il s'adresse à la gouvernante : « Madame, rappelez souvent à Monsieur le dauphin la visite qu'il reçoit aujourd'hui. Rappelez-lui l'attachement que je lui voue dès son berceau, qu'il soit le gage d'une alliance et d'une union éternelles entre nos Etats. »

Avant son départ, le « comte du Nord » rend visite également à la jeune Marie-Thérèse. « Charmante enfant, lui dit-il affectueusement, croissez en grâces pour mieux ressembler à votre mère. Je ne vous verrai plus, mais lorsque j'apprendrai que vous êtes l'ornement d'une cour voisine de celle de la France, je me dirai : « Je l'ai vue à son aurore, elle promettait d'être belle et vertueuse. Heureux celui qui lui est uni ! » Adieu donc, je nous verrai plus. » En souriant, Madame Royale lui répond : « Monsieur le comte, j'irai vous voir. » Les décrets implacables du destin se chargeront, hélas, d'accomplir cette prédiction...

La fille aînée de Marie-Antoinette, qui n'a pas encore quatre ans, commence déjà à tenir sa cour. Quelques jours après le grand-duc, la baronne d'Oberkirch obtient de la sous-gouvernante, Madame de Mackau, le privilège d'être admise auprès des Enfants de France. Sans doute sa mémoire a-t-elle un peu enjolivé les réparties de la petite princesse : « Je vis Madame Royale, qui est un miracle de beauté, d'esprit, de dignité précoce ; elle ressemble à son auguste mère. Elle me regarda avec attention, demanda mon nom ; lorsqu'on le lui eut dit :

« – Vous êtes donc allemande, Madame ? dit-elle.

« – Non, Madame, je suis française ; alsacienne.

« – Ah ! tant mieux ! Car je ne voudrais pas aimer des étrangères.

« Cela n'est-il pas charmant à cet âge ?

« Monsieur le dauphin était superbe. Comment s'attendre alors à voir périr ce frais bouton d'une tige royale ? »

Papillons, lilas et rossignols

Durant la belle saison de 1782, Marie-Antoinette fait de fréquentes retraites dans son domaine bucolique de Trianon, que le roi lui a offert. « Mon Dieu, la charmante promenade, s'extasie la baronne d'Oberkirch. Que ces bosquets parfumés de lilas, peuplés de rossignols, étaient délicieux ! Il faisait un temps magnifique, l'air était plein de vapeurs embaumées, des papillons étalaient leurs ailes d'or aux rayons de ce soleil printanier. » Madame Royale, le dauphin et leurs suites sont installés au Grand Trianon, en attendant qu'un appartement soit aménagé à leur usage dans l'attique du Petit Trianon. On peut supposer que Louis-Joseph et Marie-Thérèse logeaient dans une vaste pièce à la cheminée de marbre veiné gris et bleu, qui fait l'angle de la façade donnant sur le Jardin français, dominant le jeu de Bagues, le gros acacia, et plus loin, le théâtre et le Belvédère.

Déjà, Madame Royale se révèle pondérée et réfléchie. Un rien de morgue empreinte de tristesse et une auréole de cheveux blonds vaporeux lui vaudront d'être surnommée par son oncle d'Artois « Mousseline la Sérieuse ». De bonne heure, la petite princesse montrera du goût et de l'application à la lecture. Elle sera douée d'une excellente mémoire, d'une belle écriture – à la différence de sa mère – et d'un style plein de facilité. Plus tard, elle se plaira à cultiver les arts, en dessinant et en jouant du piano.

Marie-Antoinette, qui a discerné chez sa fille une tendance à l'orgueil et à la suffisance, s'emploie à la corriger. Un jour, la fillette laisse tomber un éventail, et fait signe à sa nourrice de le ramasser. Celle-ci obéit, mais la reine, qui a vu le geste, repose l'éventail par terre, en ordonnant à sa fille de le ramasser elle-même. Ces leçons ne seront pas perdues pour la jeune princesse. Et ses serviteurs n'auront, en général, qu'à se louer de sa douceur et de sa bonté. D'autre part, la souveraine, arbitre des élégances, ne souhaite pas que sa fille soit embarrassée par des parures somptueuses et des flots de dentelle. L'enfant, toujours simplement vêtue, peut ainsi se mouvoir avec aisance. « C'était la volonté de sa mère, écrira l'un de ses biographes de la Restauration. C'était aussi le goût de la jeune princesse, qui, d'ailleurs, n'avait pas besoin d'autres ornements que ceux que lui avait donnés la nature. »

En septembre 1782, la reine et sa fille rendent visite à Madame Louise, l'une des filles de Louis XV, retirée au carmel de Saint-Denis. Pour accoutumer Marie-Thérèse au costume sévère des religieuses, on l'a fait jouer depuis plusieurs semaines avec une poupée habillée en nonne. En la menant dans cette « maison de l'humilité », Marie-Antoinette entend lui administrer une « leçon d'obéissance et de modestie ». La princesse, qui doit être bientôt inoculée, est astreinte à une diète sévère. Aussi recueille-t-elle avec soin la moindre miette de la collation légère qu'on lui sert. Comme une carmélite fait remarquer que c'est l'usage de leur ordre et que l'enfant semble annoncer des prédispositions à la vie consacrée, la reine répond : « Si Dieu lui donnait un jour cette vocation, je ne m'opposerais pas à ce qu'elle vînt partager votre bonheur. » Sans doute dûment chapitrée, Madame Royale demande, avant de partir, que l'on prie pour elle à la messe.

Dangereuse variolisation

C'est donc en septembre 1782 que la fille aînée de Louis XVI et de Marie-Antoinette est soumise à la « variolisation ». Déjà pratiquée dans la Chine ancienne, cette technique – introduite en France par le docteur Théodore Tronchin en 1756 – consistait à inoculer du pus prélevé sur un malade atteint d'une forme bénigne de la variole sur un sujet sain, dans le but de l'immuniser. La terrible maladie, nommée aussi « petite vérole » – à ne pas confondre avec la syphilis ou « grande vérole » –, reste l'un des fléaux majeurs du temps. Cette « mort rouge » a tué Louis XV et fauche environ quatre cent mille Européens chaque année. Toutefois, la variolisation, méthode risquée aux résultats très aléatoires, déclenche parfois une variole grave, avec un taux de mortalité avoisinant les deux pour cent. Elle sera abandonnée après la découverte de la vaccination – utilisant le virus du *cowpox* ou variole des vaches – par le médecin anglais Edward Jenner, en 1796.

En dépit du danger, de grands seigneurs ont donné l'exemple en se soumettant à la variolisation, comme le duc d'Orléans et son fils, le duc de Chartres – « Philippe Egalité » –, ainsi que les enfants de ce dernier, le duc de Valois – le futur Louis-Philippe Ier – et son frère Montpensier, inoculés en 1779. Cinq ans auparavant, Louis XVI, les comtes de Provence et d'Artois, l'avaient été également.

Le 9 septembre 1782, le roi et la reine s'installent au château de la Muette – alors dans les faubourgs de Paris – pour l'inoculation de Marie-Thérèse, « ce qui doit merveilleusement rassurer les gens timides qu'effraieraient les propos des anti-inoculateurs ». Et l'auteur des *Mémoires secrets* conclut : « Assurément, si les gens de l'art n'avaient décidé le contraire, on aurait supplié Leurs Majestés de ne pas s'exposer au même air, et de se séparer de cet enfant précieux pour le temps de l'opération, ainsi que le reste de la famille royale; on assure même que le roi visite souvent l'inoculée. »

Joseph II, pour sa part, se tient au courant du déroulement de l'opération par le truchement de Mercy : « Quant à l'inoculation de Madame fille du roi, rapporte l'ambassadeur le 8 septembre, ce monarque avait été d'abord très disposé à en approuver le projet qui sera exécuté dans cette semaine à la Muette, où la cour restera établie à cet effet pendant trois semaines. L'état de santé de la jeune princesse ne laisse pas le moindre doute aux médecins sur la réussite parfaite de cette petite opération. M. le dauphin reste établi au Grand Trianon. »

Un mois plus tard, le 9 octobre, Marie-Thérèse poursuit sa convalescence : « Quoique l'inoculation de Madame fille du roi n'ait occasionné aucune crise inquiétante, cependant l'éruption de la petite vérole a été très abondante, et il en est resté sur les boutons une poussière que les médecins regardent comme fort dangereuse pour la contagion, de manière que Madame sera tenue encore quelque temps éloignée de Monsieur le dauphin, et c'est ce qui a décidé le voyage de la cour à Marly pour tout le mois d'octobre. » Marie-Antoinette confirme, dans une lettre du 14 octobre à la princesse héréditaire de Hesse-Darmstadt : « Ma fille vient d'être inoculée et s'en porte à merveille... »

Madame de Polignac, gouvernante

En ce même automne de 1782, le prince de Guéméné, mari de la gouvernante des Enfants de France, célèbre pour sa folle prodigalité, connaît une faillite retentissante. Certes, le couple vit séparé, mais le scandale rejaillit sur la princesse, qui est contrainte d'abandonner sa charge. « On n'avait pas cru que notre futur monarque dût avoir pour institutrice la femme d'un banqueroutier, précise l'auteur de la *Correspondance secrète*. Madame Adélaïde, à qui le roi porte la plus grande vénération et la confiance la plus entière, a offert de se charger elle-même de l'éducation des enfants de Sa Majesté. »

En vérité, Marie-Antoinette saisit le prétexte pour nommer sa chère duchesse de Polignac en lieu et place de Madame de Guéméné, qu'elle n'appréciait guère. Avant que Louis-Joseph et sa sœur ne passent entre les mains de leur nouvelle gouvernante, la princesse de Guéméné demande au docteur Lassone et à quatre de ses collègues de constater officiellement leur état de santé. Les procès-verbaux de ces consultations, en date du 22 octobre, sont encore consultables aux Archives nationales. Pour ce qui concerne Marie-Thérèse, les médecins certifient « avoir trouvé Madame âgée de trois ans, dix mois, trois jours, jouissant d'une très bonne santé à la suite de l'inoculation de la petite vérole qu'on vient de lui faire avec succès et n'ayant aucun vice de conformation ».

Par prudence, la duchesse de Polignac – dont la nomination n'a pas reçu l'approbation générale – exige à son tour une visite plus approfondie. Le 28 novembre, les hommes de l'art précisent « qu'après l'examen le plus scrupuleux de toutes les parties du corps mises à nu [de Madame Royale], [ils] n'[ont] aperçu dans l'organisation d'aucune de ces parties rien de contraire à la conformation régulière qu'elles doivent avoir. L'épine du dos dans toute son étendue est très droite, les omoplates, les clavicules, les côtes et le sternum qui composent la table antérieure de la poitrine sont exactement disposés ».

En choisissant sa favorite, Marie-Antoinette caresse le rêve de prendre en main l'éducation de ses enfants, en particulier de sa fille aînée. Pour la seconder, la reine a décidé de s'appuyer sur deux sous-gouvernantes, Mesdames d'Aumale et de Villefort, ainsi que sur sa belle-sœur, la très pieuse Madame Elisabeth. Marie-Thérèse, dont la mère a compris la nécessité de brider le caractère ombrageux, quitte l'appartement des Enfants de France pour celui qu'occupait Madame Sophie, fille de Louis XV – morte le 2 mars précédent –, dans le corps principal du château, où elle demeurera pendant plus d'un an, avant de regagner l'aile méridionale.

Plus proche de la reine, la petite princesse passe désormais une partie de la journée dans les robes de sa mère ! Mercy s'en plaint, le 28 décembre, dans une lettre au chancelier Kaunitz : « Depuis qu'elle s'occupe de l'éducation de son auguste fille et qu'elle la tient continuellement dans ses cabinets, il n'y a presque plus moyen d'y traiter d'aucun objet important ou sérieux qui ne soit à tout moment interrompu par les petits incidents des jeux de l'enfant royal, et cet inconvénient ajoute à un tel point aux dispositions naturelles de la reine à être dissipée et inattentive, qu'elle écoute à peine ce qu'on lui dit et le comprend encore moins. »

« Non, je ne l'aime pas ! »

Si Marie-Antoinette prétend élever elle-même Madame Royale et son frère, néanmoins elle ne va pas jusqu'à sacrifier ses plaisirs à une tâche aussi ingrate ! Elle ne saurait manquer les festivités du carnaval, et interrompre « ces courses légères sous tous les rapports », comme les qualifie le marquis de Bombelles.

Renouvelant le faux-pas commis avec Madame Royale trois ans auparavant, elle va danser à Paris, le 3 mars 1783, alors que le dauphin, âgé d'un peu plus de seize mois, vient d'être sevré.

Que la reine ait préféré se distraire, plutôt que de veiller sur l'héritier du trône est ressenti par beaucoup de Français comme une manière d'abandon. La rumeur publique s'alarme de ce que l'« on s'occupe moins de cet enfant si précieux qu'on ne le devrait. » Du haut de ses quatre ans, Madame Royale n'est pas plus tendre pour une mère à qui elle reproche à la fois sa sévérité et son manque d'attention. A cet égard, le marquis de Bombelles consigne dans son *Journal*, le 12 avril 1783, un incident des plus suggestifs. Marie-Antoinette raconte à l'abbé de Vermond qu'elle a failli se tuer en faisant une grave chute de cheval. Marie-Thérèse, qui joue dans l'appartement, lâche alors :

« Cela m'eût été égal !

– Madame, réplique l'abbé de Vermond, ne sait pas ce que c'est que de se casser la tête. La reine serait morte. [...] Madame ignore certainement ce qu'est la mort ?

– Non, Monsieur l'abbé, je ne l'ignore pas. On ne voit plus les personnes mortes. Je ne verrais plus la reine et j'en serais bien aise parce que je ferais mes volontés. »

Marie-Antoinette défaille. Elle ordonne qu'on emmène sa fille et qu'on la mette en pénitence. Puis, en sanglots, elle court chez la duchesse de Polignac. Pendant ce temps, l'une des femmes de chambre de l'ingrate petite princesse l'exhorte à mieux aimer sa mère : « Non, je ne l'aime pas, répond l'enfant, parce qu'elle me gêne et ne fait pas attention à moi. Par exemple, quand elle me mène chez ses tantes, elle marche dare-dare en avant et ne regarde pas seulement si je la suis. Au lieu que mon papa me conduit par la main et s'occupe de moi. »

Peu de temps après, Marie-Thérèse fera un cauchemar où certains voudront voir une vision prémonitoire des horreurs de la Révolution. Elle rêve qu'une horde furieuse s'introduit dans la chambre de la reine, l'assassine et jette son corps par la fenêtre, sur la terrasse de Versailles. Quant à elle, elle se promène, indemne, et enjambe, sans paraître troublée, le cadavre sanglant de sa mère...

6

L'espoir d'un second fils

« Monsieur le dauphin, à l'âge de deux ans, était d'une jolie figure ; il articulait très bien, et répondait avec intelligence aux questions qu'on lui faisait. Pendant qu'il était au château de la Muette, tout le monde avait la liberté de le voir. Ayant reçu devant le public une boîte de bonbons, que lui envoyait la reine, avec son portrait dessus, il s'écria : " Ah ! voilà le portrait de maman. " Monsieur le dauphin était habillé très simplement, avec un habit de matelot ; rien ne le distinguait d'un enfant ordinaire que la croix de Saint-Louis, le cordon bleu et l'ordre de la Toison, décorations qui sont l'attribut distinctif de sa naissance. »

Ce portrait brossé par Pierre-Jean-Baptiste Nougaret, dans ses *Anecdotes du règne de Louis XVI*, est complété par la baronne d'Oberkirch, témoin pénétrant des dernières années de l'Ancien Régime. A Versailles, en juin 1784, elle dîne souvent chez Madame de Mackau, sous-gouvernante des Enfants de France :

« Nous y trouvions presque toujours l'occasion de voir Monsieur le dauphin et Madame Royale, quelquefois tous les deux. Ces charmants enfants promettent tant de bonheur à notre patrie ! Madame

Royale est si belle et si pleine d'instincts admirables ! Elle annonce tant de raison, tant d'intelligence et de caractère ! Ah ! quelle princesse cela fera ! Monsieur le dauphin avait trois ans à cette époque, il parlait très facilement. Nous eûmes l'honneur de lui faire notre cour. Il était d'une charmante figure, plein d'esprit ; il avait des mots charmants et une soumission aveugle aux ordres de la reine. Je n'ai pas connu d'enfant d'une humeur plus sereine et plus égale. [...] La duchesse de Polignac ne le quittait pas plus que son ombre ! Elle a été admirable pour lui ; la reine ne pouvait mieux confier son fils. [...] [Elle] ne négligeait aucune occasion de l'instruire, et d'en faire un prince digne de sa race. Elle réussissait parfaitement. »

Une autre fausse couche

Toutefois, avoir donné à la France un dauphin – même aussi incomparable – ne saurait suffire à Marie-Antoinette. Dès la fin de l'été de 1783, elle est de nouveau enceinte. Le 23 août, l'auteur de la *Correspondance secrète* relate que le docteur de Vermond aurait diagnostiqué « un ébranlement de fruit pour lequel elle reste au lit ou sur une chaise longue pendant neuf jours ».

Cependant, un mois plus tard, dans une lettre à Joseph II, la reine se veut optimiste : « Ma grossesse et ma santé vont à merveille. J'ai eu un petit accident depuis ma dernière lettre, mais il n'a pas eu de suite ; il demande seulement un peu plus de ménagement : aussi j'irai en bateau de Choisy à Fontainebleau. Mes enfants se portent bien. Mon fils passera le temps du voyage à la Muette ; c'est une bêtise des médecins qui ne veulent pas qu'il fasse un aussi long voyage à son âge, quoiqu'il ait ses vingt dents et qu'il est très fort. »

Dans son *Avis au peuple sur sa santé*, le médecin suisse Samuel Tissot édicte ces consignes draconiennes, à l'usage des paysannes qui, pour avoir accompli des travaux trop rudes, seraient « à la veille de se blesser ». Afin de prévenir une fausse couche, elles devront se mettre « sur la paillasse si elles n'ont point de matelas : la plume est très mauvaise dans ce cas. Qu'elles restent plusieurs jours dans cette situation, ne bougeant et ne parlant presque point. On doit leur tirer d'abord huit on neuf onces de sang du bras. Elles ne prendront ni viande, ni bouillons, ni œufs ; mais elles vivront uniquement de quelques soupes farineuses... » L'homme de l'art conclut que « cette méthode ne vaudrait rien pour les femmes délicates de la ville, qui se blessent par une tout autre cause, et dont on prévient les fausses couches par une méthode très différente. »

On ignore quelle sorte de remèdes Lassone et ses collègues ont pu prescrire à leur auguste patiente après son « petit accident » de septembre. Toujours est-il que, dans la nuit du 1er au 2 novembre, alors que la Cour réside à Fontainebleau, Marie-Antoinette est prise de douleurs et fait une fausse couche. L'accident n'a pas de suite fâcheuse, et la souveraine renoue bientôt avec ses activités habituelles. Elle préfère toutefois différer de quelques mois la reprise des relations intimes avec le roi, malgré son « grand désir d'avoir un second fils ». Ce souhait ardent, elle le verra se concrétiser dès l'année suivante. Le 17 août 1784, elle écrit à son amie Charlotte de Hesse-Darmstadt : « Ma santé est toujours très bonne, malgré le commencement de ma grossesse, dont vous aurez peut-être entendu déjà parler. Mon fils se fortifie de jour en jour à la Muette, et ma fille, qui ne me quitte pas, m'intéresse tous les jours davantage. »

Un charmant comte suédois

Sans doute doit-on évoquer ici la figure du comte Hans Axel de Fersen, celui que certains auteurs supposent le géniteur caché de l'enfant à naître, le futur Louis XVII. Sans aller jusqu'aux excès des folliculaires, qui faisaient de l'épouse de Louis XVI une nymphomane, « entraînée par une fureur utérine [qu'elle] ne pouvai[t] réprimer », beaucoup de vulgarisateurs brodent sur les amours supposées de la reine et du charmant Suédois. Tous deux ont le même âge. Fersen, qui vient une première fois en France au cours de l'hiver de 1773-1774, a alors une aventure avec la marquise de Brancas. Il rencontre brièvement Marie-Antoinette, qui n'est encore que dauphine. Lors de son deuxième séjour, en 1778, le Suédois attire l'attention de la reine. Dans ses *Mémoires*, la comtesse de Boigne relate qu'« elle fut coquette pour lui comme pour tous les étrangers, car ils étaient à la mode. » Mais plus loin, elle prend la peine d'ajouter : « Fersen était passionnément amoureux, mais la reine résista à son goût et l'obligea à s'éloigner. »

Après avoir suivi Rochambeau en Amérique – avec le titre d'aide de camp –, Hans-Axel retrouve la France au cours de l'été de 1783. Il revient à Versailles dès le mois de juin de l'année suivante, à l'occasion de la visite du roi Gustave III, arrivé à l'improviste sous le nom de « comte de Haga ». Est-ce alors qu'il devient l'amant de la reine, justement au cours de ces semaines où Louis-Charles est conçu ? Dès lors, la question mérite d'être posée : le duc de Normandie est-il en réalité le fils de Fersen ? Théoriquement, cela n'est pas impossible, même si aucun document d'archives ne vient le confirmer. D'autant que l'on sait que Marie-Antoinette a continué de partager la couche du roi durant la même période...

Colonel au Royal-Suédois, le « grand Axel » fera par la suite de fréquentes apparitions en France, tissant avec Marie-Antoinette des liens d'amitié qui acquerront, dans les affres révolutionnaires, une dimension romanesque et héroïque. Peut-on en dire davantage ? Ce serait méconnaître absolument la pruderie de Marie-Antoinette, et l'existence quotidienne d'une reine de France, cernée qu'elle était nuit et jour d'une nuée de serviteurs et de courtisans, que d'imaginer plausible un quelconque adultère ! En revanche, il est certain que s'il avait existé des preuves tangibles de l'infidélité de la reine, elles auraient été exhibées lors de son procès. Or, Fouquier-Tinville – qui n'en était pas à une ignominie près – restera muet sur ce sujet. « Marie-Antoinette fut imprudente sans doute, résumera plus tard son beau-frère Louis XVIII. Mais il y a bien loin de là à être criminelle, et je ne crois pas que personne au monde puisse prouver qu'elle l'ait été. »

Quant à son hypothétique complice, de telles rumeurs flattent sa réputation de don Juan. Amant et favori de la reine de France : voici un titre, très certainement usurpé, qui convient merveilleusement à ce gentilhomme volage, amateur de bonnes fortunes ! Il l'utilisera souvent pour séduire ses tendres proies, comme pour se délivrer de maîtresses devenues lassantes. De là à ce qu'il ait entretenu lui-même la légende... Le 27 juin 1795, alors qu'il a regagné Stockholm, il confie à son *Journal* ces phrases lourdes de sous-entendus : « La poste arriva et m'apporta la fatale nouvelle de la mort du jeune roi Louis XVII. Cet événement me fit une peine sensible. C'était le dernier et seul intérêt qui me restait en France. A présent, je n'en ai plus, et tout ce à quoi je tenais n'existe plus. »

Les malaises ordinaires

Afin de remercier son épouse de sa fécondité, Louis XVI lui fait présent du château de Saint-Cloud, acheté six millions de livres au duc d'Orléans. Elle y disposera de davantage de place qu'à la Muette pour y passer l'été avec ses enfants. « Sa Majesté avance très heureusement dans sa grossesse, et elle n'a jamais joui d'une meilleure santé, note Mercy le 6 novembre 1784. Celle de Monsieur le dauphin se fortifie de jour en jour. » Pour Noël, la reine écrit à Marie-Christine, duchesse de Teschen, sa sœur de prédilection et sa confidente : « Je suis arrivée sans trop d'indispositions au sixième mois de ma grossesse ; j'ai craint un instant dans les premiers mois d'éprouver l'affreux accident qui m'a causé tant de douleurs, il y a cinq ans ; mais tout s'est bien passé. Dieu veuille que tout se succède ainsi jusqu'à la fin. Si c'est une fille, un de ses noms sera le vôtre ; si c'est un garçon, il sera duc de Normandie. »

Cependant, Marie-Antoinette souffre, à partir de janvier 1785, « de tous les malaises ordinaires à la fin d'une grossesse ». Au point qu'elle s'en effraie, et par crainte d'une issue néfaste, est saisie d'« un accès de dévotion », selon l'amusante expression de l'auteur de la *Correspondance secrète* : « On remarquait au milieu des grâces, sur le front de cette charmante princesse, un fond de mélancolie que rien ne pouvait distraire. Les courtisans s'épuisaient en conjectures. La dévotion extrême de Sa Majesté étonnait tout le monde et faisait triompher les cagots. Depuis que la reine a été saignée, la dévotion et la tristesse ont fait place à l'enjouement et à tous les agréments qu'une indisposition momentanée avait éclipsés. »

Malgré cela, les dernières semaines s'écoulent dans une nervosité que la reine cache difficilement. Pour se rasséréner, elle consulte « une bonne femme qui se mêle de l'avenir » et qui lui prédit un accouchement des plus heureux. Le fameux mage Cagliostro, pour sa part, aurait pronostiqué la naissance d'un deuxième fils. Néanmoins, les inquiétudes que Marie-Antoinette s'efforce de dissimuler « percent encore de temps en temps, et l'on a eu tort de croire qu'elles fussent entièrement calmées ».

« Cette princesse est en effet d'une rotondité effrayante, poursuit la *Correspondance secrète*. Elle craint de porter deux enfants à la fois et d'avoir un accouchement laborieux. Sa Majesté a de fréquentes conférences avec l'abbé Poupart, curé de Saint-Eustache, son confesseur. On craint tellement un double accouchement, que l'on s'est précautionné de deux layettes et de vingt-quatre nourrices au lieu de douze, parmi lesquelles, suivant l'étiquette, on est dans l'usage de choisir. »

Un petit duc de Normandie

Prise de douleurs dans la matinée du dimanche 27 mars 1785, la reine a tout de même la force d'assister à la messe de Pâques. Toutefois, le secret devait être mal gardé, car son antichambre est bientôt bondée. Pour décourager les fâcheux, Marie-Antoinette laisse entendre que ce n'est qu'une fausse alerte, et qu'elle compte bien souper chez Madame de Lamballe. En réalité, elle fait discrètement prévenir la duchesse de Polignac – en sa double qualité d'amie intime et de gouvernante des Enfants de France. Monsieur, comte de Provence et son épouse, le comte et la comtesse d'Artois, ainsi que les ministres et secrétaires d'Etat se rassemblent, comme pour les précédents accouchements, dans les appartements de la reine.

Le baron de Breteuil, ministre de la Maison du Roi, adresse aussitôt une missive au prévôt des marchands : « Je vous donne avis, Monsieur, que la reine est actuellement en travail pour accoucher. J'écris à Monsieur l'archevêque de Paris pour qu'il ordonne des prières pour l'heureuse délivrance de cette princesse, et vous ferez bien d'en prévenir sans différer le corps de ville, afin qu'il puisse s'assembler et recevoir la nouvelle d'un événement si intéressant. »

« Vers les six heures, lit-on dans la *Correspondance secrète*, tous les symptômes parurent, et après un travail d'environ une heure, [la reine] accoucha d'un prince bien constitué et très fort. » Louis XVI reste auprès de sa femme jusqu'à la naissance et ne cesse de lui prodiguer les témoignages les plus vifs de sa tendresse. Lorsqu'il découvre qu'il s'agit d'un garçon, il est « touché de la joie la plus pure et la plus attendrissante, peinte sur son visage ». Le nouveau-né est superbe. L'accoucheur le remet bientôt entre les mains de Madame de Polignac qui, trop émue, doit se faire aider par Madame de Mackau pour soutenir, dans une serviette, le précieux fardeau. La gouvernante porte alors le petit prince à son appartement, conduite par le duc d'Ayen, capitaine des gardes du corps du roi.

Le père comblé a renoncé à recevoir les compliments de la Cour « en cérémonie », mais une foule nombreuse se presse sur son passage alors qu'il se rend à la chapelle, afin d'y entendre le *Te Deum* composé par François Giroust, surintendant de sa musique. Comme pour les deux aînés, le baptême a lieu sans retard. C'est toujours le cardinal Louis de Rohan – pour quelques mois encore grand aumônier de France – qui préside la cérémonie. Le 15 août suivant, le crédule archevêque de Strasbourg se trouvera emporté dans le scandale de la fameuse affaire du Collier. Et cette fois encore, l'abbé de Brocquevielle, curé de l'église Notre-Dame de Versailles, s'est déplacé à la chapelle du château avec ses registres. L'illustre enfançon y voisinera avec deux des plus humbles sujets de son père : le fils d'un scieur de long et la fille d'un pauvre manouvrier. Une belle leçon de démocratie !

Le comte de Provence a été choisi comme parrain. Quant à la marraine – représentée par Madame Elisabeth – il s'agit de la reine de Naples, Marie-Caroline d'Autriche, sœur de Marie-Antoinette. Prénommé Louis-Charles, le petit prince reçoit le titre original de duc de Normandie, qui n'a plus été porté en France depuis Charles, frère de Louis XI, qui avait échangé ce duché en 1469 contre celui de Guyenne. En revanche, les souverains anglais, héritiers de Guillaume le Conquérant, n'ont jamais cessé de se l'attribuer. Peut-être Louis XVI a-t-il voulu ainsi égratigner un peu plus la susceptibilité de George III, contraint deux ans auparavant de ratifier le traité de Versailles consacrant l'indépendance américaine ?

« De même qu'à mon fils »

Dans son *Journal*, Louis XVI inscrit, à la date du dimanche 27 mars, cette note laconique : « Couches de la reine du duc de Normandie à sept heures et demie. Tout s'est passé de même qu'à mon fils. Le baptême a été à huit heures et demie, et le *Te Deum*. Il n'y avait de prince que Monsieur le duc de Chartres ; il n'y a eu ni compliments ni révérences. Monsieur et la reine de Naples parrains. » Les six mots : « de même qu'à mon fils » ont fait couler tellement d'encre ! Louis XVI ne considérait-il pas Louis-Charles comme « son fils » ? C'est oublier tout simplement que cette expression consacrée – comme « Monsieur » pour le frère du roi – désignait plus précisément le fils aîné, l'héritier du trône. Au reste, le marquis de Bombelles confirme que « le roi était fort content et sa satisfaction, après avoir éclaté d'une manière touchante, l'a porté à remercier le ciel avec une ferveur qui n'était pas moins édifiante ».

Sur ordre de Sa Majesté, Charles-Alexandre de Calonne, contrôleur général des Finances et grand trésorier des ordres du roi, remet à Louis-Charles le cordon et la croix de l'ordre du Saint-Esprit. Tandis que le comte de Vergennes, secrétaire d'État aux Affaires étrangères, dépêche des courriers extraordinaires aux ambassadeurs et aux ministres du roi près les cours étrangères.

Un peu après huit heures, le comte de Saint-Aulaire, lieutenant de la compagnie de Villeroi, de service auprès de la reine, déboule sur la place de Grève. Le prévôt des marchands et les quatre échevins de Paris, en robe noire et « bonnet quarré », se hâtent d'accueillir le messager, avec toute la solennité qui convient à une telle circonstance. Le prévôt, Louis Le Pelletier, marquis de Montélian, assure « que la ville est pénétrée des marques de bonté du roi et que Sa Majesté doit être bien persuadée de la joie que cette nouvelle va répandre dans la capitale ».

Vers dix heures et demie, le maître d'hôtel du roi, Monsieur de Salornet, survient à son tour, porteur d'un message de son maître : « Très chers et très *amés*, l'amour pour notre personne, que nos sujets de notre bonne ville de Paris font éclater dans tous les événements qui nous intéressent, et leur attachement au bien de l'Etat, nous font juger que nous ne pouvons trop tôt leur faire part de la naissance d'un prince dont la reine, notre très chère épouse et compagne, vient d'être heureusement délivrée. » Puis le monarque prescrit d'organiser « les réjouissances accoutumées en pareille occasion. » Et il fait précéder son paraphe de cette formule archaïque, dans laquelle on a voulu voir l'illustration la plus claire du despotisme royal : « Si n'y faites faute, car tel est notre plaisir. »

Les canons du Port-au-Blé

« La Bastille est sur le pied des ordonnances observées dans les autres forteresses du royaume, déplore le marquis de Bombelles. On n'y tire plus le canon après la retraite battue, de sorte que la ville de Paris ignorait en plus grande partie l'événement qui ordinairement est annoncé par une salve d'artillerie. » En réalité, la rumeur s'est vite répandue, et les festivités ont déjà commencé. Les Parisiens partagent sincèrement la joie d'un monarque pour qui « cet événement ne peut que contribuer à perpétuer le bonheur de [ses] peuples, en assurant de plus en plus [sa] succession, et la tranquillité dans [son] royaume ». On fait exploser des « boëtes » sur les berges de la Seine, et les canons du Port-au-Blé vengent le silence de la Bastille. La cloche de l'hôtel de ville, imitée aussitôt par les églises parisiennes, sonnera le tocsin pendant toute la nuit.

En entendant ce joyeux vacarme, Mayeur de Saint-Paul, un bourgeois de Paris qui soupe chez un ami, se trouve saisi d'une fièvre poétique. Son impromptu sera publié par le *Mercure de France* :

« Quel son dans les airs s'élance !
Ecoutons bien... C'est le bruit du canon ;
Il annonce un nouveau Bourbon,
C'est annoncer la bienfaisance. »

Le lendemain, les salves reprennent à partir de six heures du matin ! Le prévôt des marchands et les échevins ordonnent aux habitants de la ville et des faubourgs d'illuminer leurs façades à la tombée du jour. A six heures du soir, le duc de Brissac, gouverneur de Paris, se rend en place de Grève, pour sacrifier à la tradition des feux de joie. On a édifié, du côté de la rivière, un bûcher de cinq cents fagots couronné par un arbre vert. Messieurs de Montmélian et de Brissac en font le tour puis l'embrasent. Un feu d'artifice illumine alors l'hôtel de ville. A travers les quartiers de Paris, on a disposé quinze buffets et quinze fontaines distribuant aux passants du pain, du vin et du cervelas. Et des orchestres joueront jusqu'aux aurores.

Comme de juste, les poissardes de la Halle improvisent une rengaine de circonstance, sur l'air de *Tous les capucins du monde* :

« En accolant ta Catherine,
Viens lui payer double chopine.
Au diable soit ton air grognon !
Et ! y allons gai, mon ami Jacques :
La reine, avec un biau garçon,
Nous a donné nos œufs de Pâques. »

Et le *Mercure de France*, à son habitude, relate l'événement : « De Paris, le 30 mars. Le 27 de ce mois, à sept heures moins un quart du soir, la reine est accouchée très heureusement d'un prince, que le roi a nommé Louis-Charles, et titré duc de Normandie. Il a été nommé au baptême le même jour, à huit heures et demie du soir, par Monsieur, frère du roi, et par Madame Elisabeth, pour la reine de Naples. Le canon a annoncé ici cette heureuse nouvelle au public, qui a témoigné dans cette occasion les sentiments dont il est animé pour ses souverains. Le 28 au soir, il y a eu une illumination générale de la capitale. La santé de la reine est aussi bonne que le comporte sa situation, et le prince nouveau-né est bien portant. »

Un dauphin, Charles et la paix

Dans ses pages littéraires, la revue publie des vers dus à un certain Varenne, professeur au collège de Lisieux :

« Jupiter eut pour fils et Mars et Cupidon :
Il eut l'un de Vénus et l'autre de Junon.
Antoinette et Louis ont fait plus sur la terre
Que dans les cieux le dieu qui lance le tonnerre ;
Car ils donnent eux seuls aux bienheureux Français,
Un dauphin, Charles et la paix. »

A peine né, Louis-Charles commence son existence rêvée de petit prince, au sein de la Maison des Enfants de France. « Monsieur le duc de Normandie est un superbe enfant, écrit le marquis de Bombelles, bien fort, bien fait et qui annonce devoir vivre et s'élever facilement. Sa nourrice a été choisie ce matin parmi les quatre qui, depuis six semaines, étaient déjà retenues ; le choix est tombé sur une femme du village de Vitry que ma tante, Madame de Soucy, connaissait déjà et aimait [...]. Cette femme, nommée Sainte-Marie, a toutes les annonces d'une santé florissante et d'un excellent lait. Monseigneur le dauphin, qui se fortifie en même temps que, de jour en jour, il est plus joli et plus aimable, a reçu avec une grande joie son frère et s'en amuse beaucoup. La reine se porte à merveille, et le château ainsi que les cours offrent le spectacle agréable d'une foule de gens empressés de savoir des détails sur l'heureux événement. »

Vendredi 1er avril 1785, le roi vient en personne à Paris, afin d'assister à un *Te Deum* à Notre-Dame, en présence des grands corps de l'Etat. Au milieu de la liesse populaire, Louis XVI fait avancer son carrosse au pas et jeter une pluie de piécettes à la foule. La *Gazette de France* pourra ainsi confirmer que « la naissance de Monseigneur le duc de Normandie a été célébrée ici par toutes les marques de réjouissances naturelles à un peuple qui se glorifie d'être connu et distingué par son attachement pour ses maîtres ».

Un accueil plus réservé attend Marie-Antoinette. Si elle se félicite que son Louis-Charles « est plus fort qu'on ne l'est ordinairement à son âge », et qu'il « a tous les symptômes d'une bonne constitution », si Mercy assure à l'empereur « que la naissance d'un second prince donne un grand surcroît à l'influence et à la solidité du crédit de la reine », celle-ci est moins que jamais populaire auprès des Parisiens. Et elle ignore à quel point elle se trompe cruellement lorsqu'elle exprime sa foi en l'avenir, dans une lettre au duc de Choiseul, le 15 avril : « Je remercie Dieu de la grâce qu'il m'a faite d'avoir comblé mes vœux, et me flatte de l'espoir que, s'il daigne nous conserver ce cher enfant, il sera un jour la gloire et les délices de ce bon peuple. »

C'est le 24 mai que la reine visite elle aussi la capitale, à l'occasion de ses relevailles. Vêtue d'une magnifique robe en lamé d'argent, elle arbore aux oreilles des girandoles de diamants achetées huit cent mille livres à son nouveau joaillier, Charles Boehmer – l'un des protagonistes à venir de l'affaire du Collier. Escortée par cinquante gardes du corps du roi, elle refait le même parcours qu'en 1779 et 1782, se rendant d'abord à Notre-Dame, puis à l'église Sainte-Geneviève. On prétend qu'étonnée de la froideur des Parisiens, celle qu'on surnomme déjà l'Autrichienne se demande en sanglotant : « Que leur ai-je fait ? »

Après un déjeuner aux Tuileries, Marie-Antoinette passe l'après-midi à l'Opéra. Le soir enfin, elle est l'invitée de son beau-frère, le comte d'Artois. Le souper a lieu au palais du Temple. En effet, le fils aîné d'Artois, le jeune duc d'Angoulême, âgé de dix ans, est grand-prieur de l'ordre de Malte, qui a succédé aux Templiers. Qui saurait alors imaginer le drame qui va se jouer dans le vieux donjon qui dresse sa sombre silhouette à quelques pas de là ? Et que, dans dix ans et deux semaines, l'enfant dont on célèbre aujourd'hui la venue au monde s'y éteindra, abandonné de tous, au tréfonds de la plus cruelle déréliction ?

7

Une famille heureuse

En octobre 1785, Louis XVI et Marie-Antoinette vont passer plusieurs semaines à Fontainebleau. Le couple, entouré de grands seigneurs et de belles dames, remonte la Seine dans une gondole dont la somptuosité soulève maintes critiques. Le dauphin, qui vient d'être inoculé, demeure à Saint-Cloud. Quant à son frère, Louis-Charles, la reine n'a pas craint de le laisser à Versailles, sous la garde de l'une de ses sous-gouvernantes, la comtesse de Soucy. Il ne rejoindra ses parents que plus tard. Autour de ce marmouset de sept mois s'organise alors un semblant de cour. Chaque soir, Madame de Soucy ouvre ses salons aux officiers des gardes et à la bonne société versaillaise. On y joue aux proverbes, on danse et l'on s'amuse en présence du jeune duc de Normandie. L'un des invités « sert d'orchestre en touchant d'un piano forte qui divertit le petit prince ».

« Quoique mon fils cadet souffre beaucoup des dents, écrit la reine à l'empereur, le 27 décembre 1785, il se fortifie tous les jours, et, dans les moments où la douleur est passée, il est d'une gaieté singulière. » Comme ses aînés, le duc de Normandie s'est vu nanti d'une pléthore de serviteurs. Quarante-trois personnes – vingt femmes et vingt-trois hommes – ont la charge de sa personne. A l'instar du dauphin et de sa sœur, Louis-Charles dispose déjà, en dehors d'une nourrice, de quatre sous-gouvernantes et de onze femmes de chambre, de maîtres d'écriture, de dessin, de musique, d'histoire, de danse, d'armes ou de paume ! Son âme est placée sous la sauvegarde de trois chapelains. Un médecin, un chirurgien et quatre apothicaires veillent sur sa santé physique.

Même si, depuis octobre 1783, Madame Royale loge de nouveau dans l'appartement des Princes, avec ses deux frères, Marie-Antoinette supervise toujours son éducation. Chaque matin, cette dernière assiste aux leçons. Elle se montre très sévère pour les moindres défauts de l'enfant qui, pourtant, est une élève appliquée. Vers la même époque, elle songe à réformer la Maison de sa fille, « dans la crainte de lui donner le goût du faste par le trop grand appareil qui l'entourait ». La reine envisage d'abord de renvoyer sept femmes de chambre – sans doute trop complaisantes. Puis elle décide de faire passer l'autorité effective entre les mains de la première d'entre elles, Madame Brunier, au détriment des sous-gouvernantes. Ce plan, que Bombelles « ne trouve pas convenable », sera finalement abandonné, et la baronne de Mackau investie – quoique à contrecœur – de la tâche délicate d'éduquer la princesse.

Si sa « fille, qui ne [la] quitte pas, [l'] intéresse tous les jours davantage », la reine demeure en effet attentive à brider le naturel hautain de la petite princesse, ainsi qu'elle l'explique à sa sœur Marie-Christine, duchesse de Teschen, le 25 décembre 1784 : « Elle a le caractère difficile et d'une fierté excessive ; elle sent trop qu'elle a du sang de Marie-Thérèse et de Louis XIV dans les veines. Il faut qu'elle s'en souvienne pour être digne de son sang ; mais la douceur est une qualité aussi nécessaire et aussi puissante que la dignité, et une nature orgueilleuse éloigne les affections. Le dauphin, qui a passé de deux mois ses trois ans, est beaucoup plus délicat et plus colère, mais on pourra le conduire par la sensibilité et le raisonnement. »

Une leçon de bienfaisance

Madame Vigée-Lebrun, la portraitiste favorite de la reine, confirme que celle-ci « ne négligeait rien pour faire acquérir à ses enfants des manières gracieuses et affables qui la rendaient si chère à ceux qui l'entouraient ». Ainsi, par exemple, Marie-Antoinette fait dîner Madame Royale, âgée de six ans, avec une jeune paysanne qu'elle a prise sous sa protection. « Vous devez lui faire les honneurs », lui dit-elle. Et la princesse doit s'effacer devant son invitée, qui est servie la première. Très tôt, le dauphin est conduit à Paris, pour visiter l'hospice des Enfants-Trouvés. Tandis que Marie-Thérèse se voit confier une bourse d'aumônes de huit à dix mille francs pour ses bonnes œuvres.

Le 1er janvier 1784, au plus fort d'un hiver spécialement rigoureux, Marie-Antoinette dispense à sa fille et à son fils une « leçon de bienfaisance » que mentionne Madame Campan dans ses *Mémoires* : « Elle m'ordonna de faire apporter de Paris, comme les autres années, la veille du jour de l'An, tous les joujoux à la mode et de les faire étaler. Prenant alors ses enfants par la main, elle leur fit voir [...] et leur dit qu'elle avait eu le projet de leur donner de jolies étrennes, mais que le froid rendait les pauvres si malheureux que tout son argent avait été employé en couvertures. [...] Ainsi, que cette année, ils n'auraient que le plaisir de voir toutes ces nouveautés. » Après quoi la reine fait verser cinquante louis au marchand, afin de l'indemniser pour son manque à gagner...

Cela n'empêche pas Marie-Antoinette d'offrir à l'occasion de somptueux cadeaux à l'héritier du trône. Un jour, elle a déclaré en riant : « Le roi, à sa naissance, n'a-t-il pas augmenté ma cassette de deux cent mille livres ? Ce n'est pas pour que je les garde ! » Le 8 février 1786, Madame d'Oberkirch rend visite au dauphin et au duc de Normandie : « Je trouvai le premier grandi, mais un peu fort ; c'était un joli enfant. Il s'occupait beaucoup d'un nouveau carrosse, qu'il avait essayé le matin même, et dont l'invention est charmante et commode ; c'est le premier qu'on voit ainsi. Les panneaux et les peintures, sur les côtés, et devant, sont remplacés par des glaces, et ces glaces sont retenues dans des encadrements de vermeil ornés de saphirs, de rubis et autres pierres précieuses. C'est magnifique et élégant. La reine a fait présent à Monsieur le dauphin de cette voiture ; elle lui donne beaucoup... »

« C'est le plus beau jour de ma vie ! » s'est écrié le petit prince ébloui en découvrant cette splendeur digne d'un conte de fées. Si la reine a payé le carrosse de ses deniers, Calonne a fait présent des huit poneys de l'attelage.

Le bonheur d'être aimée

Louis-Charles, à quelques semaines de son premier anniversaire, apparaît à Madame d'Oberkirch comme un « gros enfant, bien fort à dix mois. Ses yeux sont moins grands que ceux de Monsieur le dauphin; pourtant il sera au moins aussi joli. Il était entre les mains de ses berceuses, quoi qu'il ne dormît pas. Sa nourrice nous assura qu'il se portait à merveille ».

Quant à Marie-Thérèse, que la baronne alsacienne rencontre le 26 mars suivant, elle semble loin d'être entièrement guérie de son infatuation. Quelques mois auparavant, la baronne de Mackau a reçu la consigne de la morigéner sans faiblesse : « Madame Royale avait sept ans et demi. Elle était fort grande pour son âge; elle a l'air noble et distingué. Madame de Mackau, qui était sous-gouvernante, l'élevait à merveille, elle s'en occupait bien plus que la gouvernante en titre. J'en eus la preuve dans cette visite, et cette circonstance ne manque pas d'intérêt. En voyant cette princesse si grandie et si embellie, je l'ai trouvée charmante, et accoutumée que je suis à la liberté des cours d'Allemagne, je n'ai pas pu m'empêcher de le dire. Cette liberté déplut à Madame Royale, et je le vis à l'instant sur son visage. Son regard si fier s'anima, ses traits se contractèrent, et elle me répliqua sans hésitation :

« – Je suis charmée, Madame la baronne, que vous me trouviez ainsi ; mais je suis étonnée de vous l'entendre dire.

« Je restais tout interdite, et j'allais me confondre en excuses, lorsque Madame de Mackau m'arrêta, et reprit avec un grand sang-froid :

« – Ne vous excusez pas, Madame, Madame Royale est Fille de France, et elle ne fera jamais passer le bonheur d'être aimée après les exigences de l'étiquette.

« Aussitôt, Madame Royale se tourna vers moi, et de l'air le plus digne, en même temps que le meilleur, elle me tendit sa petite main, que je baisai. Ensuite, elle me fit une révérence profonde et sérieuse, et se retira de la manière la plus gracieuse et la plus polie. C'était bien la petite-fille de Marie-Thérèse ; ce sera un beau et noble caractère. Comment pourrait-il en être autrement avec une mère comme la reine ? »

Toutefois Madame Royale ne manque certes pas de générosité, et sa fierté n'est à tout prendre que la rançon de sa noblesse d'âme. Il arrive, un jour, que la baronne de Mackau, par inadvertance, lui marche fortement sur le pied. Sur le moment, la princesse ne laisse échapper aucune plainte, mais le soir ses femmes de chambre trouvent son bas taché de sang. Comme Madame de Mackau l'interroge afin de savoir pourquoi elle n'en a pas parlé sur-le-champ, Marie-Thérèse répond simplement : « Puisque, dans cet instant où je ne souffre plus vous êtes si peinée de m'avoir fait mal, vous auriez été bien plus fâchée si vous l'eussiez su quand je sentais quelque douleur. »

A peine sortie du berceau, cette princesse si royale est déjà l'objet de combinaisons matrimoniales. Lors de la visite de Gustave III à Versailles, Marie-Antoinette songe à de possibles fiançailles entre sa fille de quatre ans et demi, et l'héritier du trône de Suède, le futur Gustave IV, né le 1er novembre 1778, quelques semaines avant Marie-Thérèse. Par la suite, la reine envisagera plusieurs autres gendres possibles, comme son neveu François de Naples, fils de sa chère sœur Marie-Caroline. On prononcera aussi le nom de Louis-Philippe d'Orléans – qui deviendra roi des Français à la faveur de la révolution de 1830. Toutefois, à en croire Joseph Weber, « Marie-Antoinette s'opposa de la manière la plus ferme et la plus prononcée à [cette] union qui lui répugnait sous tous les points de vue ». En réalité, la solution qui emporterait ses suffrages serait de faire épouser à Madame Royale son cousin germain Louis-Antoine, duc d'Angoulême, fils aîné du comte d'Artois. Elle pourrait ainsi garder sa fille près d'elle, où « sa position serait préférable à celle de reine dans un autre pays ». On sait que cet espoir finira par se concrétiser, mais dans des conditions que n'aurait pu imaginer l'infortunée Marie-Antoinette...

« Mon petit Normand »

A la veille de la Révolution, la famille royale se complaît dans un bonheur presque bourgeois, comme l'illustre à merveille l'anecdote suivante. Au début de l'été de 1786, Louis XVI décide d'aller inspecter les travaux de fortification de la rade de Cherbourg. Après le sacre de Reims, et avant la malencontreuse équipée de Varennes, ce sera là son seul contact direct avec la province, c'est-à-dire avec le pays réel. Sous son règne, en effet, neuf Français sur dix sont des paysans. Or, Louis XVI ne cessera d'être le jouet des aristocrates à Versailles, que pour devenir l'otage des bourgeois et de la plèbe à Paris...

Le 29 juin 1786, le roi rentre donc de Normandie. Il arrive au palais vers trois heures et demie de l'après-midi. La reine, sa fille et ses deux fils le guettent sur le balcon de la cour de Marbre. En apercevant le carrosse royal, les enfants s'écrient « papa ! ». Le roi sort de voiture, au milieu de la foule qui l'acclame, et se précipite pour embrasser les siens. Louis XVI, qui a reçu un accueil triomphal tout au long de son voyage, évoquant cette province qui l'a si bien fêté, dira au petit duc de Normandie : « Viens mon petit Normand, ton nom te portera bonheur. »

A juste titre, Marie-Antoinette est fière des héritiers qu'elle a donnés à la France. Elle se fait peindre avec eux, par les miniaturistes Dumont et Siccardi, mais aussi par des peintres de grand renom comme le Suédois Adolphe Wertmüller ou Elisabeth Vigée-Lebrun. En public, leur innocence et leur vivacité ingénue restituent quelque éclat à l'image ternie de l'Autrichienne. Loin de l'insouciance de ses jeunes années, elle pose désormais en mère féconde des Enfants de France. La reine, consciente de ses effets « médiatiques », cultive l'art du geste attendrissant...

C'est le cas le 10 août 1788, pour la réception à Versailles des envoyés du sultan de Mysore, Tipou Sahib. L'ambassadeur de Parme relate la scène : « La reine a traversé toutes les salles, tenant de sa main droite Monsieur le duc de Normandie, de sa main gauche Madame Royale, les plus beaux enfants qu'on puisse voir. Elle avait l'air d'une grosse, blanche et bonne maman. Cette attitude de tendresse maternelle lui a attiré beaucoup d'applaudissements qui ont augmenté lorsqu'elle a pris sur ses bras son fils, pour qu'il pût mieux voir la cérémonie. »

L'affection d'une mère

« J'ai vu la reine, bien jeune encore, se souviendra bien plus tard Joseph Weber, cesser d'aimer les plaisirs bruyants et les dissipations de la jeunesse ; [...] puis de jour en jour se renfermer davantage dans les soins et les devoirs de mère ; tantôt se promener solitairement avec ses enfants dans ses jardins, [...] tantôt s'environnant, dans son intérieur, de leurs jeux innocents, s'adonner avec passion à tous les ouvrages d'aiguille. Je l'ai vue à mesure que Madame Royale croissait en âge, s'occuper sans distraction de semer et de faire croître, dans ce jeune cœur, toutes les grandes et bonnes qualités du sien, mais, avant tout, le respect des vertus, la reconnaissance des services, l'amour de l'humanité, la compassion pour l'infortune, la modération dans la grandeur, la charité, la bonté, l'indulgence. Je ne dis pas un mot qui ne soit d'une exacte vérité ; [...] et l'on croirait que, dirigée sans le savoir par une impulsion providentielle, l'auguste et malheureuse mère de la duchesse d'Angoulême a rempli particulièrement le cœur de sa fille de toutes les vertus qui devaient un jour lui être le plus nécessaires. »

Pour Marie-Antoinette, Louis-Charles est son « Chou d'Amour », un tendre surnom que la dauphine Marie-Josèphe de Saxe donnait déjà à son fils préféré, le duc de Bourgogne, malheureux frère de Louis XVI. Cependant, la reine n'en éprouve pas moins d'affection à l'égard de Louis-Joseph. « Il était très attaché au roi, se souvient Madame de Tourzel. Mais comme il lui en imposait, il n'était pas aussi à son aise avec lui qu'avec la reine, qu'il adorait, et à laquelle il exprimait ses sentiments de la manière la plus touchante, trouvant toujours à lui dire quelque chose de tendre et d'aimable. »

La baronne d'Oberkirch décrit le « caractère angélique, une bonté extrême jointe à une fermeté rigoureuse » du jeune enfant. Un jour qu'il joue avec un autre petit garçon, ce dernier brise une porcelaine avant de s'enfuir, de peur d'être grondé. Le coupable n'étant plus là pour se dénoncer, le dauphin ne dit mot et se laisse punir sans clamer son innocence. Pendant trois jours, il est privé de sa promenade à Trianon et des jeux qu'il adore. Cependant, il se soumet, sans murmurer. Enfin, la vérité est découverte. Avec franchise, le camarade du prince se dénonce et reprend toute la faute qui lui appartenait. Louis-Joseph, auquel on demande alors pourquoi il n'a pas tenté de se disculper, répond : « Est-ce à moi d'accuser quelqu'un ? »

Dès l'âge de trois ans, au printemps de 1785, le dauphin se voit octroyer un jardinet, une portion de terrain proche de son appartement, sur la terrasse du château, en haut des Cent-Marches. « Tout le public peut le voir s'occuper des travaux rustiques, rapportent les *Nouvelles à la main*. Chaque matin le roi vient manier avec lui la bêche et le râteau, retourner la terre et lui donner des leçons d'agriculture. On ne sait si c'est simplement pour amuser le jeune prince et satisfaire son goût, ce qui serait encore très louable de la part de Sa Majesté, et donnerait une excellente idée de ses sentiments paternels. Mais on doit présumer encore que des vues politiques dirigent ce genre d'éducation, et qu'on veut inspirer de bonne heure à l'héritier d'un grand empire agricole le goût d'un art qui en doit faire la richesse et le bonheur. »

8

L'éphémère Madame Sophie

Il semble que Marie-Antoinette – comme beaucoup de femmes, dans les milieux « éclairés » de son époque – n'aspirait pas à fonder une famille pléthorique, à l'imitation de sa mère qui eut treize enfants, ou de sa sœur Marie-Caroline, qui en donnera dix-huit au roi de Naples Ferdinand IV ! Tandis qu'elle attend sa quatrième et dernière fille, elle se lamente, le 22 février 1786, auprès de son amie d'enfance, la princesse héréditaire de Hesse-Darmstadt : « Vous aurez sûrement entendu parler de ma grossesse : quoiqu'elle ait été longtemps douteuse, je crains bien à présent qu'elle ne soit tout à fait certaine ; ma santé est d'ailleurs fort bonne. »

Sans doute la reine ne s'attendait-elle pas à se retrouver enceinte si rapidement. L'enfant a été conçu en octobre, à la faveur du séjour de la Cour à Fontainebleau, sept mois seulement après la naissance du duc de Normandie. Il convient aussi de préciser que la sœur de la princesse de Hesse, Charlotte de Mecklembourg-Strelitz, vient juste de mourir en couches, après avoir été agitée durant sa grossesse de sombres pressentiments. Au XVIIIe siècle, attendre un enfant reste une entreprise périlleuse, et l'on estime à 11,5 pour mille le taux de mortalité maternelle, c'est-à-dire de décès morbide de la parturiente dans les quarante-deux jours suivant l'accouchement.

La médecine du temps avoue son impuissance face à la fièvre puerpérale et autre « inflammation de matrice », que Samuel Tissot dépeint avec un luxe de détails terrifiants : « Une tension et des douleurs dans tout le bas-ventre, qui augmente dès qu'on le touche ; une espèce de tache rouge qui monte au milieu du ventre jusqu'au nombril, et qui, quand le mal empire, devient noire, ce qui est toujours mortel ; une faiblesse étonnante, le visage prodigieusement changé, un léger délire, une fièvre continue avec un pouls faible et dur ; quelquefois des vomissements continuels, souvent le hoquet ; une perte très peu abondante d'une eau rousse, puante, âcre ; des envies fréquentes d'aller à la selle ; des ardeurs, et quelquefois une suppression d'urine. » Et pour remédier à cet ensemble de symptômes apocalyptiques, l'homme de l'art ne sait que conseiller de banales saignées, des lavements d'eau tiède, « de la tisane d'orge toute simple, sur chaque pot de laquelle on met un demi-quart d'once de nitre, ou des laits d'amandes ».

Cela n'empêche pas Joseph II de condamner l'état d'esprit de sa sœur, dans une lettre à Mercy : « En me donnant part de sa grossesse, elle me témoigna d'en être fâchée, croyant avoir assez d'enfants. [...] C'est actuellement la mode parmi les jeunes femmes qui croient être du bon ton de se séparer de leurs époux et d'avoir satisfait à leurs devoirs en devenant mères d'un ou de deux enfants. »

Au reste, Marie-Antoinette, qui a été « saignée par précaution », deux jours avant d'écrire à Louise de Hesse, connaîtra une quatrième grossesse sans problème notable. « Ma santé est toujours bonne, a-t-elle annoncé à l'empereur dès le 27 décembre 1785. Mais depuis quelque temps j'éprouve des tracasseries et des malaises dont il me tarde bien de voir la fin. » A peine souffrira-t-elle ensuite, de temps à autre, des « petites souffrances » et des « petites incommodités inséparables d'une grossesse ».

L'affaire du Collier

Hélas, la malheureuse souveraine n'est pas au bout de ses épreuves ! Le calamiteux scandale du Collier – dont elle est parfaitement innocente – mine ce qui lui restait encore de popularité. « L'abominable affaire est toujours la préoccupation générale, écrit-elle en octobre 1785 à sa sœur Marie-Christine. Tout le monde m'en parle. [...] Monsieur le dauphin joue à côté de moi avec ma fille et ils se portent à souhait. [...] Les voilà en contestation et ils me demandent de les juger. Je ne sortirai donc pas des tribunaux. » Le procès intenté au cardinal de Rohan s'achèvera, le 31 mai 1786, par son acquittement triomphal, tandis que la calomnie continue de s'acharner sur la reine. Dissipée, prodigue, on la soupçonne plus que jamais d'être infidèle à la France et à son mari. L'auteur de la *Correspondance secrète* se fait, à cet égard, l'écho d'une anecdote éloquente :

« Un jour, la reine dit à la comtesse Diane [de Polignac] : “ Est-il vrai que le bruit court que j'ai des amants ? – On tient bien d'autres propos sur Votre Majesté, répondit la comtesse. – Quels sont-ils ? – On dit que le beau Fersen est le père du dauphin, Monsieur de Coigny de Madame Royale, le comte d'Artois de Monsieur de Normandie. – Et la fausse couche ? " reprit vivement la reine. »

Cet humour teinté d'amertume aide Marie-Antoinette à ne pas sombrer dans la neurasthénie. Elle s'empâte avec les années. Sans rien perdre de sa grâce ni de son allure majestueuse, elle ressemblera bientôt à « une bonne grosse Allemande », selon l'expression peu galante de Joseph II. Fatiguée par ses grossesses rapprochées, elle prévient Mercy, le 19 mai 1786 : « J'avais compté aller dîner demain à Bellevue avec mon frère et ma belle-sœur, mais mes forces ne me permettent pas cette course. »

Les « personnes nommées pour servir auprès de l'Enfant de France à naître » sont d'ores et déjà informées de leur promotion, par lettre circulaire en date du 26 mai, et dont les Archives nationales gardent une copie originale : « Madame la duchesse de Polignac, Madame, me charge de vous annoncer votre nomination à une place de femme de chambre auprès de l'Enfant de France à naître. Je suis fort aise, Madame, d'avoir cette nouvelle à vous annoncer et je profite avec plaisir de cette circonstance pour vous offrir les sentiments respectueux avec lesquels j'ai l'honneur d'être etc. »

La veille, deux premières femmes de chambre – Mademoiselle Vanblarenberghe et Madame de Luigny – ainsi que deux femmes de chambre ordinaires

– Mesdames Scherer et Micault – ont été approuvées pour passer du service du dauphin à celui du futur nouveau-né. Mais toutes ont été désignées par la duchesse de Polignac, laquelle « après avoir pris les informations convenables sur la naissance et les mœurs des personnes qui ont demandé à être admises à ce service, a [eu] l'honneur de mettre sous les yeux du roi le choix auquel elle a cru devoir s'arrêter »...

Naissance au couchant

Le crépuscule est presque tombé sur Versailles, en cette soirée du dimanche 9 juillet 1786, lorsque Marie-Antoinette donne le jour à son dernier enfant. La Cour vient de prendre le deuil du roi Pierre III de Portugal, mort le 25 mai précédent. Suivant les prescriptions de l'étiquette, les hommes sont tenus pendant dix jours de porter l'habit noir complet, avec bas de soie noirs, boucles et épée d'argent, manchettes de mousseline unie avec effilé. Quant aux dames, elles en sont réduites aux robes de soie noire, garnies de même ou de gaze noire, et ne peuvent se parer que de diamants. La reine, qui déteste les couleurs sombres, a fait repousser le commencement de ce deuil jusqu'à la période de ses couches, afin de n'avoir point à s'y conformer...

Les douleurs ont commencé dès le matin, mais craignant de provoquer la cohue des courtisans, Marie-Antoinette s'efforce de garder bonne contenance. Sans grand succès, car l'on chuchote bientôt dans son entourage : « La reine souffre et ne veut pas qu'on le sache. » A midi, elle entend bravement la messe à la chapelle, puis elle prend un bain. A partir de trois heures, les contractions devenant progressivement plus fortes, la reine ordonne d'aller quérir sa dame d'honneur, la princesse de Chimay. Un peu plus tard, le roi, qui assiste aux vêpres avec la famille royale, est prévenu à son tour de l'imminence de la naissance. « Monsieur, Madame, Monseigneur le comte d'Artois, Madame comtesse d'Artois, Madame Adélaïde et Madame Victoire de France, qui avaient été avertis en même temps que le roi, se rendirent aussi chez la reine. »

Le *Mercure de France* ajoute que « le Garde des Sceaux de France, ainsi que les ministres et secrétaires d'Etat, se rendirent au même instant dans le grand cabinet de la reine » : « Sa Majesté accoucha très heureusement, à sept heures et demie du soir, d'une princesse, dont la force et la santé donnent les espérances les mieux fondées pour la conservation de ses jours. Après que l'on eut donné, en présence du roi, les premiers soins à la princesse, le roi rentra chez la reine, et lui annonça qu'elle était accouchée d'une princesse, qui, sur le désir que Sa Majesté témoigna de la voir, lui fut apportée par la duchesse de Polignac, gouvernante des Enfants de France, accompagnée des sous-gouvernantes. »

Avec une regrettable précipitation, on annonce à la foule réunie sur la terrasse du château la naissance d'un troisième petit prince. Un instant après, il faut rectifier. Le désappointement se lit sur tous les visages. Les gazettes prétendront qu'un garçon aurait reçu le titre prestigieux de duc de Lorraine, succédant ainsi à son grand-père maternel François III qui avait dû le céder en 1737 à l'ex-roi de Pologne Stanislas Leczinsky, beau-père de Louis XV.

Malgré l'heure tardive, Louis XVI entend que sa fille soit immédiatement baptisée. L'évêque de Metz occupe désormais la charge de grand aumônier, depuis la déchéance du « cardinal Collier », relégué à l'abbaye de la Chaise-Dieu, en Auvergne. Quant au curé Brocquevielle, décédé en mai 1785, il a été remplacé à la tête de la paroisse Notre-Dame par son confrère Jacob, ancien curé de Saint-Louis, qui répond à l'insolite prénom païen d'Aphrodise-André. L'acte s'étale sur toute une page :

« L'an mil sept cent quatre-vingt-six, le neuf juillet, très haute et très puissante princesse, Madame Sophie-Hélène-Beatrix de France, née de ce jour, fille de très haut, très puissant et très excellent prince, Louis Auguste, roi de France et de Navarre, et de très haute, très puissante et très excellente princesse, Marie-Antoinette-Josèphe-Jeanne, archiduchesse d'Autriche, reine de France et de Navarre, son épouse, a été baptisée dans la chapelle du roi par Louis-Joseph de Montmorency Laval, Premier baron chrétien, évêque de Metz, prince du Saint-Empire, grand-aumônier de France, commandeur de l'Ordre du Saint-Esprit, en présence de nous soussigné curé. Le parrain a été très haut et très puissant prince Ferdinand, archiduc d'Autriche, frère de la reine, représenté par très haut et très puissant prince Louis-Stanislas-Xavier de France, Monsieur frère du roi, et la marraine très haute et très puissante princesse Madame Elisabeth-Philippine-Marie-Hélène de France, sœur du roi, en présence de Sa Majesté et ont signé. »

Les signatures de trois rois

Sous le large paraphe du roi, aux courbes molles si caractéristiques, s'alignent pour la dernière fois les signatures des princes et princesses du sang. A trois ans de la Révolution, elles symbolisent comme le testament de l'Ancien Régime. L'écriture de « Louis-Stanislas-Xavier », qui tient lieu de parrain, est nerveuse et pointue, par contraste avec celle de son frère aîné. Comment ce cadet vaniteux pourrait-il imaginer qu'il lui succédera dans neuf ans à peine, passant sur les cadavres de ses deux neveux ? Mais que ce « Louis XVIII » devra encore se morfondre en exil près d'une décennie, avant de reconquérir le trône de ses ancêtres... Comment le plus jeune des trois frères, qui trace ses prénoms « Charles Philippe » d'une main que l'on devine brouillonne et malhabile, saurait-il que le destin lui réserve le triste privilège d'être le fossoyeur de la monarchie légitime, sous le nom de Charles X ? Comment « Elisabeth-Philippine-Marie-Hélène », la pieuse sœur du roi, pourrait-elle imaginer que son cousin « Louis-Philippe-Joseph d'Orléans » – devenu le citoyen Egalité – voterait bientôt la mort de Louis XVI, avant que tous deux ne montent à leur tour à la guillotine ? Et enfin comment « Louis-Henri de Bourbon » prévoirait-il que la branche des Condés s'éteindra avec lui, trente-quatre ans plus tard, lorsqu'on le retrouvera mystérieusement pendu à l'une des espagnolettes de son château de Saint-Leu ?

Aussitôt après l'accouchement, le chevalier de Montesquiou-Fézensac, sous-lieutenant des gardes du corps du roi, de service auprès de la reine, est député, de la part du roi, pour aller annoncer la naissance de la princesse au corps de ville de Paris. Le procès-verbal de cette cérémonie – l'une des dernières à respecter le protocole complexe de l'ancienne monarchie – est conservé aux Archives nationales :

« Dès les premiers jours du mois de juillet 1786, le temps de l'accouchement de la reine approcha. Messieurs du bureau avaient donné les ordres pour qu'il y eût de l'artifice préparé, que les canons fussent placés sur le Port-au-Blé près la place de Grève et en état d'être tirés et que le tocsin fût prêt à sonner au premier ordre dans le cas de la naissance d'un prince. Le dimanche 9 du mois de juillet, à six heures dix minutes après-midi, arriva à l'hôtel de ville un page de Monseigneur le duc de Brissac gouverneur qu'il avait dépêché de Versailles pour annoncer à Messieurs que la reine sentait les douleurs pour accoucher. Aussitôt le greffier en chef, auquel le page s'adressa, en donna avis à Messieurs du bureau qui se rendirent sur le champ à l'hôtel de ville.

« A huit heures et demie arriva un second page de Monsieur le gouverneur qui apporta à Messieurs la nouvelle que la reine était accouchée à sept heures et demie d'une princesse. Alors Messieurs mirent leurs robes noires et passèrent dans la chambre d'audience où ils prirent leurs places ordinaires. Immédiatement après, l'huissier de service vint dire à Messieurs qu'un officier des gardes du roi arrivait à l'hôtel de ville. Et de fait M[onsieur de Montesquiou-Fézensac] de service chez la reine, descendit de cheval à la barrière de l'hôtel de ville. Il était vêtu de son uniforme et tenait à la main son bâton de commandement. Il fut reçu à la grande porte de l'hôtel de ville en dedans par un huissier de la ville en robe qui le conduisit par le grand escalier, et près la chapelle sur le péristyle de la grande salle il fut reçu par le greffier qui, précédé des huissiers, le conduisit par la grande salle dans la chambre d'audience dont les deux battants de la porte furent ouverts.

« Après les civilités réciproques, M[onsieur de Montesquiou] fut placé sur le banc à dos à la gauche de Monsieur le prévôt des marchands et au-dessus de la place de Monsieur le second échevin, et il dit à Messieurs que le roi l'avait envoyé pour leur faire part de l'heureux accouchement de la reine et de la naissance d'une princesse que Sa Majesté avait nommée Madame Sophie. Monsieur le prévôt des marchands pria M[onsieur de Montesquiou] d'exprimer à Sa Majesté combien la ville était sensible à la nouvelle dont elle avait bien voulu lui faire part. M[onsieur de Montesquiou] prit congé de Messieurs et fut reconduit par les troisième et quatrième échevins jusque vis-à-vis la chapelle sur le péristyle de la grande salle, précédés d'un huissier et par les huissiers jusque à la grande porte en dedans de l'hôtel de ville.

« Quoiqu'il ne fût point d'usage de faire tirer le canon lors de la naissance d'une princesse, si ce n'est lors de premières couches, Messieurs cependant crurent devoir y déroger pour annoncer au peuple l'heureuse délivrance de la reine, en conséquence il fut fait une décharge de l'artillerie de la ville. »

Pas la moindre incommodité

Marie-Antoinette, qui a déjà donné le jour à trois enfants, se rétablit très vite après cette quatrième naissance, comme en témoigne Mercy, dans une lettre à Joseph II : « La reine m'a fait venir auprès d'elle quelques heures après l'accouchement, pour me dire que, ne pouvant écrire elle-même, elle voulait que je rendisse compte comme témoin oculaire du bon état où elle se trouve ; depuis ce moment, la reine n'a pas éprouvé la moindre incommodité, pas même la fièvre de lait. La princesse nouveau-née est d'une grosseur et d'une force extraordinaires. [...] Votre Majesté a tout sujet d'être entièrement tranquille sur l'état de son auguste sœur et sur celui de la jeune famille royale. »

Aucune péripétie fâcheuse n'étant à relever, les docteurs Vermond et Lassone interrompent bientôt les bulletins de santé qu'ils rédigent à l'attention des journaux. Le premier, daté du « 11 juillet, à dix heures du matin », se contente de décrire les circonstances de l'accouchement : « Dimanche 9 de ce mois, la reine, à son réveil à huit heures du matin, commença à ressentir quelques douleurs qui annonçaient l'accouchement prochain. Ces douleurs se calmèrent jusqu'à deux heures après midi, où elles se renouvelèrent et se succédèrent par intervalles. Les dernières, qui décidèrent l'accouchement, furent très fortes ; et Sa Majesté, à sept heures et demie du soir, accoucha heureusement d'une princesse. Les suites de la couche vont très bien. La reine a eu beaucoup de tranchées, qui se font encore ressentir. »

Le 12 juillet, les deux praticiens se montrent encore plus laconiques : « Le mouvement du lait, qui a lieu le troisième jour après l'accouchement, ne produit aucun accident ; le pouls est dans l'état naturel. La reine n'a presque plus senti de tranchées. La nuit a été bonne ; il y a de la moiteur. » Enfin, le troisième et dernier communiqué, rédigé le « 13 juillet, à 10 heures du matin », se borne à signaler que « la reine est dans l'état le plus satisfaisant. Il n'y aura plus de bulletin ».

Si Madame Sophie échappe « à tous les accidents qui accompagnent d'ordinaire les premiers jours de la naissance d'un enfant », comme l'indiquent les *Nouvelles d'Amsterdam,* son arrivée au sein de la famille royale est saluée avec moins de transports d'allégresse que celles de ses aînés. L'heure est aux économies, et l'on ne consacre que cent mille livres à cette quatrième naissance, à peine plus du quart de ce qui avait été dépensé pour le dauphin. Le budget des Enfants de France demeurera presque inchangé, malgré l'arrivée d'une nouvelle princesse. Plus question d'encenser une souveraine que les libellistes n'ont jamais attaquée avec autant de hargne ! Plus question d'odes, d'élégies ou de cantates pour célébrer l'heureux événement ! C'est à peine si les deux bataillons du régiment d'infanterie de la reine, en garnison à Valognes et à Cherbourg, font dire une messe, suivie d'un *Te Deum* et d'une distribution de pain et d'aumônes.

Marie-Antoinette accomplit fort discrètement ses relevailles, le 5 août, dans la chapelle du château, entre les mains de son grand aumônier, Louis-Hector de Sabran, évêque-duc de Laon. Le lendemain elle admet les seigneurs et les dames à venir lui faire la cour, avant de recevoir le corps diplomatique. En signe de gratitude, le roi lui a offert cinquante mille écus. Dans une lettre du 20 août à l'empereur, Mercy veut voir dans ce présent « une des moindres marques d'attention du monarque envers son auguste épouse, dont le crédit et l'influence iraient plus loin que jamais si la reine attachait un peu de volonté et de désir à ce que cela fût ».

Pour sa visite traditionnelle à Paris, le mardi 5 septembre 1786, Marie-Antoinette choisit aussi la simplicité. Après Notre-Dame et Sainte-Geneviève, elle ne va pas au spectacle, comme pour la naissance du duc de Normandie, mais préfère se rendre au Jardin royal des Plantes, découvrir le cabinet d'histoire naturelle, et l'endroit où doit être transférée la Ménagerie de Versailles.

Le bruit d'ailes d'un ange

Hélas, la florissante santé de Madame Sophie ne tarde pas à décliner. Les contemporains comme les mémorialistes restent muets sur les circonstances particulières de sa brève existence. On peut seulement supposer qu'elle a bénéficié des mêmes égards que ses aînés, au sein de la Maison des Enfants de France. Et c'est sans bruit qu'elle meurt, le 19 juin 1787, à l'âge de onze mois et dix jours. Nul n'ignore alors combien l'existence des nourrissons est fragile, puisqu'un sur quatre n'atteint pas son premier anniversaire. Une telle décimation impose de ne pas s'attacher trop tôt à ces petits êtres en sursis... Ainsi, le 1er août 1787, Marie-Antoinette écrit à la princesse de Hesse : « J'ai été bien sensible de la part que vous avez prise à la perte que j'ai faite de ma fille cadette. J'en ai été très affligée. Malheureusement, presque depuis sa naissance, je m'y attendais, cette enfant n'ayant jamais profité ni avancé pour son âge. »

L'infortunée princesse ne laissera, dans l'histoire comme dans la vie, qu'une ombre fugitive, et pour reprendre la belle formule de Mathurin de Lescure, auteur en 1865 de *Marie-Antoinette et sa famille* : « C'est le bruit d'ailes d'un ange aussitôt remonté au ciel que paru sur la terre, que son pied n'a qu'à peine effleurée. »

Le 25 juin, Madame Elisabeth s'épanche dans une lettre à son amie d'enfance Angélique, marquise de Bombelles, fille de la baronne de Mackau : « Tes parents t'auront mandé que Sophie est morte le lendemain que je t'ai écrit. La pauvre petite avait mille raisons pour mourir, et rien n'aurait pu la sauver. Je trouve que c'est une consolation. Ma nièce [Madame Royale] a été charmante : elle a montré une sensibilité extraordinaire pour son âge, et qui était bien naturelle. Sa pauvre petite sœur est bien heureuse ; elle a échappé à tous les périls. Ma paresse se serait bien trouvée de partager, plus jeune, son sort. Pour m'en consoler, je l'ai bien soignée, espérant qu'elle prierait pour moi. J'y compte beaucoup. Si tu savais comme elle était jolie en mourant ! C'est incroyable. La veille encore, elle était blanche et rose, point maigrie, enfin charmante. Si tu l'avais vue, tu t'y serais attachée. Pour moi, quoique je l'aie peu connue, j'ai été vraiment fâchée et je suis presque attendrie, lorsque j'y pense. Ta sœur a été parfaite et tout le monde en a fait l'éloge. Elle a été bien fatiguée et ta pauvre mère aussi. [...] Ce que nous [...] avons fait le plus, c'est de pleurer sur la mort de ma pauvre petite nièce... »

Autopsie au Grand Trianon

Le corps de Madame Sophie est porté de Versailles au Grand Trianon, où Lassone et neuf de ses confrères se réunissent, en présence de la baronne de Mackau, « pour procéder à [son] ouverture vingt-quatre heures après sa mort, [...] aujourd'hui vingt du présent mois [de juin 1787], à quatre heures et demie du soir ». Le procès-verbal indique que « le cerveau dans toute sa substance avait une consistance plus molle dépendante sans doute d'une grande quantité de sérosité dont elle paraissait pénétrée. Il y avait un épanchement assez considérable d'eau dans les ventricules. Le cervelet [était] dans l'état naturel ». En outre, « le poumon droit était adhérant à la plèvre dans une portion assez étendue ; et dans l'endroit de cette adhérence la portion du poumon qui y répondait était profondément remplie de tubercules voisins de la suppuration ; d'autres portions du poumon étaient fort gorgées de sang. En général tout l'organe pulmonaire nous a paru dans un très mauvais état ».

Les hommes de l'art remarquent également que « la portion supérieure du sternum du côté droit était plus élevée sensiblement, ce qui aurait pu déterminer dans la suite une conformation irrégulière ». Et enfin, ils notent ces détails navrants : « Les deux petites incisives de la mâchoire supérieure prêtes à percer ; la canine du côté gauche de la mâchoire inférieure assez avancée. »

Le docteur Philippe Charlier, médecin légiste et l'un des pionniers français de la pathographie, conclut de cette autopsie, que « la description du cerveau est conforme à celle d'un enfant de moins d'un an, et n'est donc pas forcément pathologique ». Quant à la cause du décès, elle serait due à une « pleuropneumonie droite, infection bactérienne pas forcément d'origine tuberculeuse, les “ turbercules ” voisins de la suppuration pouvant être des ganglions gorgés de pus ».

Si l'on retient néanmoins l'hypothèse fort plausible d'une phtisie, l'enfant a pu être contaminée de multiples façons, par simple contact ou encore *via* le lait de sa nourrice, Claire Arnaud, « épouse du sieur Jean-Louis Garnier », qui recevra une pension de retraite de deux mille quatre cents livres en récompense de ses services. D'autres grâces pécuniaires seront d'ailleurs octroyées à plusieurs personnes attachées à la chambre de la petite princesse, et qui ont perdu leur emploi. Le jour même, Marie-Sophie-Hélène-Béatrix de France est transférée à la nécropole royale de Saint-Denis. Son cercueil est y déposé, « sans aucun cérémonial, conformément aux ordres du roi », dans la crypte des Bourbons.

« C'eût été une amie ! »

Louis XVI ne paraît guère touché par cette disparition précoce. Dans son *Journal*, où il dévoile si peu de son âme, le roi résume le drame en trois phrases lapidaires :

« Vendredi 15 juin – La maladie de ma fille cadette m'a empêché de chasser. [...]

« Mardi 19 juin – Mort de ma fille cadette à trois heures. Promenade à pied à Saint-Cyr. »

En revanche, Marie-Antoinette « fait pitié à voir ». Elle ne peut assez pleurer sa « pauvre petite ange ». A sa demande, Madame Vigée-Lebrun efface le bébé défunt sur le célèbre tableau de la reine et de ses enfants qu'elle est en train de peindre. Etrangement, le dauphin désigne un berceau vide. Aussi, pour immortaliser les traits indécis de Madame Sophie, ne reste-t-il qu'une étude de l'artiste, à peine une esquisse...

« La reine a été vivement affectée et des souffrances et de la mort de son enfant, confirme l'abbé de Vermond. Mais elle reconnaît qu'un petit être qui ne pouvait encore ni connaître, ni être connu, ne peut laisser de longues traces. » Joseph Weber, quant à lui, se plaît à décrire une mère inconsolable : « En vain, les personnes qui étaient admises dans son intimité lui représentaient-elles le bas âge de la princesse comme un motif qui devait alléger l'amertume de ses regrets, elle leur répondait : “ Oubliez-vous que c'eût été une amie ! ” Et ses larmes continuaient de couler au nom de fille et d'amie. »

« La reine avait perdu la princesse Sophie qui tétait encore, se souviendra Madame Campan. Ce premier malheur avait été, selon ce que disait la reine, le début de tous ceux qui s'étaient succédé depuis ce moment. »

9

Le crépuscule des lys

Depuis la naissance du duc de Normandie, la situation politique en France s'est singulièrement aggravée. Les artifices financiers du contrôleur général Calonne ont fait long feu. A la fin de 1786, le crédit du gouvernement est épuisé. Il n'y a plus d'alternative que la banqueroute ou la création de nouveaux impôts. Reprenant les plans de Turgot et de Necker, repoussés naguère par Louis XVI, le ministre propose alors l'instauration d'une « subvention territoriale », taxe foncière qu'acquitteraient tous les propriétaires, et non plus les seuls roturiers.

Afin d'entériner une réforme aussi conséquente, Calonne convainc le roi de la soumettre à une assemblée de notables, le 22 février 1787. Devant l'opposition farouche de ces privilégiés, le roi cède. Il renvoie Calonne et nomme à la tête du conseil des Finances Etienne de Loménie de Brienne, archevêque de Toulouse. Celui-ci n'a d'autre recours que de soumettre les projets de son prédécesseur – passablement affadis – au Parlement de Paris, qui déclare que « les Etats généraux peuvent seuls sonder et guérir les plaies de l'Etat ». Impulsée par les patriciens eux-mêmes, la Révolution est désormais en route.

Cette descente aux abîmes de l'Ancien Régime, rien ne saurait mieux l'illustrer que la lente déchéance physique du fils aîné de Louis XVI et de Marie-Antoinette, sa marche inéluctable vers la tombe, et sa mort dans les premières semaines de la Révolution...

A l'automne de 1782, Louis-Joseph a été soumis, comme sa sœur, à un examen médical, lors de la démission de Madame de Guéméné. Les médecins Lassone et Brunyer, les chirurgiens Andouillé, Loustonau et Blanquiez, ont alors donné quitus à la gouvernante :

« Nous soussignés, assemblés par l'ordre du roi sur la demande de Son Altesse Madame la princesse de Guéméné, gouvernante des Enfants de France, pour constater l'état actuel de Monseigneur le dauphin, certifions avoir trouvé Monseigneur, en ce jour, âgé d'un an, jouissant de la santé la plus parfaite, sans aucun vice de conformation, portant depuis sa naissance une petite tache rouge, très légère à la base de l'omoplate droit, de plus une légère suppuration au bras gauche, suite d'un vésicatoire qu'on juge à propos d'entretenir depuis six mois, n'ayant aucune espèce d'incommodité, attendant sa onzième dent, étant plein de force et de vigueur. En foi de quoi nous avons dressé le présent procès-verbal ; fait et signé en l'appartement de Monseigneur à Versailles ce vingt-deux octobre mil sept cent quatre-vingt-deux. »

La « petite tache rouge » évoque un *naevus maternus.* C'est probablement le vague souvenir de cette particularité, attribuée à tort au duc de Normandie, qui incitera nombre d'imposteurs, candidats à la survivance de Louis XVII, à exhiber une « marque du Saint-Esprit », affectant généralement la forme d'une colombe, comme preuve de leur ascendance royale ! Quant au « vésicatoire », ce terme désigne un remède topique, constitué d'un emplâtre irritant qui, appliqué sur l'épiderme, provoquait la formation d'ampoules. Celles-ci étaient ensuite percées afin de permettre à la sérosité de s'écouler et, par le canal de cette plaie artificielle, de purger le sang de ses « mauvaises humeurs ».

Une humeur scorbutique

Hélas, Louis-Joseph ne profitera pas longtemps de cette « santé la plus parfaite ». Après « un rhume assez violent » en février 1784, à deux ans et demi, il peine à se rétablir. Le 20 avril, Mercy rapporte à Joseph II : « La reine a été assez inquiète de l'état de Monsieur le dauphin ; ce jeune prince a une humeur scorbutique qui exige de grandes précautions. Les médecins donnent les assurances les plus tranquillisantes à cet égard ; mais leur réputation n'est pas le meilleur garant de la justesse de leur opinion. »

Quelques semaines passent, et l'enfant est soudain pris de fièvres violentes. Il urine avec difficulté. D'autre part, sa dentition lui cause d'effroyables douleurs. Pour le distraire de ses souffrances, Marie-Antoinette lui fait jouer l'air de *Dumollet* sur la boîte à musique qu'elle a apportée de Vienne. Le 29 mai, l'ambassadeur d'Autriche résume la situation dans une nouvelle lettre à l'empereur :

« Cette auguste princesse [la reine] a été de nouveau, pendant huit ou dix jours, assez inquiète de l'état de Monsieur le dauphin, lequel, à la suite d'un rhume, était tombé dans une sorte de langueur et de dépérissement dont on ne pouvait deviner la cause. On l'attribua d'abord à quelque humeur scorbutique; le jeune prince ne grandissait plus depuis trois ou quatre mois; enfin la nature a produit une crise qui a tourné en fièvre tierce, les accès ont toujours été en diminuant, ils ont cessé sans le secours de remèdes bien actifs; les médecins sont très contents de la marche de cette maladie et ils la regardent comme un des plus puissants moyens de fortifier la constitution du jeune prince, dont l'existence devient d'autant plus précieuse que le régime et les habitudes du roi ne donnent guère d'espérance à lui voir une nombreuse postérité. »

Au rebours de l'optimisme béat professé par les médicastres du temps – dont l'ignorance apparaît abyssale – peut-être doit-il voir dans cette crise les prodromes de la tuberculose dont Louis-Joseph allait périr cinq années plus tard. De son côté, Marie-Antoinette ne demande qu'à s'illusionner. « Mon fils se fortifie de jour en jour à la Muette », écrit-elle le 17 août 1784 à Charlotte de Hesse. Un mois plus tard, c'est dans une lettre à son frère qu'elle se félicite : « Tout le monde est étonné du bon état dans lequel mon fils est revenu de la Muette. » « Mes enfants se portent à merveille » : la phrase revient sous sa plume comme un leitmotiv – ou plutôt une formule conjuratoire –, le 5 novembre 1784, puis le 4 février suivant, et encore le 8 et le 22 août 1785.

Comme pour sa sœur aînée, il a été décidé que Louis-Joseph serait inoculé. S'agissant de l'héritier du trône, on redouble de précautions pour désigner l'enfant qui fournira le « levain variolique » devant aussi servir au cousin du dauphin, le petit duc de Berry. A l'issue d'une enquête diligentée par deux inspecteurs de police, est choisie la fille d'un certain Hacquin, « marchand de bois de bateaux au Gros-Caillou », à Paris. La fillette souffre alors d'une forme de la maladie « discrète et par conséquent de la meilleure qualité ».

Le « levain variolique »

Le rapport précise que ses parents sont mariés depuis onze ans, qu'« ils ont eu six enfants dont quatre sont morts en bas âge, qu'il leur en reste deux dont un âgé de six ans, garçon qui vient d'avoir depuis environ un mois la petite vérole. [...] Cet enfant est bien rétabli et [...] il est d'une force à faire croire qu'il a plus que son âge. [...] Le second enfant dudit Hacquin et qui est une fille a aussi une complexion très forte, [...] elle est âgée de deux ans et demi et est actuellement dans son septième jour de la petite vérole et dans le meilleur état possible. [...] Ledit Hacquin et sa femme paraissent être dans une aisance honnête, [...] leurs enfants sont tenus très proprement ». Après avoir fait état de la « forte constitution » de la mère, les enquêteurs interrogent le curé Garat et le maître en chirurgie Brochier afin de conforter leur opinion favorable « sur la conduite, vie et mœurs et santé du sieur Hacquin et sa femme, et de l'état actuel de leur enfant qui a la petite vérole ».

Après l'inoculation, les Hacquin toucheront douze cents livres et leur fille se verra accorder une pension de six cents livres – « ainsi que cela s'est pratiqué dans les occasions antérieures ». Le chirurgien Brochier – « qui a judiqué l'enfant, et l'a conduit à Saint-Cloud » – recevra pareillement douze cents livres, ainsi que le curé de Saint-Pierre du Gros-Caillou, à l'intention des pauvres de sa paroisse. Mais ces braves gens ne sont pas les seuls à bénéficier des largesses royales. Le 9 octobre 1785, la duchesse de Polignac, en sa qualité de gouvernante des Enfants de France, « met sous les yeux » de Louis XVI une demande de gratification exceptionnelle pour un total de 28 800 livres. « L'inoculation de Monsieur le dauphin ayant exigé des soins extraordinaires et pénibles, explique-t-elle, cette circonstance où chacun s'est empressé de donner des preuves de son zèle semble mériter les bontés du roi aux personnes attachées à la chambre de Monsieur le dauphin. »

Un peu d'agitation et de moiteur

La délicate opération a eu lieu le 1er septembre 1785, au château de Saint-Cloud où la reine passe désormais la belle saison. « A dix heures du matin, en présence de toute la famille royale, de Madame la gouvernante des Enfants de France et des premiers officiers de santé, qui doivent suivre cette inoculation, le Sieur Jauberthou a pratiqué, suivant la méthode des piqûres, sur les deux bras du prince l'insertion du levain variolique pris sur les boutons varioleux et en pleine suppuration d'un enfant de deux ans et demi. [...] On ne continuera à donner de bulletin, que lorsque les symptômes de la petite vérole s'annonceront. » La fièvre, « annoncé[e] dès la nuit par un peu d'agitation et de moiteur » n'apparaît que le 6 septembre.

« Ce matin mercredi [7], annonce le premier bulletin publié dans les journaux, les boutons de la petite vérole locale ont fait des progrès très marqués. Le ventre est un peu relâché. Il existe toujours du malaise. » Dès lors, la maladie se déclare, avec une virulence que l'on n'attendait pas, et des phases de recrudescence. Le cinquième bulletin, rédigé dans la soirée du dimanche 11 septembre, mentionne ainsi « une éruption très considérable sur toute la surface du corps, et qui dès le matin a caractérisé une petite vérole des plus abondantes. Après cette nuit, Monsieur le dauphin a été beaucoup plus calme et plus tranquille ; et tout le jour la fièvre a été fort modérée. Le prince n'a paru ni abattu, ni inquiet, et ne s'est plaint d'aucune douleur ; il est resté levé, et s'est promené dans son appartement ». Tout péril étant enfin écarté, Lassone, Jauberthou et Brunyer décident, le 16 septembre, de mettre un terme à leurs communications :

« Monsieur le dauphin a été bien purgé, et les purgations seront réitérées. L'état actuel du prince ne devant plus laisser d'inquiétude, voici le dernier bulletin. Nous allons le terminer par quelques remarques faites pour achever de tranquilliser sur les suites de l'inoculation. La même matière variolique récente a été employée pour inoculer à Saint-Cloud le même jour et par un nombre égal de piqûres sur les bras Monsieur le dauphin, Monseigneur le duc de Berry et douze autres personnes de sexes et d'âges différents. Toutes ces inoculations suivies et observées avec soin ont eu un pareil succès, malgré quelques légères variations durant leurs périodes comme il en arrive ordinairement ; mais sans irrégularité notable, excepté chez Monsieur le dauphin. Leur marche progressive, telle qu'on doit la désirer, a été :

« 1° Le développement de la petite vérole locale aux endroits des piqûres.

« 2° La fièvre d'invasion, qui annonce toujours le passage de la matière variolique dans le sang, et son action immédiate et nécessaire sur la masse des liqueurs.

« 3° Enfin l'éruption des boutons varioliques bien caractérisés sur plusieurs parties du corps. Ces résultats rapprochés et comparés, dont l'issue a été également heureuse, prouvent que l'objet important de l'inoculation de Monsieur le dauphin et de Monseigneur le duc de Berry a été bien rempli. »

Petite vérole et tuberculose

Marie-Antoinette, qui n'a guère quitté le chevet de Louis-Joseph pendant ces deux semaines épuisantes, écrit à son frère le 19 septembre : « Mon fils vient d'être inoculé et s'en porte à merveille ; il est bien heureux qu'il l'ait été, car il l'aurait eue affreuse [la variole]. Outre les boutons des piqûres, et à différents endroits du corps, il a paru une seconde éruption qui l'a fait beaucoup souffrir ; mais une médecine donnée à temps a paré à tous les inconvénients en ne laissant pourtant pas de doute sur l'efficacité de son inoculation. »

En réalité, le petit prince, qui n'a pas encore quatre ans, ne se remettra jamais de cette éprouvante variolisation. Est-ce alors qu'il a été contaminé par le bacille de Koch ? Peut-être, mais son cousin Charles-Ferdinand d'Artois, inoculé avec le même « levain variolique », n'a développé aucune tuberculose... Et, comme nous l'avons vu, Louis-Joseph paraît avoir été victime d'une primo-infection au cour de l'hiver ou du printemps de 1784. Quoi qu'il en soit, Nougaret, l'auteur des *Anecdotes du règne de Louis XVI*, sera obligé de constater :

« Depuis son inoculation, cet enfant intéressant n'eut plus qu'une santé faible et languissante. Des personnes à portée d'observer toutes les circonstances du traitement qu'on lui avait administré, ont dit avoir vu ce jeune prince couvert d'une petite vérole confluente, et le lendemain sans aucune pustule, parce qu'on avait jugé à propos de faire passer l'humeur par les selles : procédé nouveau et dangereux dans cette maladie, et qui peut menacer les poumons et autres parties délicates de l'intérieur du corps humain. »

Si l'explication manque de rigueur scientifique, l'observation est juste. Et l'auteur de la *Correspon-*

dance secrète renchérit : « Monseigneur le dauphin jouit d'une mauvaise santé depuis son inoculation. Les alarmes que cause son état occasionnent des murmures contre cette pratique. Elle peut, selon les frondeurs, être avantageuse à un grand nombre d'individus pris collectivement, mais on ne devrait jamais l'exercer sur une tête chère, qui peut y succomber ou en éprouver des suites fâcheuses. »

La complaisance des médecins

Malgré cela, Marie-Antoinette refuse toujours de reconnaître l'évidence. « Mes trois enfants se portent à merveille », affirme-t-elle encore le 10 novembre 1785, avant de concéder : « Le petit mouvement de fièvre qu'a eu mon fils aîné n'a pas eu de suite. Il est à présent rentré à Versailles, où, dans huit jours, j'irai le rejoindre. » Plus réaliste, Mercy révèle à Joseph II, le 18 avril 1786 : « La santé de Monsieur le dauphin a donné et donne encore de temps en temps quelque inquiétude : ce jeune prince a des accès de fièvre qui reviennent souvent. Cela est attribué au temps de la croissance et les médecins assurent qu'il n'existe pas le moindre danger. » Bien entendu, les ennemis de Marie-Antoinette en profitent pour la rendre responsable des embarras de Louis-Joseph, comme le relate la *Correspondance secrète* : « On regrette vivement d'avoir fait passer des boutons suppurants qui lui étaient survenus à la suite de son inoculation. Voilà le résultat de la basse complaisance de nos médecins de cour, qui avaient remarqué que ces boutons déplaisaient à l'auguste mère de ce prince, lorsqu'elle voulait le caresser. »

La reine finit cependant par ouvrir les yeux. Au cours de l'été, se manifestent les signes précurseurs de la spondylite tuberculeuse à laquelle Louis-Joseph succombera trois années plus tard. Marie-Antoinette révèle à sa sœur, la duchesse de Teschen, dans une lettre du 1er septembre 1786 :

« Monsieur le dauphin a couvert de baisers les quatre lignes que vous lui avez consacrées. Son esprit est digne du vôtre. Son cœur est exactement le mien. Il a fait une chute, que l'on nous a trop longtemps cachée. Je ne sais si ma tendresse s'alarme trop vite, mais il me semble que cet enfant dépérit. Mon Dieu, ma sœur, que deviendrais-je s'il fallait, après l'avoir vu souffrir, courir le risque de le perdre ! Monsieur le duc de Normandie a les yeux un peu moins fendus que Monsieur le dauphin ; ils n'en seront pas moins agréables. Son frère l'aime de passion ; si on le laissait faire, il passerait ses journées auprès de son lit ou de son berceau. Puissent-ils s'aimer toujours de même ! »

Louis-Joseph, qui entrera dans sa septième année en 1787, doit incessamment « passer aux hommes », comme l'exige la tradition monarchique. Pour superviser son éducation, Louis XVI fait le choix curieux de François-Henri, cinquième duc d'Harcourt, grand-bailli de Rouen et gouverneur de Normandie, dont il a pu apprécier les qualités lors de son voyage à Cherbourg. Déjà sexagénaire, le duc a parcouru une carrière militaire classique, jusqu'au grade de lieutenant général, tout en taquinant la muse. Pour avoir commis quelques actes pour la scène et un *Traité de la décoration des dehors, des jardins et des parcs*, cet esthète sera élu à l'Académie française en 1788.

En outre, sa réputation d'homme des Lumières mécontente les dévots. « Le choix du gouverneur de Monsieur le dauphin ne passe généralement que pour fort médiocre, résume Mercy. Le duc d'Harcourt a bonne réputation du côté de l'honnêteté ; on lui attribue peu de talent. Je me suis permis d'observer à la reine qu'au milieu des formes de cette cour-ci toute bonne éducation devenait presque infaisable. Sa Majesté [la reine] le sent et en convient ; elle se propose de diminuer autant que possible les inconvénients ; il est plus à désirer qu'à espérer qu'elle y réussira ; le jeune prince annonce cependant des dispositions et un caractère doux et docile. »

Dans ses *Souvenirs d'un page à la cour de Louis XVI*, le comte d'Hézecques partage le sentiment de l'ambassadeur d'Autriche : « Je ne sais qui avait donné à Louis XVI l'idée d'appeler Monsieur d'Harcourt à diriger l'éducation du dauphin. L'ancienneté de sa maison, sa douceur, sa politesse, et même certaines connaissances ne suffisaient pas pour bien élever un enfant destiné à s'asseoir sur le premier trône de l'Europe. Monsieur d'Harcourt manquait d'énergie et de caractère ; et ses liaisons, sa parenté avec une des premières maisons de l'Angleterre, où une branche de sa famille s'était établie sous le règne de Philippe de Valois, paraissaient devoir l'exclure de cette place de confiance. »

Les adjoints du duc d'Harcourt ne trouvent pas davantage grâce à ses yeux : « Monsieur d'Allonville, le premier sous-gouverneur, était brave, loyal, mais de peu de génie. C'était une créature de la maison d'Harcourt. Monsieur du Puget, le second sous-gouverneur, avait de grandes connaissances en histoire naturelle et en géographie ; il avait voyagé avec beaucoup de discernement dans nos colonies occidentales, et c'était un mérite aux yeux de Louis XVI ; mais on trouvait dans son esprit un peu trop de fadeur et d'afféterie. En général, la Maison du dauphin fut mal composée, et Louis XVI, qui avait pu voir par lui-même le vice d'une faible et mauvaise éducation, puisqu'il avait été obligé de refaire la sienne, ne fut pas heureux dans le choix des hommes qu'il chargea de celle de son fils. »

Une conformation naturelle

La cérémonie de remise « entre les mains des hommes » a lieu le mardi 1er mai 1787. L'enfant, entièrement nu, est examiné par les habituels médecins et chirurgiens de la Cour – les mêmes ou presque qui, dans deux ans, autopsieront son corps. En l'état balbutiant de la science médicale, les dignes archiatres ne décèlent aucune trace du mal qui ronge le prince :

« Nous soussignés certifions ce jourd'hui premier mai mil sept cent quatre vingt sept à huit heures et demie du matin, que nous étant transportés par ordre du roi en l'appartement de Monseigneur le dauphin, avons trouvé ce prince jouissant d'une bonne santé, ayant ses vingt dents, avons reconnu que sa conformation est dans l'état naturel et qu'il n'y a rien à désirer dans la constitution de toutes ses parties, avons remarqué seulement à chacun des bras, une cicatrice résultante des vésicatoires qui lui ont été appliqués dans sa plus tendre enfance et que l'on avait jugé à propos d'entretenir. » Plus clairvoyant, un courtisan qui aperçoit le dauphin quatre semaines plus tard, le décrit comme « un enfant très joli, mais [qui] paraît triste et mal portant. » Sa taille est si petite qu'il semble âgé « à peine de quatre à cinq ans ».

Si la royauté s'emploie à resserrer son budget, le duc d'Harcourt n'en réclame pas moins « une ordonnance de soixante mille livres pour le trousseau de Monsieur le dauphin. Dans cette dépense sont compris le linge, dentelles, habits, chapeaux, bas, bonnets, coffres, malles, et généralement tous les articles de premier établissement que le passage de Monsieur le dauphin aux hommes a nécessités ».

Le choix que le nouveau gouverneur fait de l'abbé de Moncroc et de l'abbé Corbin pour assumer les charges d'instituteurs du dauphin ravive la polémique, comme s'en explique l'auteur de la *Correspondance secrète* :

« On est surpris qu'il n'ait trouvé dans tout le second ordre du clergé de France qu'un homme fort ordinaire, et qu'il ait été chercher dans le collège de La Flèche un religieux doctrinaire pour le seconder dans le grand œuvre dont il est chargé. On lui avait proposé des hommes connus par leurs lumières et désignés par l'estime publique. On excuse ce choix en disant que le gouverneur n'a voulu qu'un catéchiste et un grammairien ; ce qui fait espérer que lorsque Monsieur le dauphin saura son catéchisme et son rudiment, on appellera auprès de lui des personnes capables de l'initier dans la connaissance des hommes, dans la science du gouvernement, de lui montrer sous tous les rapports les devoirs d'un prince destiné à faire le bonheur ou le malheur de vingt millions d'hommes. »

Louis-Joseph connaît alors une phase assez longue de rémission. Sa mère s'en réjouit, le 11 décembre 1787, dans une lettre à la princesse de Hesse : « Ma santé et celle de mes enfants est très bonne ; ma fille vient d'avoir la rougeole, mais des plus heureuses. Elle commence à devenir un personnage, et, ces trois semaines où j'ai été enfermée avec elle, elle m'a réellement tenu compagnie. » A partir de janvier 1788, le duc d'Harcourt donne des bals « pour amuser Monseigneur le dauphin ». Quant au roi, il entreprend d'aguerrir l'héritier du trône. Un après-midi, ne l'a-t-il pas « abandonné », avec une boussole, dans les environs de Rambouillet ? Discrètement surveillé par des valets de pied déguisés en paysans, Louis-Joseph a dû retrouver le château tout seul.

Des vertèbres déplacées et en saillie

L'enfant, d'ailleurs, ne manque ni d'esprit, ni de répartie, comme l'illustre une anecdote rapportée par la baronne d'Oberkirch :

« On le reprenait quand il disait “ je veux ”.

« – Le roi dit “ Nous voulons ”, lui répétait sa berceuse.

« – Eh bien ! oui, répondait-il, le roi et moi, nous voulons tous les deux ; vous voyez donc bien que j'ai raison. Mon papa ne dirait pas “ nous ” pour lui tout seul.

« C’est à sept ans qu’il a répondu cela devant Madame de Mackau, de qui je le tiens. »

Hélas, en cette année 1788, alors que l’orage menace et que Louis XVI se heurte, dans sa volonté réformatrice, à l’intransigeance des privilégiés, les soucis recommencent à assaillir Marie-Antoinette. Le 7 février, Joseph II fait état des bruits qui courent à Vienne « au sujet du dauphin et même du duc de Normandie [qui] sont, de toute façon, fort inquiétantes, car on prétend que le premier a des dispositions à devenir bossu, et que l’autre est également d’une santé très faible ». Deux semaines plus tard, Marie-Antoinette confirme, dans une missive à l’empereur :

« Mon fils aîné me donne bien de l’inquiétude, mon cher frère. Quoiqu’il ait toujours été faible et délicat, je ne m’attendais pas à la crise qu’il éprouve. Sa taille s’est dérangée, et pour une hanche qui est plus haute que l’autre, et pour le dos, dont les vertèbres sont un peu déplacées et en saillie. Depuis quelque temps il a tous les jours la fièvre, et est fort maigri et affaibli. Il est certain que le travail des dents est la principale cause de ses souffrances. Depuis quelques jours elles ont beaucoup avancé ; il y en a une même entièrement percée, ce qui me donne un peu d’espérance. On en donne aussi pour le rétablissement de sa taille, à mesure que les forces reviendront. Le roi a été très faible et maladif dans son enfance ; l’air de Meudon lui a été très salutaire ; nous allons y établir mon fils. Pour le cadet, il a exactement en force et en santé tout ce que son frère n’en a pas assez... »

La reine dément ensuite les rumeurs d'une nouvelle grossesse : « Si j'avais été grosse aussi souvent qu'on le dit dans ce pays-ci, je n'aurais pas eu de repos et j'aurais presque autant d'enfants que la grande-duchesse [de Toscane, Marie-Louise, femme du futur Léopold II, qui lui donna douze fils et quatre filles]. Cette fois-ci est encore comme les autres une pure histoire ; je n'en ai pas même eu le soupçon un jour. »

Dans le but de redresser sa colonne vertébrale, l'anatomiste Antoine Petit sangle le pauvre Louis-Joseph dans des corsets orthopédiques qui, loin de le guérir, vont le soumettre à des souffrances supplémentaires. « S'il en réchappe, il sera rachitique », pronostique l'auteur de la *Correspondance secrète*, avant d'ajouter : « On peut regarder Monsieur le dauphin comme une des plus illustres victimes de la médecine mécanique des enfants. Il n'était peut-être pas impossible qu'il échappât aux maux d'une enfance délicate, mais il l'est s'il résiste aux corps de fer et à toutes les tortures qu'on a imaginées pour lui redresser la colonne vertébrale. Le château de Meudon, où l'on va le transporter, est appelé depuis longtemps le tombeau des dauphins. »

10

Une interminable agonie

C'est en 1705 que le Grand Dauphin, fils de Louis XIV, fait construire le château neuf de Meudon, où il meurt six ans plus tard. Néanmoins, le domaine, situé sur un plateau qui domine la Seine, à une lieue de Paris, est réputé pour son air salubre. Afin d'accueillir dignement le jeune prince, les services du Garde-Meuble ont fourni de grandes tapisseries et un mobilier précieux, mais aussi des jeux de dames, de dés ou de trictrac. Et plus tard, « un billard de douze pieds couvert en drap vert, avec galon d'or », dont l'enfant, lorsqu'il souffrira trop de son dos, usera comme d'un lit de repos...

Louis-Joseph, qui s'installe dans sa nouvelle résidence le 22 mars 1788, semble tout d'abord s'en porter mieux. « Mon fils aîné, qui est depuis un mois établi à Meudon, se remet à vue d'œil, se félicite la reine le 24 avril. Il n'a plus que de légères bouffées de fièvre ; la gaieté et l'appétit sont revenus, ses forces augmentent, et l'on espère qu'avec elles sa taille se remettra. Il y a une dent entièrement percée, et deux autres dont on voit les pointes. »

Le comte de Semallé, qui remplace l'un des pages du dauphin pendant quelques semaines, note dans ses *Souvenirs* : « On faisait faire beaucoup d'exercice au jeune malade, dont la santé s'affaiblissait tous les jours, et il jouait aux quatre coins, quand les princes des maisons d'Orléans, de Bourbon, ou des fils de dignitaires de la cour venaient le visiter avec leurs parents. Le duc d'Enghien y paraissait très souvent ; je n'y ai vu que deux fois le duc de Chartres. Quant à la reine, elle arrivait régulièrement tous les matins, et ne quittait son fils que les larmes aux yeux. »

Le jeudi 29 mai, à l'occasion de la Fête-Dieu, la procession de l'église paroissiale de Meudon, en arrivant devant la terrasse du château, voit apparaître, « assis sur un fauteuil, un enfant [...] dont la figure aussi blanche que sa robe de basin, tombait affaissée sur sa poitrine. [...] cet enfant, qui déjà semblait ne plus appartenir à la terre, se fit soulever de dessus son siège, ploya les genoux, et reçut, avec toutes les apparences d'une vive ferveur, la bénédiction que le prêtre du Seigneur s'arrêta, les larmes aux yeux, pour lui donner. Vous eussiez dit le cadavre de Lazare secouant son linceul à la voix de Jésus-Christ ».

Le 8 juin 1788, le marquis de Bombelles accompagne à Meudon les épouses des ambassadeurs d'Espagne et de Naples. Le dauphin leur offre un spectacle pitoyable : « J'aurais pleuré, si j'eusse osé, du lamentable état dans lequel je l'ai trouvé, courbé comme un vieillard, ouvrant des yeux mourants au milieu d'un teint livide. Il craint le monde, il a honte de se montrer. Si on le sauve du cruel marasme dans lequel il est encore, bien qu'un peu mieux, ce ne sera vraisemblablement qu'aux dépens de sa taille qu'il réchappera. Petit, l'anatomiste, espère cependant qu'il guérira sa personne et sa taille, mais il se plaint de n'avoir été appelé qu'au moment où le mal était presque incurable. Il caractérise la maladie du nom de vertébrale et diffère d'opinion avec Brunyer, le premier médecin. [...] Nos Enfants de France ont été souvent victimes de ces conflits d'opinion. Les soins que le duc et la duchesse d'Harcourt prennent de ce précieux enfant sont tout à fait respectables. »

La joie de vivre du petit frère

Par contraste, le duc de Normandie, qui vient d'avoir trois ans, respire la santé et la joie de vivre. Bombelles, qui le rencontre deux semaines après son frère, chez Madame de Polignac, le décrit comme l' « un des plus beaux enfants qu'on puisse voir. [La reine] l'a fait chanter, ce dont il s'acquitte très drôlement. Sa Majesté m'a dit les airs qu'il fallait demander à son fils. [...] Quelques courtisans ont vanté la justesse des sons ; heureusement qu'il ne m'a pas été demandé ce que j'en pensais. Les princes de la Maison de Bourbon ne brillent pas par la justesse de leurs voix. »

Avec l'amour qu'elle porte également à ses trois enfants, Marie-Antoinette ne peut que souffrir en voyant le dauphin décliner, alors que les deux autres resplendissent de santé. « Mon fils a des alternatives de mieux et de pire, qui, sans détruire l'espérance, ne permettent pas d'y compter, écrit-elle le 16 juillet. Le cadet est à merveille, ainsi que ma fille. » Madame Campan témoigne :

« Que de pleurs maternels cet état languissant et précurseur d'une mort certaine fit verser à cette princesse, livrée d'ailleurs aux alarmes que lui causait déjà la situation du royaume ! » Or, ce chagrin inconsolable est encore accru par la rivalité mesquine qui oppose le duc d'Harcourt et Madame de Polignac. La gouvernante des Enfants de France se plaint à la reine que le gouverneur du dauphin monte l'enfant contre elle. A deux reprises, le prince l'a chassée de sa chambre avec ces mots cinglants : « Sortez, duchesse, vous avez la fureur de faire usage d'odeurs qui m'incommodent toujours. »

Plus grave encore, la reine s'aperçoit que les préventions contre son amie s'étendent à elle-même, et que son fils rechigne désormais à parler en sa présence. Sachant qu'il a le goût des sucreries, elle lui apporte des pâtes de guimauve et de jujube – une sorte de datte aux vertus pectorales. Les sous-gouverneurs et jusqu'au premier valet la prient alors de ne rien donner au dauphin « qui ne devait recevoir aucune espèce d'aliment qu'avec l'aveu de la Faculté ». Madame Campan, qui relate l'incident, conclut : « Je m'abstiens d'exprimer le déchirement de cœur qu'une pareille défense lui fit éprouver, d'autant plus que la reine n'ignorait pas que l'on avait fait l'injustice de croire qu'elle accordait une préférence marquée au duc de Normandie, dont la santé brillante et l'amabilité contrastaient, en effet, avec l'air languissant et le caractère mélancolique de son frère aîné. »

Le 10 août 1788, les envoyés de Tipou Sahib, sultan de Mysore, allié des Français contre l'Angleterre aux Indes, sont reçus en grande pompe à Versailles. Afin de ne pas livrer son fils aîné à la curiosité publique, dans l'état de dépérissement où il est, Marie-Antoinette a demandé au duc d'Harcourt de le détourner de l'idée d'assister à l'audience. Malgré cela, le gouverneur laisse son pupille écrire à sa mère, qui est contrainte de lui refuser ce plaisir. En revanche, Madame Royale et le duc de Normandie participent à la cérémonie, aux côtés de la reine. A leur vue, une dame de province ne peut retenir cette exclamation : « Mon Dieu ! les beaux enfants ! » Marie-Antoinette s'approche d'elle avec le prince et la princesse, auxquels elle dit : « Mes enfants, saluez Madame », avant de faire elle-même une gracieuse révérence à la visiteuse inconnue.

A Nice ou à Montpellier

A l'approche de l'automne, le dauphin s'est encore affaibli. « Il peut à peine se soutenir sur ses jambes, indique la *Correspondance secrète*, en date du 19 septembre. Ses douleurs lui laissent peu d'intervalles. Son esprit, sa patience, sa douceur, ne peuvent qu'ajouter aux regrets d'une perte qu'on croit plus que jamais inévitable. Il est question de l'envoyer à Nice ou à Montpellier, l'air de Meudon étant beaucoup trop vif. » Et lorsque l'enfant regagne Versailles, le 13 octobre 1788, beaucoup de courtisans chuchotent qu'il ne passera pas l'hiver. Il va pourtant trouver encore quelques ressources dans son organisme épuisé.

Le 31 octobre, le dauphin dîne en public. « Cette révolution presque inespérée remplit de joie tous ceux qui ont été à portée d'observer ses heureuses qualités. » Quelques jours plus tard, l'auteur de la *Correspondance secrète* se reprend à espérer : « La santé chancelante du dauphin semble se raffermir. Ce jeune prince, qui joint à un excellent cœur un jugement au-dessus de son âge, disait dernièrement, en mangeant des pommes de terre : « Je préfère cet aliment à tout autre, parce que je l'ai cultivé moi-même. Je veux l'été prochain, si je me porte mieux, semer du blé, le soigner et le faire moudre. J'en aimerai davantage les pauvres gens qui nous le procurent. On ne les estime peut-être pas assez. » »

Hélas, l'embellie n'est que passagère, et bientôt l'on craint de nouveau pour la vie du petit prince. Le 22 février 1789, Mercy informe Joseph II : « Depuis trois semaines, l'état de Monsieur le dauphin n'a pas cessé d'empirer ; les articulations des pieds et des mains perdent leur flexibilité, on y remarque des tumeurs qui annoncent un rachitisme décidé. Les médecins ne savent plus de remède à y apporter, et, à moins que la nature ne produise d'elle-même quelque crise heureuse, il n'y aura pas moyen de sauver le jeune prince. On cache à la reine autant que possible partie de ces circonstances, mais elle en aperçoit assez pour ne pas se flatter d'espérance, et elle en est très affectée. » Voici d'ailleurs que l'on reparle d'une cinquième grossesse de Marie-Antoinette. « Ce sera un motif de consolation pour la perte du dauphin dont nous sommes menacés ; mais on regrettera toujours vivement un prince qui promettait de grandes qualités. »

Ces « grandes qualités » donnent lieu à de bons mots, comme cette « bien jolie réponse » que cite l'irremplaçable baronne d'Oberkirch : « Il avait tourmenté toute la journée son valet de chambre pour qu'il lui prêtât de l'argent, sa somme de menus plaisirs étant épuisée, et la reine ayant défendu qu'on lui en donnât davantage, afin de l'accoutumer à l'économie dont il ne voulait pas entendre parler. On lui avait montré, le matin, un superbe pantin mécanique qu'il désirait vivement acheter ; il y fallait bien renoncer, faute de pouvoir se satisfaire. Le soir, il priait Dieu comme de coutume ; le vieux serviteur placé près de lui par le roi, dont il avait servi le père, lui dictait ses prières, qu'il oubliait avec l'étourderie de son âge.

« – Monseigneur, il faut demander à Dieu la sagesse plutôt que la richesse.

« – Mon cher Joseph, pendant que je suis en train, je vais les lui demander toutes les deux, répliqua-t-il en le regardant d'un air futé.

« C'est digne d'un homme, et d'un homme d'esprit », conclut la narratrice. Une autre fois, après une lecture de l'histoire de France, Louis-Joseph aurait dit à son instituteur : « Père Corbin, dans ces rois, je n'en vois aucun de bon. » Parole lourde de sens à quelques semaines de la chute de l'Ancien Régime, et de sa propre mort...

La Révolution en marche

Car la royauté a d'ores et déjà perdu la maîtrise des événements. Les récoltes de 1787 et 1788 sont extrêmement médiocres. La colère gronde. Une fois encore, le pouvoir capitule. Le 5 juillet 1788, un arrêt du Conseil annonce la convocation des Etats généraux pour le 1er mai suivant. La monarchie avoue ainsi son impuissance à se réformer elle-même. Le 24 août, Loménie de Brienne est remplacé par Necker, qui a la confiance des « patriotes ». Sans doute les Français n'auront-ils jamais aussi pleinement la parole qu'en ces premiers mois de 1789. Dans chaque paroisse, on rédige des cahiers de doléances, où sont résumés les griefs et les espoirs du pays tout entier.

Les Etats généraux, vénérable institution dont les origines remontent aux premiers Capétiens, n'ont pas été réunis depuis le début du XVIIe siècle. Le clergé, la noblesse et le tiers état élisent leurs représentants dans la liberté la plus complète. Pour voter, il suffit d'être de sexe masculin, d'avoir vingt-cinq ans et de payer des contributions. Les veuves dotées de fief et les mères abbesses de couvent peuvent aussi exprimer leur suffrage – un droit que la République ne concédera aux femmes qu'en 1945.

Louis-Joseph, pour sa part, a presque quitté la scène du monde. Le 8 avril 1789, la marquise de Lage de Volude, dame d'honneur de la princesse de Lamballe, écrit à sa mère : « Nous avons été voir cet après-midi le petit dauphin. Il est déchirant, d'une souffrance, d'une raison, d'une patience qui va au cœur. Quand nous sommes arrivés, on lui faisait la lecture. Il avait eu la fantaisie de se faire coucher sur son billard ; on y avait étendu des matelas. Nous nous regardâmes, ma princesse et moi, avec la même idée que cela ressemblait au triste lit de parade après leur mort. Madame de Lamballe lui demanda ce qu'il lisait.

« – Un moment fort intéressant de notre Histoire, Madame : le règne de Charles VII : il y a là bien des héros.

« Je me permis de demander si Monseigneur lisait de suite ou les morceaux les plus frappants.

« – De suite, Madame ; je n'en sais pas assez long pour choisir, et tout m'intéresse.

« Ce sont ses propres termes. Ses beaux yeux mourants se tournèrent vers moi en disant cela. Il me reconnut ; il dit à moitié bas au duc d'Harcourt qu'on avait été avertir de l'arrivée de la princesse et qui venait d'arriver : “ C'est, je crois, la dame qui aime tant ma mappemonde. ”

« Alors il me dit : “ Cela vous amusera peut-être un instant. ”

« Il ordonna à un valet de chambre de la tourner ; mais je vous avoue que, quoique j'eusse été enchantée de cette immense machine et de sa perfection quand je la vis chez lui au jour de l'an, aujourd'hui j'étais bien plus occupée d'écouter ce cher et malheureux enfant que nous voyons dépérir tous les jours. »

Le 16 avril, le petit malade est de retour à Meudon. Préalablement, le duc d'Harcourt a demandé au comte d'Angiviller, directeur des Bâtiments de France, la restauration des bassins proches du Château-Neuf « parce qu'il s'exhale de ces bassins, qui ne tiennent pas l'eau, des vapeurs qui pourraient être préjudiciables à la santé du prince ». Pour que l'enfant ne prenne pas froid, on a calfeutré sa chambre avec des tapisseries de laine et de serge blanches. Louis-Joseph, qui ne peut plus guère marcher, et ne sort que monté sur un âne, demande à son premier valet, le comte Pierre-Jean de Bourcet, de lui faire apporter « des petits arbustes en pots, comme jacinthes, lilas, etc. ». Le 13 mai, le journal du Garde-Meuble signale qu'on a fourni, à son usage, une « coussinière à gaz » et un fauteuil mécanique à dossier en bois d'acajou, garni « de velours d'Italie vert pomme et de toile dauphine verte », et dont le marchepied et le double accotoir sont « mobiles pour se relever et baisser à volonté ».

Aucun symptôme de guérison...

Ces ménagements ont peine à adoucir les cruautés d'une interminable agonie. « Monseigneur le dauphin est fort mal », se désole le marquis de Sillery dans une lettre du 27 avril. Une semaine plus tard, le lundi 4 mai 1789, a lieu la procession solennelle des Etats généraux, à Versailles. Contrairement à ce qu'ont écrit certains historiens, Louis-Joseph ne quitte pas Meudon. En revanche, sa sœur et son frère cadet assistent à la cérémonie, depuis un balcon de l'actuelle rue Saint-Louis, comme en atteste un billet de la gouvernante des Enfants de France, datée du 28 avril :

« Madame la duchesse de Polignac, se proposant de faire voir à Madame, fille du roi, et à Monsieur le duc de Normandie, la procession qui se fera lundi, elle prie Monsieur Pigret de faire arranger pour cet effet un balcon qui se trouve à l'entresol de la maison de Monsieur Truffet, rue Paroisse-Saint-Louis, en face du pavillon Beauregard. Monsieur Pigret voudra bien observer que Madame la duchesse de Polignac a choisi cet endroit parce qu'il est très bas et qu'il faudra que les tapisseries soient posées en conséquence. » Le lendemain, la consciencieuse duchesse s'adresse au comte d'Angiviller, le priant « de vouloir bien faire examiner par des officiers des Bâtiments la solidité de cette maison et notamment des balcons des croisées d'où les princes doivent voir la procession ».

A Meudon, Louis-Joseph se prépare à l'éternité. « Je t'aime tant que je t'aimerai encore après ma mort », dit-il à Madame Augier, sœur de Madame Campan. Afin de témoigner son affection à son premier valet, le comte de Bourcet, il lui demande un jour des ciseaux. Le gentilhomme lui rappelle que cela lui est défendu, mais comme l'enfant insiste avec douceur, il finit par céder. Le dauphin coupe alors une boucle de ses cheveux, qu'il enveloppe avec soin dans une feuille de papier : « Tenez, Monsieur, dit-il à Bourcet, voilà le seul présent que je puisse vous faire, n'ayant rien à ma disposition ; mais quand je serai mort, vous présenterez ce gage à mon papa et à maman. En se souvenant de moi, j'espère qu'ils se souviendront de vous. »

Le 10 mai 1789, Mercy laisse entrevoir à l'empereur – lui-même égrotant – la disparition prochaine de son neveu : « L'état de Monsieur le dauphin est toujours à peu près le même ; un dévoiement [ou flux de ventre] qui ne l'affaiblit pas autant qu'on aurait pu le craindre est interprété diversement par les médecins ; les uns le regardent comme une crise salutaire, les autres prévoient qu'elle ne peut aboutir qu'à l'extinction du peu de forces qu'il reste au malade. L'enflure ne diminue pas et il n'existe aucun symptôme de guérison. Les bruits d'une grossesse de la reine se sont répandus même dans Paris ; mais ils n'ont pas eu le moindre fondement. Il serait bien à désirer qu'ils se réalisassent dans la suite, malgré la bonne santé dont jouit Monsieur le duc de Normandie. »

La détresse d'une mère

Louis XVI – qui visite son fils presque quotidiennement – s'efforce, tant bien que mal, de garder bonne figure. « Malgré ses manières si brusques et sa tournure, il impose, écrit Madame de Lage le 14 mai. Ses gros rires, hier au soir, à sa partie de billard, nous faisaient mal ; il me semble qu'il devrait avoir la tête trop pleine pour jouer, si ce n'est par contenance ; et puis son pauvre enfant qui est si mal ! Il est cependant vrai qu'il l'aime bien ; il est si bon père ! Mais le naturel surmonte même ses chagrins... » Quant à Marie-Antoinette, elle est incapable de dissimuler sa détresse : « Tout ce que dit ce pauvre petit est incroyable ; il fend le cœur de la reine ; il est d'une tendresse extrême pour elle. L'autre jour, il la supplia de dîner dans sa chambre ; hélas ! elle avalait plus de larmes que de pain. »

Le 31 mai, le marquis de Bombelles consigne dans son *Journal* que « Monseigneur le dauphin lutte toujours contre la mort, mais l'enflure est telle qu'elle le défigure et l'eau filtre dans la poitrine. Le moment où elle sera remplie sera celui qui mettra fin à ses douleurs et à sa pénible existence. Il souffre moins cependant depuis quelques jours et jamais il ne fut si aimable, surtout pour la reine. Il a voulu qu'elle dînât hier près de lui ; il s'est occupé de lui servir les mets qu'il sait lui être les plus agréables. Il a eu la même attention pour Madame de Polignac. »

L'auteur de la *Correspondance secrète* décrit l'ultime tête-à-tête entre la reine et son fils, alors que celui-ci est déjà entré en agonie : « Elle se tenait aux pieds de son lit, plongée dans la douleur et versant des larmes. Monsieur le duc d'Harcourt, pour dérober à son élève mourant le spectacle attendrissant de sa mère, toute livrée à son affliction, se plaça entre Sa Majesté et son fils. Monsieur le dauphin s'en aperçut : " Eloignez-vous, Monsieur le duc, lui dit-il, afin que j'aie le plaisir de voir pleurer ma mère. " Ce propos, qui est celui d'un enfant dont la tête commence à se troubler, est un sujet intarissable de commentaires, tous plus ridicules les uns que les autres. Les courtisans veulent voir dans ce propos ce qui n'y est pas. Le mourant n'a voulu dire autre chose que : " Monsieur le duc, ôtez-vous, que j'aie encore le plaisir de voir maman. " C'est une bien vilaine race que les courtisans. »

A mesure que s'égrène le temps, l'attente devient de plus en plus intolérable. « On a cru que Monseigneur le dauphin expirerait avant la fin de la journée, écrit Bombelles le 2 juin. Mais aux approches de la nuit il s'est, contre l'ordinaire, un peu moins mal senti. »

Dans l'après-midi, le roi et la reine se sont rendus à Meudon. Le dauphin a sombré dans un semi-coma, et le duc d'Harcourt supplie les souverains de ne pas entrer dans la chambre. « Ah ! Ma femme, s'exclame Louis XVI, notre cher enfant est mort, puisqu'on ne veut pas que je le voie ! » Marie-Antoinette le rassure : « Ayons du courage, mon ami, la Providence peut tout et espérons qu'elle nous conservera notre fils bien-aimé. »

Un miracle de la Providence ?

Le soir même, le roi demande à l'archevêque de Paris de faire réciter les prières « de quarante heures », attendu l'état critique du dauphin. Dans son *Journal*, l'imprimeur libraire Siméon-Prosper Hardy note que « les bourdons de l'église métropolitaine [Notre-Dame] se sont [fait] entendre vers dix heures du soir, [...] que ce prélat venait à cette fin de rendre son ordonnance, et qu'en conséquence le Saint-Sacrement allait être exposé dans cette église, comme il le serait le lendemain dans toutes les autres églises de la ville et des faubourgs, et successivement dans toutes les églises du diocèse. On voyait avec d'autant plus de regret ce tendre rejeton de la famille royale, ce prince héritier présomptif de la couronne, sur le point d'être moissonné à la fleur de son âge, que déjà il annonçait beaucoup d'esprit, des qualités et des vertus ». Hardy regrette au passage que « ces prières [étant] bien tardives [...] Monseigneur le dauphin qui, étant dans l'état le plus désespéré et même soi-disant déjà dans les angoisses de l'agonie, ne pouvait éprouver de guérison que par un des miracles les plus éclatants de la Providence ».

Le ciel aurait-il entendu les supplications de ses fidèles ? L'auteur de la *Correspondance secrète* note qu'« une crise salutaire a ranimé encore nos espérances sur Monsieur le dauphin ». Tandis que, dans sa lettre datée du lendemain, jeudi 4 juin, Mercy rapporte à Joseph II : « Dans la semaine dernière, on a cru perdre Monsieur le dauphin ; pendant vingt-quatre heures son état a été une vraie agonie, cependant la nature a encore fait un effort qui donne du répit sans espoir de guérison. Quoique la reine soit résignée à l'événement, il n'en est que plus amer par une attente prolongée, au milieu des circonstances qui, dans tous les sens, ne présentent que des aspects alarmants. »

L'ambassadeur d'Autriche ignorait encore que Louis-Joseph venait de s'éteindre, trois quarts d'heure après minuit, dans les bras du comte de Bourcet...

11

Les obsèques de l'Ancien Régime

Dès six heures du matin, en ce 4 juin 1789, le duc d'Harcourt est venu annoncer la funeste nouvelle au roi, qui en témoigne la plus touchante douleur. Cependant, pudique, comme à son habitude, Louis XVI résume le drame dans son *Journal* en trois phrases brèves et impersonnelles : « Mort de mon fils à une heure du matin. La messe en particulier à huit heures trois quarts. Je n'ai vu que ma Maison et les princes à l'ordre. »

C'est que le souverain est confronté à une crise politique dont il mesure mal l'ampleur. Depuis leur ouverture, le 5 mai, à la salle des Menus-Plaisirs, les Etats généraux étalent au grand jour leur discorde. Tandis que la noblesse et le clergé souhaitent que les votes aient lieu par ordre – ce qui leur assurerait la majorité –, les représentants du tiers état, deux fois plus nombreux, réclament le vote par tête. S'étant proclamés « assemblée des Communes » – inspirés du modèle britannique –, ils suggèrent également que les trois ordres se réunissent d'emblée pour vérifier ensemble les pouvoirs de tous les députés. Le 3 juin, au terme d'un mois d'atermoiements, l'astronome

Jean-Sylvain Bailly, élu doyen du tiers état, a sollicité une audience de Louis XVI. Le garde des Sceaux, Charles-Louis de Barentin, lui a fait répondre que la maladie du dauphin « empêchait le roi de fixer le moment où il recevrait la députation ». Adrien Duquesnoy, député de Bar-le-Duc, traduit le mécontentement de ses collègues, lorsqu'il consigne dans son *Journal* : « En tout, c'est une étrange gaucherie du ministère d'avoir retardé le moment où la députation doit être reçue. La noblesse l'a été dès qu'elle l'a demandé, et le dauphin était aussi mal qu'aujourd'hui. Ces retards n'ont fait qu'aigrir le tiers et enorgueillir la noblesse... »

Les fidèles Communes

Au cours d'une séance houleuse, les « fidèles Communes » protestent qu'elles « ne connaiss[ent] pas d'intermédiaire entre le roi et son peuple assemblé », et chargent « leur doyen de supplier directement Sa Majesté de vouloir bien indiquer aux députés du tiers le moment où elle pourrait recevoir leur députation ». Un exalté a même la hardiesse de lancer : « Son fils est encore moins malade que l'Etat ! », sans soulever l'indignation générale. Ainsi, dans la soirée du 3 juin, Bailly et plusieurs de ses collègues ont fait le siège des appartements royaux, et « n'ont désemparé que lorsque l'on a annoncé que, vu l'état de Monseigneur le dauphin, qui touche à sa dernière heure, le roi ne recevrait personne à son coucher ».

Au matin du 4 juin, alors que Louis XVI prie à la chapelle, les huissiers de la chambre et du cabinet, de même que les suisses préposés à la garde des appartements ont été renforcés, par crainte d'une intrusion des députés du tiers. Sans se laisser impressionner, Bailly demande audience pour offrir au roi les condoléances de son ordre. En outre, il voudrait savoir à quelle heure Sa Majesté pourra recevoir une députation, afin de l'entretenir du conflit latent entre les trois fractions des Etats. Louis XVI, muré dans son chagrin, confie au marquis de Dreux-Brézé, grand maître des Cérémonies, une lettre à l'intention de l'importun : « Il ne m'est pas possible dans la situation où je me trouve de recevoir Monsieur Bailly ce soir ni demain matin, ainsi que la députation du tiers état. Montrez ce billet à Monsieur Bailly pour sa décharge. » Cependant, le doyen, loin de se retirer, campe dans le fameux salon de l'Œil-de-Bœuf. Etonné par une telle attitude, « et las de se voir presser ainsi dans des circonstances aussi sensibles pour son cœur », le roi s'informe pour savoir si Bailly a bien reçu son billet. Comme on lui répond par l'affirmative, il soupire : « Il n'y a donc point de pères dans cette chambre du tiers ! »

Le frère de lait de la reine, Joseph Weber, se fait l'écho de l'extrême affliction du couple royal : « Cette perte prématurée brisa le cœur de Marie-Antoinette. Le chagrin qu'elle en ressentit se joignant aux sollicitudes que lui causait la situation du roi, cette complication de peines fit blanchir entièrement ses cheveux, quoiqu'elle n'eût que trente-quatre ans. [...] Le roi ne fut pas moins sensible à la perte d'un enfant aussi cher. Cette mort le plongea dans le désespoir. Il resta plusieurs jours sans vouloir communiquer avec qui que ce fût. Il avait recommandé qu'on le laissât seul, et qu'on ne vînt, sous aucun prétexte, le distraire de sa douleur. Renfermé dans ses appartements, il se livrait aux réflexions les plus sinistres... »

Sans pompe royale...

Durant les périodes de trouble, toute hésitation est signe de faiblesse. Et il n'est pas exagéré de dire que Louis XVI rate son rendez-vous avec l'Histoire au cours de ces heures sombres où il pleure son fils. Il n'en prend pas moins les dispositions protocolaires qu'exigent les circonstances. Comme le mécanisme dynastique ne souffre pas d'hiatus, il envoie aussitôt le marquis de Villedeuil, secrétaire d'Etat à la Maison du Roi, annoncer au petit duc de Normandie qu'il vient de le déclarer dauphin. Le prince de Lambesc, grand écuyer de France, reçoit l'ordre de faire partir les hérauts d'armes pour Meudon. Le surintendant de la Musique, Antoine Dauvergne, est prié de fermer l'Opéra, tandis que Louis Thiroux de Crosnes, lieutenant général de police, est requis d'interrompre tous les spectacles de la capitale. Toutefois, le billet du marquis de Villedeuil, perdu parmi d'autres missives, n'arrive à Paris que sur les cinq heures du soir. De Crosnes dépêche aussitôt trois cavaliers au Théâtre-Français, aux Italiens et sur les boulevards. N'ayant plus d'estafette, il délègue ensuite aux Variétés le Sieur Renaudin, inspecteur du Nettoiement, et le postillon de résidence au théâtre de Beaujolais, au Palais-

Royal, tandis que lui-même se précipite aux Bouffes. Les pièces, déjà commencées, sont arrêtées. Les rideaux se baissent et les salles se vident lentement. Dans les églises, les prêtres cessent d'adorer le saint sacrement et d'invoquer Dieu pour le rétablissement du prince. En revanche, le roi promet mille livres – elles ne seront versées qu'en octobre – à l'archevêque de Paris, afin que soient célébrées mille messes « pour le repos de l'âme de Monseigneur le dauphin ». Il en commande une centaine à l'abbé de Saint-Denis, et le même nombre au supérieur de l'hôpital des Quinze-Vingts.

Les funérailles d'un dauphin de France, célébrées avec toute la pompe requise, auraient coûté la bagatelle de 350 000 livres, une dépense inconcevable dans le climat politique de l'époque. Louis-Joseph n'ayant pas encore fait sa première communion, Louis XVI en tire prétexte pour s'en tenir à une cérémonie plus simple, comparable à celle de la petite Madame Sophie, morte deux ans auparavant.

« Le grand cérémonial de Saint-Denis n'aura pas lieu, regrette le marquis de Bombelles, et Monseigneur le dauphin y sera inhumé dès qu'il y arrivera. On a deux raisons pour simplifier ces funérailles : celle d'éviter la dépense et celle de ne pas donner lieu à des difficultés de préséances entre les Etats généraux et les cours souveraines. Il eût été désirable de trouver un moyen de concilier ces considérations avec ce qu'il eût été peut-être bon de montrer de dignité, précisément dans l'instant où on voudrait en enlever trop à la pompe royale. »

Il ne faut pas imaginer pour autant que le fils aîné du roi sera enterré à la sauvette ! Les Archives nationales conservent – sous la cote O1-3133 *ter* – un livret qui récapitule les « Bordereaux des douze états composants la dépense des Menus[-Plaisirs], pour l'année 1789 ». Le huitième de ces « états » concerne justement les « obsèques de Monseigneur le dauphin ». Il se distribue en trois chapitres :

« Chapitre 1er : ouverture, embaumement et dépôt de Monseigneur le dauphin à Meudon, décédé audit lieu, le 4 juin 1789 : 18 848 livres 2 sols 6 deniers.

« Chapitre 2e : transport du cœur de Monseigneur le dauphin de Meudon au Val-de-Grâce et ses obsèques audit lieu, le 12 juin : 3 021 livres.

« Chapitre 3e et dernier : transport du corps de Monseigneur le dauphin, de Meudon à Saint-Denis, et ses obsèques audit lieu, le 13 juin : 9 339 livres 19 sols.

« Total de l'état : 31 209 livres, 1 sol et 6 deniers. »

Les subtilités d'une étiquette

Le terme de « Menus-Plaisirs » peut étonner – voire choquer – concernant les apprêts d'un enterrement. Dirigé par son inamovible intendant, Denis-Pierre-Jean Papillon de La Ferté, ce service essentiel de l'administration royale est chargé non seulement de l'organisation des spectacles, des distractions et des voyages de la Cour, mais aussi des cérémonies officielles, noces ou pompes funèbres des souverains et des princes.

On le voit, si la somme a été divisée par plus de onze, les honneurs posthumes rendus au petit prince sont loin de n'avoir rien coûté au trésor ! Et Louis-Joseph sera reçu dans la nécropole royale « avec toute la décence et l'honneur qui lui est dû ». En réalité, la disparition du fils aîné de Louis XVI et de Marie-Antoinette, alors que les Etats généraux peinent encore à faire entendre leur voix, permettra à l'Ancien Régime de manifester une dernière fois les vaines subtilités de son étiquette, de déployer ses fastes expirants dans un macabre chant du cygne.

Ainsi, le marquis de Dreux-Brézé prend soin de ne rédiger un faire-part qu'au premier président du Parlement de Paris. Le protocole ne prévoit pas en effet qu'il écrive personnellement aux premiers présidents des autres cours souveraines, non plus qu'au recteur de l'université, au secrétaire perpétuel de l'Académie française, au prévôt des marchands, ni au prévôt de Paris. De même, c'est d'une plume réticente qu'il ordonne au duc de Richelieu, premier gentilhomme de la Chambre, de faire partir ses officiers pour Meudon. « Cette lettre est contre l'usage et n'a été écrite que pour une circonstance particulière », rajoute-t-il dans la marge. Aux députés du clergé, qui ont exprimé le souhait d'être reçus par les souverains, le grand maître des cérémonies fait la même réponse qu'au tiers état :

« Le roi et la reine m'ont ordonné de témoigner de nouveau de leur part à l'ordre du clergé que Leurs Majestés étaient très sensibles à l'empressement qu'il a marqué de les complimenter sur la perte qu'ils viennent de faire. Mais ayant résolu de ne recevoir les révérences de la cour ni d'aucun corps, elles m'ont aussi chargé de faire savoir à l'ordre du clergé qu'elles ne verront pas la députation qu'il avait désiré envoyer à Leurs Majestés. »

Le prince de Condé, grand maître de France – et à ce titre chef de la Maison du Roi –, envoie à Meudon un détachement de la « Bouche » afin de pourvoir à la subsistance des nombreux officiers et religieux qui ne manqueront pas de séjourner à Meudon jusqu'aux obsèques. Le gouverneur du défunt, le duc d'Harcourt, qui s'était proposé de tenir table ouverte à ses frais, s'en offusque : « Je me conformerai, Monsieur, à l'intention du roi, écrit-il au secrétaire du prince, et tiendrai ici la table d'honneur qui sera servie par la Bouche du roi. Lorsque j'ai désiré qu'elle le fût par ma Maison, je ne prétendais que diminuer la dépense et l'embarras des logements que la nature du local accroît beaucoup et nullement donner lieu à des réclamations de la part de Monsieur le grand-maître. Personne n'est plus éloigné que moi de tout ce qui contrarierait Monsieur le prince de Condé auquel mon respect et mon attachement sont connus depuis longtemps... »

L'ouverture du corps

Le lendemain du décès, les médecins et chirurgiens, comme pour Madame Sophie, procèdent à l'autopsie du corps. A l'époque, ce type d'examen revêt certes un caractère médico-légal, mais il permet surtout de préparer le cadavre pour l'embaumement. Peut-être souhaite-t-on aussi faire taire les racontars selon lesquels l'enfant aurait été empoisonné, comme on le murmurera encore, en 1795, lors de la mort de son frère au Temple ? A bout de résistance, le duc d'Harcourt s'évanouit avant d'entrer dans la pièce. La Bibliothèque municipale de Versailles possède un « Extrait du procès-verbal de l'ouverture du corps de Monseigneur le dauphin, mort hier 4 juin audit Meudon ». Rédigé par un témoin non identifié, il était destiné à être placé sous les yeux d'une « Altesse Sérénissime [qui] possède particulièrement l'art de la médecine et conséquemment celui de la chirurgie, [...] [et dont] la sensibilité égale toutes ses vertus » :

« Le 5e juin en présence de Monsieur le duc d'Harcourt, des médecins et chirurgiens de la Faculté du roi, à savoir Messieurs Le Monnier, Vicq d'Azyr, Brunyer, Petit et Lassone, de Messieurs Andouillé, Loustonau, Blanquiez et Chavignat ensuite, l'ouverture du corps a été faite, et ces Messieurs ont trouvé ce qui suit, mais généralement le corps infiltré.

« 1° Les intestins, le mésentère, l'estomac, le foie, et tous les autres viscères de cette cavité dans le meilleur état. La rate un peu plus volumineuse, et plus dure qu'elle ne devait l'être naturellement. Elle avait contracté une légère adhérence avec le diaphragme.

« 2° La cavité de la poitrine était un peu resserrée, le poumon droit sain, et légèrement adhérant dans tous ses points. Le lobe supérieur du poumon gauche était fortement adhérant par sa partie postérieure à la colonne vertébrale, et en grande partie en suppuration : le cœur était dans son état naturel.

« 3° Ayant enlevé tous les viscères et particulièrement détaché l'adhérence du lobe supérieur du poumon gauche, ces Messieurs ont procédé à l'examen des vertèbres. Les lombaires et la dernière des dorsales étaient dans leur état naturel, mais un peu divisées. Les huit dorsales inférieures formaient une poche de l'ouverture de laquelle en est sortie une assez grande quantité d'un pus noir, et très fétide qui a laissé à nu ces vertèbres qui étaient noires, cariées et vermoulues dans tous leurs points.

« Leurs apophyses transverses détruites, les trois côtes de chaque côté, attachées aux vertèbres les plus affectées, étaient désarticulées, et cariées à trois pouces de leur longueur. Le reste des vertèbres dorsales et les trois cervicales consécutives étaient gonflées et paraissaient malades. Postérieurement, ayant enlevé les téguments, on a trouvé les apophyses épineuses des vertèbres correspondantes noires et cariées, le canal de la moelle épinière dans le même état, ses enveloppes macérées ; mais sa substance coupée transversalement a été reconnue saine.

« L'ouverture de la tête a présenté le cerveau très volumineux, ses vaisseaux sanguins légèrement engorgés, de même que ceux du cervelet et de la moelle allongée, mais d'ailleurs très sains. »

Un embaumement traditionnel

A la lecture de ce document, le paléopathologiste Philippe Charlier diagnostique « une infection pulmonaire gauche et une destruction vertébrale – lombaires et thoraciques – probablement liées au même germe ;

la topographie et l'aspect clinique – notamment l'abcès au contact des vertèbres – sont très en faveur d'une tuberculose pulmonaire disséminée aux vertèbres – mal de Pott. Le reste de la description n'indique pas de lésion significative ».

Le secrétaire du duc d'Harcourt a le courage de gratter avec l'ongle l'une des vertèbres qui tombe déjà en pourriture. Quant à l'anatomiste Petit, il fait remarquer avec satisfaction qu'il avait depuis longtemps diagnostiqué la nature de la maladie. Les apothicaires du roi procèdent ensuite à l'embaumement du corps, du cœur et des entrailles[1]. « Le dauphin a finalement achevé sa brève existence dans la nuit du 3 au 4, à une heure et demie du matin, écrit le comte de Fernan Nuñez, ambassadeur d'Espagne, à son ministre Floridablanca. Aujourd'hui, on l'a embaumé et il restera exposé à Meudon jusqu'à samedi dans ce qu'on appelle ici la chapelle ardente. »

Le samedi 6 juin, le roi et la reine qui, la veille sont allés dire adieu à leur fils, consentent enfin à recevoir les députations des trois ordres des Etats généraux. Bailly et ses collègues protestent de la loyauté des Communes qui ne songent qu'à « maintenir les droits, l'honneur et la dignité du trône, à consolider les engagements publics et à rétablir le crédit de la nation »

Le libraire Hardy note, dans son *Journal*, que « suivait l'expression des regrets et de la respectueuse sensibilité du tiers état sur la mort de Monseigneur le dauphin, par laquelle ce discours était terminé ».

---

1. Nous reviendrons sur cet embaumement au chapitre 22.

Soie noire et épée d'argent

Pour une fois encore, le cérémonial de Versailles s'impose dans sa toute-puissante moribonde. Le dimanche 7 juin, la Cour commence un deuil de deux mois et demi. Le *Journal de Paris* explique doctement que, jusqu'au 11 juillet inclusivement, « les hommes prendront l'habit de drap noir complet, avec les boutons ; manchettes éfilées unies ; boucles et épées bronzées ; chapeau sans plumes. Du 12 juillet jusqu'à la fin du deuil, l'habit de soie noire ; manchettes effilées de mousseline brodée ou entoilage ; boucles blanches, épée d'argent, chapeau à plumes ». Quant aux femmes, elles « prendront pour douze jours la robe de laine, la coiffe, crêpes ; les gants, les bas, l'éventail et les pierres noirs ; les boucles bronzées. Le 19 juin, elles quitteront la coiffe et conserveront, jusqu'au 11 juillet inclusivement, le reste de l'étiquette ci-dessus ; ensuite, du 12 juillet au premier août inclusivement, elles porteront la robe de soie noire et les diamants ; et le reste du deuil les robes noires et blanches sans rubans de couleur. » Entre-temps, il y aura eu la prise de la Bastille, et la fin de l'Ancien Régime...

Le marquis de Ferrières, député de la noblesse de Saumur, décrit à son épouse ce qui ressemble déjà aux funérailles de la monarchie : « Tu as appris la mort de Monsieur le dauphin. Il reste exposé à Meudon, pendant huit jours. Nous irons gravement jeter de l'eau bénite sur son corps, car notre bonne cour n'oublie jamais l'étiquette. [...] mais j'eus vraiment dimanche

[7 juin] un spectacle digne de réflexion ; ce furent les visites que toutes les femmes de la cour allèrent rendre au roi, à la reine, aux princes, et aux princesses. Figure-toi cinquante à soixante femmes affublées de grandes mantes de deuil qui leur prennent dessus les épaules, et remontent jusqu'au menton, et se terminent dans une queue de cinq ou six aunes qui traînent derrière elles. Cet accoutrement leur donnait la plus singulière figure. Je me trouvais chez la comtesse d'Artois au moment même qu'elles y rentrèrent. Il n'en fallut qu'une douzaine pour remplir la chambre de leurs immenses paniers. Ces visites se passent à rester une ou deux minutes debout, sans parler, et ressortir promptement, pour faire place à d'autres. La reine est très affligée. Elle a, de plus, la corvée de paraître en public. Les malheureux princes sont tellement liés à leur grandeur qu'ils ne sauraient la quitter un seul instant. »

Lundi 8 juin, les restes de Louis-Joseph sont transférés de son cabinet à une salle du château, disposée en chapelle ardente, aux murs tendus de blanc. Dans la matinée, les princes du sang viennent s'incliner et jeter de l'eau bénite sur le corps, enveloppé dans un voile d'argent, le visage découvert. Un millier de cierges éclairent le lit de parade d'un éclat non-pareil. La couronne, les ordres royaux et la petite épée du prince ont été déposés sur le cercueil, tandis que cent suisses de la compagnie du duc de Brissac et deux hérauts d'armes montent la garde d'honneur. Jour et nuit, deux rangées de moines, capucins et feuillants, psalmodient les prières des trépassés...

Le curé contre le grand aumônier

Une querelle de préséances, aussi odieuse que ridicule, éclate au pied même du catafalque. Albert Séjean qui, en sa qualité de « curé de l'église royale et paroissiale de Meudon », a juridiction sur le château, prétend affirmer sa prérogative en arborant l'étole, marque distinctive de sa fonction. Mais le grand aumônier de France, Joseph de Montmorency-Laval, cardinal et prince-évêque de Metz, ne l'entend pas de cette oreille. Aussi, mercredi 10 juin, alors que le curé, flanqué de ses vicaires et de ses ouailles, pénètre dans la chambre ardente, le prélat quitte-t-il sa place pour l'apostropher avec colère :

« Monsieur, quittez votre étole, il ne doit y en avoir d'autre ici que la mienne !

« – Monseigneur, réplique le prêtre, je suis le curé du lieu, je suis à la tête de mon clergé, je prie Votre Grandeur de trouver bon que je garde mon étole que je ne puis quitter. »

A quoi le grand aumônier rétorque : « Je ne reconnais point votre droit de curé, il n'y a ici de curé que moi ! »

Comme la dispute risque de s'envenimer et « pour ne pas prolonger l'espèce de scandale qu'une contestation de cette nature pouvait occasionner », le curé Séjean prend le parti « de se retirer dans la salle voisine, laissant à son vicaire le soin de faire la cérémonie, et se réservant à lui-même de faire ses protestations ». L'obstiné ecclésiastique ne tardera pas à tenir sa promesse. Dès le lendemain, il comparaît devant Maître

Charles-Marie Nouette, notaire royal du bailliage de Meudon, afin d'exposer en bonne et due forme – et sur cinq pages – ses griefs contre le grand aumônier.

Les 9 et 10 juin, le Parlement, la chambre des comptes, la Cour des aides, le Grand Conseil, la Cour des monnaies, le Châtelet, toutes les prestigieuses institutions de l'ancienne France – qui vont être balayées dans les mois à venir – défilent devant la dépouille embaumée de l'héritier des rois. L'Histoire hésite entre hier et demain... Les députés des trois chambres des Etats généraux, en ordre séparé, mais revêtus des « manteaux nécessaires pour cette cérémonie », font aussi le déplacement à Meudon. « Sieyès et Mirabeau en étaient, écrit Georges Duval dans ses *Souvenirs de la Terreur*. Je les vis sortir ensemble de la chapelle, vers onze heures du matin, se tenant par le bras et affectant un maintien qui contrastait quelque peu avec la triste gravité de la cérémonie. »

Après les notabilités, ce sont les simples Parisiens et les habitants de la banlieue qui sont admis au château. Les 11 et 12 juin, ils sont plusieurs milliers, entre dévotion et curiosité, à venir rendre hommage au dauphin. Parmi eux, le comte de Seneffe raconte sa visite : « J'ai été ce soir à Meudon, ainsi que tous les badauds. J'y ai vu les restes débiles de l'héritier présomptif de la couronne. Il était encore entouré pour quelques moments de la pompe qui environne les rois. La chapelle, ainsi que dix salles qui la précèdent, étaient tendues en serge blanche ; tout autour, sur des litres, on voyait ses écussons, ses armoiries, celles de la France. Son corps couvert d'un voile d'argent était placé sur un cénotaphe fort élevé ; à ses pieds, les attributs de la couronne ; autour de lui, des gradins couverts de luminaires. Le dais en drap d'argent était bordé de franges pareilles. Devant le cénotaphe étaient placés deux hérauts d'armes, couverts de leur cotte funèbre ; au fond de la chapelle, à droite, le grand-aumônier de France ; à gauche, le duc d'Harcourt, son gouverneur ; sur des gradins parallèles au cénotaphe, tous les officiers de sa maison ; plus loin, deux autels ; et, en face, des chœurs de religieux qui tour à tour, après un silence vraiment effroyable et lugubre, chantaient trois mots sur un ton plus lugubre encore. »

Le cœur au Val-de-Grâce

A sept heures du soir, vendredi 12 juin, le cœur de Louis-Joseph, à l'abri de sa double boîte de vermeil et de plomb, est transporté solennellement à l'abbaye du Val-de-Grâce où, depuis Anne d'Autriche, sont déposés la plupart des cœurs de la famille royale. Dans le carrosse où le cardinal de Montmorency-Laval tient le reliquaire sur ses genoux, prennent place le duc de Chartres, le duc d'Harcourt, le duc de Fitz-James et le marquis de Dreux-Brézé. Quatre pages de la Garde ont également été commandés. Les valets de pied, en livrée galonnée, ont demandé en vain des gants et des crêpes à l'Ecurie du roi. « Elle ne leur en a pas donné, étant contre l'usage ; c'est les Menus qui les leur ont donnés », précise un document des Archives nationales, à la cote K-1718-44 h. Ils avaient aussi réclamé le poêle, mais il a été vérifié que c'est le poêle qui couvre le char qui leur revient quand le prince est enterré avec cérémonie et qui ne se vend ordinairement que six livres environ ; mais Monseigneur le dauphin ayant été enterré sans cérémonie, le Garde-Meuble avait seulement prêté un très riche poêle pour couvrir le cercueil, et qu'il a retiré ensuite. »

A quelques semaines de la nuit du 4-Août, les Français défendent encore bec et ongle leurs moindres privilèges...

Il fait un noir d'encre lorsque le carrosse est accueilli par Madame de Jarry de Saint-Hélem, entourée de ses religieuses. L'abbesse a beaucoup insisté pour recevoir le cœur du dauphin dans sa chapelle, jusqu'à écrire au marquis de Villedeuil pour réclamer cet honneur consacré par un usage séculaire. L'un des pages de service, le comte de Semallé, se rappellera cette « triste cérémonie. La réception dans cette abbaye royale eut lieu le soir, et se fit aux flambeaux ; Monsieur de Roquelaure, évêque de Senlis, officiait. Mon cheval, effrayé par les torches, prit peur, se renversa sur moi, et j'échappai comme par miracle à cet accident qui eût pu me coûter la vie. »

Pour sa part, le futur Louis-Philippe Ier, alors duc de Chartres et âgé de quinze ans, glisse dans ses *Mémoires* une anecdote teintée d'humour : « Dans les premiers jours de juin, Monsieur le dauphin étant mort, je fus chargé en l'absence de mon père, que ses fonctions de député empêchaient d'assister aux cérémonies, d'accompagner son cœur au Val-de-Grâce. La cérémonie dura sept heures. Les ducs d'Orléans de ma branche avaient leurs sépultures dans le même caveau où on déposait les cœurs des rois, et l'abbesse me dit en me montrant la place qui m'attendait : " Nous vous aurons là quelque jour " ; ce qui était aimable et paraissait certain dans ce temps-là. Mais j'ai peur à présent qu'elle n'ait jamais le plaisir de me posséder dans son caveau. »

Dernières obsèques à Saint-Denis

C'est enfin le lendemain soir qu'ont lieu les funérailles proprement dites, les dernières de l'Ancien Régime. La tradition ne permet pas à la reine d'y assister, non plus qu'au roi, qui consigne seulement dans son *Journal* : « Enterrement de mon fils. » De la même plume que l'extrait du procès-verbal d'ouverture du corps, la Bibliothèque de Versailles conserve dans ses manuscrits un « extrait bien succinct du cérémonial [des] obsèques de Monseigneur le dauphin et marche du convoi. 13 juin 1789, de Meudon à Saint-Denis » :

« A huit heures et demie du soir, le corps de Monseigneur le dauphin et les entrailles ont été mis dans une des voitures de couleurs du roi par huit gardes du corps de Sa Majesté, conduite par un cocher, postillon, et huit chevaux du roi.

« Première voiture : Cette voiture était précédée d'une voiture d'honneur appartenant à Monseigneur le prince de Condé, dans laquelle étaient les premiers officiers de ce prince.

« Deuxième voiture : la seconde était à huit chevaux, et appartenait au roi. Dans cette voiture étaient Monsieur le prince de Condé, Monsieur le grand aumônier, Monsieur le duc d'Harcourt et les deux sous-gouverneurs du feu prince.

« Troisième voiture : la troisième était le corps accompagné en dedans par le vicaire de Meudon, un des jurés-crieurs, et un garçon de la Musique du roi comme attaché aux Menus. Les gardes du corps du roi, les pages, les cent suisses, les valets de pied précédaient, entouraient et suivaient la voiture du corps qui est partie au pas à huit heures de Meudon jusqu'à la porte dite des Princes, et là tous les gens qui étaient à cheval ont pris le trot des chevaux qui ont été ce train-là jusqu'à la dernière grille du bois de Boulogne, et en train à Saint-Denis, où il y avait la même quantité de gens à pied qui attendaient le corps pour arriver au pas des chevaux ainsi qu'il était parti de Meudon.

« Devant le portail de l'abbaye, étaient à droite et à gauche cent gardes-françaises et cent suisses de la Garde du roi avec leurs drapeaux et sous les armes, ayant à leur tête leurs officiers. Les cent suisses avaient sur leurs caisses des draps et crêpes noirs et battaient ainsi qu'il est d'usage.

« Messieurs de Brézé, de Romainvilliers – ancien maître des Cérémonies –, Messieurs de Nantouillet et de Vatronville, ont reçu le corps sur les marches du portail, et sont entrés suivis du corps porté par les gardes du roi, précédé de Monsieur le grand aumônier, de Monsieur le prince de Condé, du duc d'Harcourt et de tous les officiers qui l'avaient amené de Meudon.

« A l'entrée de l'église étaient les bénédictins à la tête desquels leur prieur était pour recevoir le corps.

Monsieur le grand aumônier fit un assez long discours, auquel le prieur répondit. Pendant ces discours, le corps était déposé sur une espèce d'estrade couverte d'un drap d'argent armorié des écussons de Monseigneur le dauphin.

« Monsieur le prince de Condé, Monsieur le duc d'Harcourt et tous les officiers du feu prince, et du roi, entouraient l'estrade. Après les prières d'usage, le corps est entré dans le chœur toujours porté par les gardes, qui l'ont placé sous le dais blanc et armorié.

« Monsieur de Brézé mit la couronne sur le corps, et Monsieur de Nantouillet, les ordres, c'est-à-dire le cordon bleu, &c. Monsieur le grand aumônier était placé au pied du dais dans un fauteuil près les marches du sanctuaire. Monsieur le duc d'Harcourt de l'autre côté, à la tête du corps, était de même, et à sa droite et gauche sur la même ligne étaient les deux sous-gouverneurs. Monsieur le prince de Condé était dans la première stalle du second rang dans le chœur à droite en entrant par la nef, vis-à-vis la représentation du dernier roi mort.

« Le corps a été enlevé par les mêmes personnes qui l'avaient déposé sous le dais et a été apporté au caveau par les gardes du corps précédés d'un écuyer. »

La coutume, pour les Bourbons, est non pas d'inhumer les cercueils royaux et princiers, mais de les déposer dans la crypte, sous le maître-autel. « Quand son corps fut rangé à la place qu'on lui avait préparée, raconte Georges Duval dans ses *Souvenirs de la Terreur*, on s'aperçut que toutes les autres étaient remplies et qu'il n'en restait pas une à prendre, *ne quidem una* [pas même une seule]. Cela ayant été connu à la cour, une sorte d'effroi s'y répandit et on se livra aux plus sinistres conjectures. Encore quelques mois, et elles allaient devenir d'affreuses réalités ! »

Le 17 décembre 1790, Marie-Antoinette confiera à son frère, le nouvel empereur Léopold II : « A la mort de mon pauvre cher petit dauphin, la nation n'a pas seulement eu l'air de s'en apercevoir. A partir de ce jour-là, le peuple est en délire et je ne cesse de dévorer mes larmes. » Moins de trois ans plus tard, le 25 vendémiaire de l'an II – 16 octobre 1793 –, la sépulture de Louis-Joseph, comme les autres tombes royales de Saint-Denis, sera profanée par les révolutionnaires. Quelques heures seulement avant que la reine ne monte à l'échafaud...

12

Un petit prince dans la tourmente

En apprenant la disparition d'un frère aîné qu'il n'a guère approché, le duc de Normandie a fondu en larmes. Mais mesure-t-il la portée réelle de l'événement ? Il sait surtout qu'il hérite d'un joli chien du nom de Mouflet, probablement celui qu'il perdra lors de l'assaut des Tuileries, le 10 août 1792. « Monsieur le duc de Normandie, maintenant dauphin, paraît d'une meilleure constitution, note l'auteur de la *Correspondance secrète* qui ajoutera cette rumeur infondée : mais depuis son inoculation, il est sujet à des attaques de nerfs qui ressemblent à l'épilepsie. »

C'est cependant sur ce fils survivant que le roi reporte toutes ses espérances. Louis-Charles emménage dans l'ancien appartement du premier dauphin, qui fut naguère celui du comte et de la comtesse d'Artois. Dans une lettre admirable à l'abbé d'Avaux – qui avait été le précepteur de Marie-Thérèse –, Louis XVI développe sa conception d'une éducation princière :

« Vous avez à former le cœur, l'esprit et le corps d'un enfant. L'exemple, de sages conseils, des louanges accordées avec art, et des réprimandes toujours faites avec douceur, feront naître dans le cœur de votre jeune élève la douce sensibilité, la honte de la faute, l'envie de bien faire, une louable émulation, et le désir de plaire à son instituteur.

« Peu de livres, mais bien choisis ; des livres élémentaires, clairs, précis et méthodiques ; une aimable occupation qui ne fatigue point la mémoire, qui excite la curiosité, donne le goût de l'étude et l'amour du travail, doivent former bientôt l'esprit d'un enfant bien organisé, docile et studieux.

Pour charmer ses ennuis

« Des extraits souvent répétés, la promenade, des travaux champêtres dont l'instituteur doit partager les fatigues et les plaisirs, et qui peuvent se borner à la culture d'un petit jardin ; quelque jeu avec des enfants du même âge, mais en présence du maître, voilà des moyens infaillibles pour conserver la santé de l'enfant, charmer ses ennuis, et fortifier son corps.

« Que les principes des connaissances soient gravées dans la mémoire de mon fils ; je méprise les hommes superficiels, ce sont des ignorants présomptueux, plus sujets à l'erreur que les autres hommes.

« Exaltez à ses yeux les vertus qui font les bons rois, et que vos leçons soient proportionnées à son intelligence. Hélas ! Il ne sera que trop tenté d'imiter un jour ceux de ses ancêtres qui ne furent recommandables que par des exploits guerriers. La gloire militaire tourne la tête. Eh ! quelle gloire, que celle qui fait répandre des flots de sang humain, et ravage l'univers !

Apprenez-lui, avec Fénelon, que les princes pacifiques sont les seuls dont les peuples conservent un religieux souvenir. Le premier devoir d'un prince est de rendre son peuple heureux : s'il sait être roi, il saura toujours bien défendre le peuple et sa couronne.

« Apprenez-lui, de bonne heure, à savoir pardonner l'injure, oublier l'injustice, à récompenser les actions louables, à respecter les mœurs, à être bon, à reconnaître les services qui lui ont été rendus.

« Parlez-lui souvent de la gloire de ses aïeux, et offrez-lui pour modèle de conduite, Louis IX, prince religieux, avec des mœurs et de la vérité ; Louis XII qui ne veut point punir les conjurés du duc d'Orléans, et qui reçoit des Français le titre de Père du peuple ; du grand Henri, nourrissant la ville de Paris qui l'outrage et lui fait la guerre ; de Louis XIV, non lorsqu'il donne des lois à l'Europe, mais lorsqu'il pacifie l'univers, et qu'il est le protecteur des talents, des sciences et des beaux-arts.

« Ce n'est point des exploits d'Alexandre ni de Charles XII, dont il faut entretenir votre élève : ces princes sont des météores qui ont dévasté la terre. Parlez-lui, et de bonne heure, des princes qui ont protégé le commerce, agrandi la sphère des arts, enfin des rois tels qu'il les faut aux peuples, et non tels que l'Histoire se plaît à les louer.

« En attendant que votre jeune élève apprenne l'art de régner, faites réfléchir sur lui le miroir de la vérité sur tout ce qui peut lui rappeler qu'il n'est au-dessus des autres hommes que pour les rendre heureux.

« [...] Au milieu des chagrins qui déchirent mon âme, mon unique consolation est dans mon fils. »

Mais que sait-on au juste du nouveau dauphin ? Sans conteste, il idolâtre sa mère. A son « Chou d'Amour », la reine lit les *Fables* de La Fontaine ou les *Contes* de Perrault. L'enfant écoute très attentivement ou l'interrompt de ses remarques encore naïves. Après la lecture, Marie-Antoinette s'installe au clavecin ou à la harpe. Un soir, à Saint-Cloud, elle chante pour lui une romance de Berquin, intitulée *L'Ami des enfants* :

« Dors, mon enfant, clos ta paupière,
Tes cris me déchirent le cœur;
Dors, mon enfant, ta pauvre mère
A bien assez de sa douleur. »

Le petit prince se tient tranquille, bouleversé par les paroles, silencieux et immobile. Madame Elisabeth s'écrie : « Ah ! Pour le coup, voilà Charles qui dort ! » Piqué au vif, l'enfant relève la tête : « Ah ! Ma chère tante, peut-on dormir quand on entend Maman Reine ? »

Un vrai petit paysan

Chevauchant un poney à sa taille, Chou d'Amour gagne Trianon où Marie-Antoinette passe le meilleur de son temps. Au Hameau, il boit du lait crémeux et joue à garder les moutons. Chaque matin, il va cueillir des fleurs dans les jardins de Versailles et dépose son petit bouquet sur la toilette de Marie-Antoinette, avant qu'elle ne soit levée. Si d'aventure le mauvais temps l'empêche de sortir, l'enfant se lamente : « Hélas ! Je n'aurai pas mérité aujourd'hui le premier baiser de maman ! »

Avant de poursuivre sur ce chapitre des saynètes charmantes ou édifiantes mettant en scène le duc de Normandie, l'historien se doit de préciser certains points. D'abord, certaines d'entre elles, rédigées sous la Restauration, appartiennent au style hagiographique et ne sont là que pour exalter les vertus innées du « martyr du Temple ». Ensuite, lorsque le second fils de Louis XVI devient dauphin, à la mort de son frère aîné, en juin 1789, il a seulement quatre ans. Or, beaucoup d'actions ou de traits d'esprit, situés par ses biographes à la veille de la Révolution, apparaissent peu compatibles avec un âge aussi tendre. On est donc en droit de penser – s'ils ne sont pas purement apocryphes –, qu'ils sont passablement enjolivés, ou qu'ils concernent en vérité Louis-Joseph, le premier dauphin. Certes, quelques-uns sont trop beaux pour être vrais, mais ils le sont aussi pour être passés sous silence...

Il reste d'ailleurs possible d'esquisser un portrait assez crédible de la prime enfance de Louis-Charles. Au dire de sa mère, c'est un bambin plein de vie, joyeux, peut-être un peu trop vif, et « qui paraît jouir d'une santé robuste et florissante », selon l'avis du bailli de Virieu. Il va avoir trois ans, le 22 février 1788, lorsque la reine le décrit, dans une lettre à Joseph II, comme « un vrai enfant de paysans, grand, frais et gros [...]. Il a cependant en ce moment-ci un gros rhume avec de la fièvre ; et je crains que ce ne soit la rougeole ou la coqueluche, mais il est si fort et en même temps si gai, quoique souffrant, que cela n'est pas inquiétant ».

D'un tempérament nerveux, Louis-Charles sera sujet à des convulsions bénignes. Le 21 novembre 1786 – alors que le petit prince n'a que vingt mois –, l'auteur de la *Correspondance secrète* explique que : « Monsieur le duc de Normandie avait des convulsions fréquentes. La Faculté jugea à propos de lui faire appliquer des sangsues derrière les oreilles. La gouvernante, craignant que cette opération n'affectât vivement une mère aussi tendre, voulut le lui cacher, et écrivit au roi pour avoir son agrément. Il vint faire sa réponse et être témoin de l'application, qui avait déjà fait son effet lorsque la reine arriva. Elle aperçut des traces de sang, et en demanda la cause. Il fallut dire ce qui s'était passé. Elle se livra alors à un emportement de colère sur le mystère qu'on lui avait fait. Madame de Polignac s'empressa de la calmer, et la pria de l'entendre. Après lui avoir présenté un verre d'eau, elle lui fit part en détail des raisons qui l'avait empêchée de lui faire connaître l'état de Monsieur le duc de Normandie et la nature du remède qui pouvait l'adoucir... »

Une nouvelle crise se produira au moment de son inoculation. A la date du 24 avril 1788, Marie-Antoinette écrit à ce sujet : « Mon fils cadet va être inoculé, je serai bien aise quand je serai quitte de toute inquiétude pour cette vilaine maladie ; mais en vérité, il est dommage de le rendre malade, car jamais on n'a vu un enfant plus sain, plus frais et plus fort. »

L'opération a lieu le 15 mai suivant. A neuf heures et demie du soir, alors que l'enfant est dans son premier sommeil, Marie-Antoinette et les hommes de l'art entrent dans la chambre du prince. Le docteur Jauberthou – assisté de ses confrères Brunyer et Loustonau – pratique trois scarifications en triangle à chaque bras. Le « germe » a été prélevé sur un garçon de six ans, fils de la veuve Varignon, débitante de sel rue Saint-Dominique, à Paris. Auparavant, les médecins avaient écarté un autre petit varioleux qui « appartenait à des parents qu'on a su qui vivaient séparés ; cette circonstance ayant paru défavorable ». Un deuxième candidat avait semblé convenir, mais un de ses frères était décédé depuis peu de la petite vérole « ce qui a paru un motif d'exclusion ». Enfin, Léonard, le coiffeur de la reine avait proposé sa propre fille, mais Marie-Antoinette avait préféré que l'on choisisse cette fois-ci un enfant du sexe masculin.

Les roses du petit prince

Pour canaliser la vitalité débordante du petit duc de Normandie, Louis XVI lui a confié le soin du petit jardin que son frère aîné n'a plus la force d'entretenir, sur la terrasse du château, au milieu des parterres du midi. Armé d'une bêche, d'un râteau et de plusieurs arrosoirs, l'enfant fait pousser des roses pour sa mère. On assure qu'un gentilhomme, le voyant sarcler avec ardeur, s'est adressé à lui en ces termes : « Parbleu, Monseigneur, vous êtes bien bon de vous fatiguer ainsi : que ne parlez-vous ? Un jardinier vous fera cette besogne d'un tour de main.

« – Cela se peut, répond Louis-Charles, mais ces fleurs, je veux les faire croître moi-même : elles seraient moins agréables à maman, si elles étaient cultivées par un autre. »

L'historiette qui suit est de la même veine... La fête de la reine approche et le roi conseille à son fils de composer pour l'occasion un bouquet extraordinaire et de l'accompagner d'un petit compliment. Le petit prince, dont l'intelligence précoce semble décidément fulgurante, réplique : « Mon cher papa, j'ai une belle immortelle dans mon jardin, je ne veux qu'elle, et voici mon bouquet et mon compliment tout faits. En la présentant à maman, je lui dirai : Je désire que maman ressemble à ma fleur. " »

La légende dorée nous a laissé une image tout aussi idyllique des charmes physiques de Chou d'Amour. « Sa figure était ravissante, atteste Jean-Nicolas Bouilly, gendre du compositeur Grétry. Il y avait dans son regard je ne sais quelle expression qui pénétrait le cœur. [...] Le son de sa voix pénétrait jusqu'au fond de l'âme. Son regard enchanteur inspirait une tendre et respectueuse émotion. Dès qu'il portait sur vous ses deux yeux bleus qui semblaient réfléchir l'azur et la beauté du ciel, il vous soumettait sans retour. »

Tel témoin loue sa taille fine, svelte et cambrée, sa démarche pleine de grâce, tel autre son front large et découvert, ses sourcils arqués, ses grands yeux bleus frangés de longs cils châtains. Son teint très pur est légèrement coloré d'incarnat, ses cheveux blond cendré frisent naturellement et tombent en épais rouleaux sur ses épaules. Il a hérité la bouche vermeille de sa mère et comme elle, il a une petite fossette au menton... C'est oublier que les boucles blondes dissimulent une cicatrice derrière l'oreille, due à un abcès, que les incisives inférieures du prince avancent à la façon Habsbourg, que sa lèvre porte le stigmate de la morsure d'un lapin blanc de Trianon, et que son cou est « fort court et ridé d'une manière extraordinaire ». Néanmoins, Joseph Weber, le frère de lait de Marie-Antoinette, verse lui aussi dans le dithyrambe : « Sa beauté était ravissante. Elle réunissait la noblesse des traits de Louis XV, la bonté de la physionomie de son père et l'éclat de teint de sa mère. Son moral égalait son physique. »

Un enfant gracieux et blond

La future comtesse d'Apchier avait six ans de plus que Louis-Charles et elle était attachée à Madame Royale. Sous la Monarchie de Juillet, elle soutiendra les prétentions du « baron de Richemont », l'un des plus célèbres faux dauphins. Dans ses *Souvenirs*, la vieille dame romantique idéalise le passé : « C'était l'enfant gracieux et blond dont les gravures ont reproduit la tête bouclée. On l'entourait déjà de cette flatterie fleurie de courtoisie qui, dès le berceau, fait cortège aux rois, et il y répondait avec un enjouement spirituel et primesautier qu'il tenait de sa mère, et la grâce affectueuse qui en faisait le digne fils de Louis XVI. »

A travers tous les témoignages – pour excessifs qu'ils puissent paraître –, on devine un petit garçon dont la nature généreuse et spontanée emporte les suffrages. Ainsi, Galart de Montjoie, homme de lettres et farouche royaliste, le rencontre un jour dans son petit jardin. « Oh ! l'aimable enfant ! s'exclame-t-il. Veuille le ciel le couvrir de ses bénédictions ! » Louis-Charles l'entend, l'observe, et court vers la reine qui se tient dans un salon attenant à la terrasse : « Voilà une personne qui m'a adressé des choses extrêmement honnêtes, je ne puis faire autrement que de lui témoigner ma reconnaissance : j'ai envie de lui présenter quelques-unes de mes fleurs. »

« – Vous ferez fort bien, répond Marie-Antoinette. »

Alors, le petit prince s'élance vers le jardinet, coupe quelques-unes de ses plus belles roses, et court après Montjoie pour les lui offrir, avec ces mots : « Je vous prie, monsieur, d'agréer ce petit hommage de ma reconnaissance pour la bonne opinion que vous avez de moi ! »

Une autre fois, un poète a été admis à présenter l'une de ses pièces à Madame Elisabeth. En rentrant dans ses appartements, elle s'empresse de lire les vers qui sont jugés fort beaux. Sur ce, Louis-Charles aperçoit l'auteur qui se retire lentement, en admirant la splendeur de la galerie des Glaces. L'enfant rentre et dit à la reine : « Ce monsieur est encore là, il n'a eu qu'une révérence de ma tante pour ses jolis vers. Elle devrait bien aller l'en remercier !

« – Cela ne se peut pas, mon fils, mais rien n'empêche que vous le fassiez vous-même. »

Le petit prince ne se le fait pas dire deux fois. Vite, il rejoint le poète : « Vos vers, Monsieur, ont été lus avec bien du plaisir, et je viens vous en remercier pour ma tante et pour moi. »

Après la disparition presque inaperçue du premier dauphin, Louis-Joseph, l'Histoire s'emballe. Le 17 juin 1789, le tiers état, rejoint par quelques ecclésiastiques, et s'estimant mandaté par quatre-vingt-dix-huit pour cent des Français, se proclame « Assemblée nationale ». Trois jours plus tard, réunis au Jeu de paume de Versailles, les députés jurent « de ne jamais se séparer [...] jusqu'à ce que la constitution fût établie et affermie sur des fondements solides ». Le roi fait mine de s'incliner, mais rassemble des troupes autour de Paris. En province, où sévit la disette, les paysans s'arment contre des brigands imaginaires.

La grande peur des aristocrates

Dans la capitale, cette « grande peur » prend la forme d'une intense fermentation populaire, dirigée contre les « aristocrates » et leurs agents. Le 14 juillet, la foule parisienne s'empare des armes déposées aux Invalides, avant de partir à l'assaut de la Bastille, forteresse et prison royale, symbole de l'arbitraire. Trois jours plus tard, le roi se rend à Paris pour sanctionner le fait accompli. Sous les cris de « vive le roi ! Vive la nation ! », il daigne accrocher à son chapeau la cocarde tricolore, que lui remet le président de l'Assemblée nationale, Jean-Sylvain Bailly, élu maire l'avant-veille.

A Versailles, Marie-Antoinette attend son retour avec anxiété. A chaque instant, Louis-Charles va regarder à la fenêtre. Puis il tente de rassurer sa mère : « Il va revenir, maman, il va revenir. Mon père est si bon qu'on ne peut pas lui faire de mal ! » Lorsque Louis XVI arrive enfin, ce sont des embrassades sans fin. La population versaillaise envahit la cour, brandissant des branches de saule et des rubans, pour fêter son souverain. Dans la soirée, la famille royale apparaît deux fois au balcon.

Tout le monde, pourtant, ne participe pas à cette liesse. La duchesse de Polignac, amie intime de la reine, incarne le parti le plus réactionnaire et le plus détesté de la Cour. Dans le sillage du duc d'Artois, la gouvernante des Enfants de France a la sagesse d'émigrer dès le 17 juillet. Marie-Antoinette nomme alors à sa place une digne veuve à la moralité sans tache : Louise de Croÿ-Havré, marquise de Tourzel. « Madame, lui déclare-t-elle, j'avais confié mes enfants à l'amitié, je les confie maintenant à la vertu. »

Le 25 juillet, la reine communique à la nouvelle gouvernante un long mémoire dépeignant le petit Louis-Charles, qui dénote une réelle finesse psychologique :

« Mon fils a quatre ans, quatre mois moins deux jours. Je ne parle pas de sa taille ni de son extérieur, il n'y a qu'à le voir. Sa santé a toujours été bonne, mais, même au berceau, on s'est aperçu que ses nerfs étaient très délicats, et que le moindre bruit extraordinaire faisait effet sur lui. Il a été tardif pour ses premières dents, mais elles sont venues sans maladie ni accidents. Ce n'est qu'aux dernières, et je crois que c'était à la sixième, qu'à Fontainebleau il a eu une convulsion. Depuis, il en a eu deux : une dans l'hiver de 87 ou 88 et l'autre à son inoculation ; mais cette dernière a été très petite. La délicatesse de ses nerfs fait qu'un bruit auquel il n'est pas accoutumé lui fait toujours peur. Il a peur, par exemple, des chiens, parce qu'il en a entendu aboyer près de lui. Je ne l'ai jamais forcé à en voir, parce que je crois qu'à mesure que sa raison viendra, ses craintes passeront.

« Il est comme tous les enfants, fort et bien portant, très étourdi, très léger et violent dans ses colères ; mais il est bon enfant, tendre et caressant même, quand son étourderie ne l'emporte pas. Il a un amour-propre démesuré qui, en le conduisant bien, peut tourner un jour à son avantage. Jusqu'à ce qu'il soit bien à son aise avec quelqu'un, il sait prendre sur lui et même dévorer ses impatiences et ses colères, pour paraître doux et aimable.

« Il est d'une grande fidélité quand il a promis une chose mais il est très indiscret ; il répète souvent ce qu'il a entendu dire, et souvent, sans vouloir mentir, il y ajoute ce que son imagination lui a fait voir. C'est son grand défaut, et sur lequel il faut bien le corriger.

« Du reste, je le répète, il est bon enfant, et avec de la sensibilité et en même temps de la fermeté, sans être trop sévère, on fera toujours de lui ce qu'on voudra. Mais la sévérité le révolterait, car il a beaucoup de caractère pour son âge. Et pour en donner un exemple, dès sa plus petite enfance, le mot “ pardon ” l'a toujours choqué. Il fera et dira tout ce qu'on voudra quand il a tort ; mais le mot “ pardon ”, il ne le prononce qu'avec des larmes et des peines infinies. »

« On a toujours accoutumé mes enfants à avoir une grande confiance en moi, et quand ils ont eu des torts, à me les dire eux-mêmes. Cela fait qu'en les grondant j'ai l'air plus peinée et affligée de ce qu'ils ont fait que fâchée. Je les ai accoutumés tous à ce que un oui ou un non prononcé par moi est irrévocable ; mais je leur en donne toujours une raison à la portée de leur âge, pour qu'ils ne puissent pas croire que c'est humeur de ma part.

« Mon fils ne sait pas lire et apprend fort mal, mais il est trop étourdi pour s'appliquer. Il n'a aucune idée de hauteur dans la tête, et je désire fort que cela continue ; nos enfants apprennent toujours assez tôt ce qu'ils sont. Il aime sa sœur beaucoup, et a bon cœur. Toutes les fois qu'une chose lui fait plaisir, soit d'aller quelque part, ou qu'on lui donne quelque chose, son premier mouvement est toujours de demander pour sa sœur de même. Il est né gai ; il a besoin, pour sa santé, d'être beaucoup à l'air, et je crois qu'il vaut mieux le laisser jouer et travailler sur la terrasse que de le mener promener plus loin. L'exercice que les petits enfants prennent en courant et jouant à l'air est plus sain que de les forcer à marcher, ce qui souvent leur fatigue les reins. »

Tant de grâces et d'espérances

La marquise de Tourzel est immédiatement conquise par son jeune protégé : « C'était l'enfant le plus attachant, se souviendra-t-elle. Sensible aux soins qu'on lui donnait, il ne perdait pas une occasion de nous dire les choses les plus tendres, les plus aimables. [...] Monseigneur le dauphin, âgé de quatre ans, était d'une figure charmante et d'une intelligence surprenante, qui se développait chaque année de manière à donner les plus hautes espérances, si la méchanceté des hommes n'avait enseveli dans le tombeau tant de grâces, d'espérances et de qualités propres à soutenir dignement le rang où le ciel l'avait placé. [...] La tendresse de la reine pour ses enfants lui faisait désirer d'être fréquemment avec eux... »

Au cours de la nuit du 4 août 1789, les nobles libéraux de l'Assemblée, dans un grand élan de générosité, détruisent le régime féodal. Ils abolissent tous les privilèges – les leurs, mais aussi les franchises des villes et des corps de métiers. Le 26 août, les dix-sept articles de la Déclaration des droits de l'homme et du citoyen jettent à la face du monde les principes sacrés de liberté, de propriété, de sûreté et de résistance à l'oppression. Le chapitre de l'Ancien Régime est définitivement clos.

Pourtant, le roi réside toujours à Versailles où rien, semble-t-il, n'a changé. Le 1er octobre, les gardes du corps offrent un grand banquet aux officiers du régiment de Flandre, appelé, dit-on, pour rétablir l'ordre déchu. On prétend que les convives ont conspué la nation, foulé aux pieds les trois couleurs de la Révolution et arboré ostensiblement la cocarde blanche. La famille royale assiste à la scène. Un soldat de haute taille porte le dauphin dans ses bras et le promène en triomphe à travers la salle.

Les fauteurs de troubles saisissent le prétexte. Le lundi 5 octobre, un cortège bigarré, où se côtoient des ménagères excédées par la cherté du pain, des harengères en furie, des viragos éméchées, des prostituées dépoitraillées, et un certain nombre de fiers-à-bras travestis en femmes, s'ébranle en direction de la cité royale. La nuit tombe lorsque cette curieuse troupe, escortée par la garde nationale de La Fayette, aboutit sur la place d'Armes. Marie-Antoinette, effrayée par la tournure des événements, demande aux gouvernantes de se préparer à un départ précipité. Mais Louis XVI ne veut pas donner le sentiment de fuir devant son peuple. Pour détendre l'atmosphère, il fait remplacer ses gardes du corps par des éléments de la garde nationale de Versailles, commandée par le futur maréchal Berthier. Puis il reçoit une délégation de manifestantes qui, devant lui, ne savent que balbutier.

« Maman, j'ai faim »

Durant toute cette soirée mouvementée, les enfants sont demeurés au premier étage, sous la protection de leurs parents. Le danger écarté, Madame de Tourzel redescend Louis-Charles dans sa chambre, au rez-de-chaussée. Versailles s'endort. Dehors, les Parisiens s'assoupissent autour de feux de camp improvisés. Soudain, vers cinq heures du matin, une poignée d'individus parviennent à pénétrer à l'intérieur du palais. Armés de haches, de sabres, de piques, ils se heurtent aux gentilshommes de garde, qu'ils assassinent. Ils saccagent le lit de la reine qui, heureusement, a eu le temps de se réfugier chez le roi avec Marie-Thérèse, enveloppée dans une couverture. De son côté, Madame de Tourzel a réveillé le dauphin pour le conduire en sûreté auprès de ses parents.

Réagissant avec retard, les hommes de La Fayette dégagent enfin les salons et font refluer les furieux vers la cour de Marbre. Maintenant, la famille royale se tient dans la chambre de parade du Roi-Soleil. Les minutes s'écoulent une à une. L'angoisse est palpable. Debout sur un fauteuil, le petit dauphin tue le temps en tirant les cheveux de sa sœur. A d'autres instants, il pleurniche dans les jupons de Marie-Antoinette : « Maman, j'ai faim ».

L'aurore pointe du côté de Paris, esquissant les contours mouvants de la marée humaine qui a submergé la cour. Tous les yeux sont levés vers les fenêtres, derrière lesquelles on aperçoit les silhouettes de Louis XVI et des siens. Un cri monte de la foule, repris bientôt par mille gorges : « La reine ! La reine au balcon ! »

Marie-Antoinette apparaît, toujours majestueuse, tenant par la main Marie-Thérèse et Louis-Charles. « Faites retirer les enfants ! Point d'enfants ! » rugit la foule de plus en plus menaçante. La reine hésite. Elle reconduit Madame Royale et son frère, qui sanglotent, à l'intérieur de la pièce. Elle reste seule, laissant courir son regard sur l'assistance. Les fusils s'abaissent. Le silence salue son courage. La Fayette apparaît et baise la main de la souveraine. Immédiatement, des acclamations se font entendre. Le général improvise un discours maladroit, promettant que dorénavant la reine sera « attachée au peuple comme Jésus-Christ à son Eglise »...

Bientôt, le départ est décidé. Car les « femmes » de Paris tiennent leur victoire. Elles ramènent avec elles « le boulanger, la boulangère et le petit mitron ». Cinquante chariots de blé et de farine les accompagnent. Non sans naïveté, les malheureuses imaginent que la seule présence du roi fera cesser la pénurie, et que l'approvisionnement va affluer, comme par magie, sur les berges de la Seine.

Le 6 octobre, un peu avant une heure et demie de l'après-midi, le roi, la reine, Louis-Charles, Madame Royale, le comte et la comtesse de Provence et Madame de Tourzel prennent place à bord d'un vaste carrosse aux panneaux cramoisis. Au milieu d'une cohue sans nom, la monarchie française s'ébranle vers son destin. Sept heures seront nécessaires pour atteindre la capitale. En avant, parade une sorte de géant à longue barbe, hache sanglante sur l'épaule. Il est flanqué de deux comparses de même acabit, dont les piques s'ornent des têtes de deux gardes françaises. « Il était bien touchant, lit-on dans la *Correspondance secrète*, lorsque le roi est arrivé à Paris, de voir à la portière de son carrosse le dauphin [...] joignant ses petites mains et semblant demander grâce au peuple pour sa mère. On ne lui répondait que par les cris de : “ Vive le roi ! Vive le dauphin ! ” »

Avec une lenteur effrayante, la sinistre caravane approche de sa destination. « Etant entré dans Paris, les cris, les clameurs et les injures augmentèrent avec la foule de la populace, se souviendra Marie-Thérèse. L'on mit au moins deux heures pour parvenir à l'hôtel de ville. » Les acclamations se mêlent désormais aux insultes. Place de Grève, à la lumière des flambeaux, Bailly laisse éclater sa satisfaction : « Sire, c'est un beau jour que celui où Votre Majesté vient dans sa capitale avec son auguste épouse, avec un prince qui sera bon et juste comme Louis XVI. »

Aux Tuileries, où l'on n'arrive pas avant six heures du soir, il faut pourtant déchanter. L'antique palais n'a plus été utilisé depuis la Fronde. Cinq à six cents locataires s'y sont installés, avec ou sans permission du roi. Les voilà qui doivent céder la place aux légitimes maîtres des lieux ! Pauline de Tourzel, la fille de la gouvernante des Enfants de France, brosse la scène dans ses *Souvenirs de quarante ans* : « Les appartements étaient sens dessus dessous, plein d'ouvriers et des échelles de tous les côtés. Les meubles les plus nécessaires y manquaient. Les salles étaient mal éclairées au moment où nous entrâmes ; tout respirait un sentiment de tristesse. » Louis-Charles, habitué aux fastes de Versailles, s'exclame : « Oh ! Maman, comme tout est laid ici ! » La reine, bien qu'elle pense comme son fils, se sent obligée de le reprendre : « Louis XIV y logeait et s'y trouvait bien ; nous ne devons pas être plus difficiles que lui. »

La famille royale campe pour la nuit. Madame de Tourzel se carre dans un fauteuil sans parvenir à s'endormir : « Monseigneur le dauphin passa la nuit sans gardes, relate-t-elle dans ses *Mémoires*, dans un appartement ouvert de tous les côtés, et dont les portes pouvaient à peine fermer. Je les barricadai avec le peu de meubles que je trouvai, et je passai la nuit assise près du lit, plongée dans la douleur et les plus tristes réflexions... » Au petit matin, un brouhaha confus s'élève du carrousel. Louis-Charles, encore traumatisé par les horreurs de la veille, demande d'une voix pleine d'inquiétude : « Maman, maman, est-ce qu'hier n'est pas fini ? »

13

Les otages des Tuileries

Avec ce lyrisme larmoyant cher aux émules de Jean-Jacques Rousseau, les députés viennent témoigner de leur amour et de leur respect à la famille royale, dès le lendemain de son installation aux Tuileries, le 7 octobre 1789. Leur président interpelle Marie-Antoinette : « Ce serait avec une véritable satisfaction que l'Assemblée nationale contemplerait dans vos bras cet illustre enfant, le rejeton de tant de rois tendrement chéris de leurs peuples, l'héritier de Louis IX, de Henri IV, de celui dont les vertus sont l'espoir de la France. Jamais ni lui, ni les auteurs de ses jours, ne jouiront d'autant de prospérité que nous leur en souhaitons. »

La reine, un peu interloquée, fait contre mauvaise fortune bon cœur : « Je suis touchée, comme je dois l'être, des sentiments que m'exprime l'Assemblée nationale. Si j'avais été prévenue de son intention, je l'aurais reçue d'une manière plus digne d'elle. Voici mon fils. » Elle le prend dans ses bras et le montre à l'assistance. Les ovations fusent : « Vive la reine ! vive Monseigneur le dauphin ! »

Cependant, Louis XVI comprend vite qu'il est désormais l'otage de la Révolution. Les hôtes des Tuileries vivent dans une semi-captivité. Pour se rapprocher de ses enfants, le roi partage son appartement avec le dauphin, tandis que la reine occupe le rez-de-chaussée donnant sur la terrasse des Tuileries, et Madame Royale les petits entresols au-dessus de la chambre du roi. « On pratiqua en outre, explique Madame de Tourzel, de petits escaliers particuliers pour que le roi et la reine pussent communiquer librement dans l'intérieur de leurs appartements, et dans celui de Monseigneur le dauphin et de Madame. »

Louis XVI ne chasse plus et doit sortir à heures fixes. Marie-Antoinette fait de la tapisserie et surveille les jeux de ses enfants. « Quand je suis triste, je prends mon petit garçon avec moi... », soupire-t-elle mélancoliquement. Elle s'évade en écrivant à la duchesse de Polignac, la compagne des moments heureux qui a trouvé refuge en Suisse : « Nous logeons tous trois dans le même appartement. Mes enfants sont presque toujours avec moi et font ma consolation. Si je pouvais être heureuse, je le serais par ces deux petits êtres. Le Chou d'Amour est charmant et je l'aime à la folie. Il m'aime beaucoup aussi, à sa manière. [...] Il se porte bien, devient fort et n'est plus colère. Il se promène tous les jours, ce qui lui fait grand bien. »

De la grâce et de la fougue

S'il « n'est plus colère », Louis-Charles conserve un caractère ombrageux et d'une vivacité étonnante. Il ne capitule que devant sa mère, ou devant la marquise de Tourzel, qu'il surnomme « Madame Sévère ». Un jour, un officier, qui l'a battu au jeu de palets, a le malheur de s'exclamer : « J'ai vaincu Monsieur le dauphin ! » A ces mots, le jeune prince se fâche. Comme la reine lui reproche son impolitesse, Louis-Charles répond : « C'est ce mot de " vaincu " qui m'a mis hors de moi. Pourquoi ne me disait-il pas tout uniment qu'il m'avait gagné ? »

Et de fait, Louis-Charles aime porter l'uniforme, faire tirer d'un petit canon dans le jardin des Tuileries, et s'exercer au maniement d'armes. Ce sera l'occasion d'une autre de ses sautes d'humeur, quand un officier trop zélé lui demande de « rendre » son fusil. L'enfant refuse avec brusquerie. Sa gouvernante intervient. Le prince explique alors son attitude : « Si Monsieur m'eût dit de le lui donner, fort bien, Madame. Mais le lui rendre ! »

Dans le même temps que l'on modère sa fougue enfantine, le dauphin est formé à ses futurs devoirs de monarque et de chrétien. Madame de Tourzel lui apprend à répondre lui-même aux compliments qui lui sont adressés. Afin d'éveiller son esprit, elle préfère qu'il reste court, plutôt qu'il ne répète une leçon apprise, comme elle l'explique dans ses *Mémoires* : « On se contentait seulement de rectifier [ses idées] quand elles n'étaient pas justes. Cela le mettait quelquefois en colère, mais il finissait par trouver le moyen de répondre, et il s'était accoutumé par là à dire de lui-même des choses aimables et obligeantes. [...] Ce jeune prince, qui avait une grâce charmante dans tout ce qu'il disait, annonçait déjà de la fermeté, en y joignant cette bonté naturelle à tous les Bourbons. Aussi était-il adoré de tous ceux qui l'approchaient et qui étaient à portée de le connaître. »

Les réflexions les plus justes

Au reste, la gouvernante ne se lasse pas de louer l'intelligence de son cher dauphin : « Sa mémoire était admirable, et il avait une pénétration d'esprit si singulière qu'il faisait, dès l'âge de quatre ans, les réflexions les plus justes sur ce qu'il voyait et ce qu'il entendait. [...] Ce jeune prince était extrêmement curieux, faisait des questions sur tout ce qu'il voyait. Il s'apercevait très bien si les réponses qu'on lui faisait étaient justes ou non, et avait même alors des reparties assez plaisantes. [...]

« Il était impossible de voir [un enfant] plus attachant, rempli de plus d'intelligence et s'exprimant avec autant de grâce. Il saisissait les occasions de dire des choses agréables à ceux qui l'entouraient. [...] Sa gaieté et son amabilité étaient la seule diversion aux peines journalières dont la reine était accablée. Elle l'élevait parfaitement, et quoiqu'elle eût pour lui la tendresse la plus vive, je lui dois la justice de dire qu'elle ne l'a jamais gâté, et qu'elle a toujours appuyé les justes représentations que l'on faisait à ce jeune prince. Il aimait l'occupation et, dans un âge aussi tendre, l'étude lui plaisait tellement qu'on était obligé de lui faire quitter ses leçons, malgré ses instances pour les continuer, lorsque l'on jugeait que leur prolongation pouvait le fatiguer.

« Il n'en était pas moins vif ni moins gai. Il aimait à courir, à sauter, à passer dans des chemins difficiles, et nommément à descendre à pic dans des fossés un peu profonds. Il ne craignait rien, et l'on était souvent obligé de l'arrêter dans les petites entreprises qu'il voulait faire pour prouver sa force et sa légèreté. Rien ne l'incommodait ; et quoique son extérieur n'annonçât rien d'extraordinaire pour la force, il supportait singulièrement toute espèce de fatigue. Hélas ! cette excellente santé a augmenté la longueur du supplice que lui a fait souffrir la barbarie la plus atroce. Elle a combattu longtemps, et ce n'a été qu'à la longue qu'elle a éprouvé les suites de l'affreux régime sous lequel gémissait cette illustre et dernière victime de la tyrannie la plus révoltante. »

A la fin de 1789, Louis-Charles visite l'hôpital des Enfants-Trouvés avec la reine. Celle-ci ne manque pas de lui faire remarquer : « Mon fils, tous ces pauvres enfants que vous voyez sont abandonnés, ne l'oubliez point, et souvenez-vous également un jour d'adoucir la rigueur de leur sort. » Quelque temps plus tard, le roi surprend son fils en train de compter ses économies : « C'est pour les pauvres enfants trouvés », explique le dauphin.

Le 10 février 1790, Louis XVI, Marie-Antoinette et leur fils se rendent à Notre-Dame, « sans gardes et sans aucune suite », comme le relate la *Correspondance secrète* : « En descendant de voiture, à la porte de l'église, le roi et la reine ont donné la main au dauphin. Le peuple attendri a crié avec émotion : « Vive le roi, vive la reine, vive le dauphin ! » On a crié une seconde fois : « Vive la reine ! » Alors le dauphin s'est mis à claquer des mains, et l'effet que ce mouvement peut-être spontané a produit, rendit cette scène très touchante... »

Si le bailli de Virieu soutient qu'« il est impossible de voir un enfant aussi beau que le dauphin », Madame Royale sort de l'enfance sans rien perdre de son noble maintien ni de sa prestance. Avec son style magistral, Chateaubriand, au détour d'une phrase de ses *Mémoires d'outre-tombe*, la dépeint à l'orée de la Révolution : « Madame la duchesse d'Angoulême, âgée de onze ans, attirait les yeux par un orgueil virginal : belle de la noblesse du rang et de l'innocence de la jeune fille, elle semblait dire, comme la fleur d'oranger de Corneille dans *La Guirlande de Julie* : " J'ai la pompe de ma naissance. " »

La pompe de sa naissance

Le comte de Semallé, page de Louis XVI, rapporte, dans ses *Souvenirs*, l'une des dernières anecdotes de l'époque insouciante de Versailles : « En 1789, Madame Royale ayant atteint sa onzième année, on lui désigna un service composé d'un écuyer, d'un page et d'un porte-manteau. Jusqu'alors la jeune princesse accompagnait sa mère comme une petite fille. Son service une fois organisé, elle marchait seule, vêtue de son costume de cour, et devant ses gens. Comme étant le plus petit, je fus choisi pour la première semaine. Je conduisis la princesse, avec Monsieur de Saint-Pardon, son écuyer, à la messe, à travers la grande galerie ; mais, pour les vêpres, je manquai de quelques minutes, ainsi que Monsieur de Saint-Pardon, le service nouveau, et nous ne retrouvâmes le cortège royal que dans la salle qui précédait la chapelle. La jeune princesse, ayant paru fâchée de ce retard, le témoigna par quelques marques d'impatience qui déplurent beaucoup à la reine, et celle-ci ordonna de lui supprimer son service. »

Hélas, pour la fille aînée de Louis XVI et de Marie-Antoinette, l'entrée dans l'adolescence coïncidera avec les bouleversements terribles qui secouent alors la France, ces événements « dont l'horrible impression [lui] restera toujours », comme elle l'écrira dans ses *Souvenirs*, rédigés en exil peu après son mariage.

En sa qualité de gouvernante, la marquise de Tourzel n'aura guère à s'occuper de Marie-Thérèse, à laquelle reste plus particulièrement attachée la baronne de Mackau. Elle n'en souligne pas moins la sévérité excessive de Marie-Antoinette à l'égard d'une fille dont elle discerne la vérité psychologique : « Rien n'était [...] plus touchant que de voir cette princesse [la reine] entourée de deux enfants charmants. L'un, trop jeune encore pour sentir les malheurs qui le menaçaient, portait sur son visage l'empreinte du bonheur et de la gaieté ; la jeune princesse, dans un âge où l'on n'aurait dû connaître que ces deux sentiments, commençait déjà la carrière de douleur qu'elle a parcourue avec tant de courage, de douceur et de sensibilité. Le roi avait pour celle-ci une prédilection toute particulière ; et quoiqu'il ne fût pas démonstratif, il ne laissait échapper aucune occasion de faire apercevoir la tendresse qu'il lui portait. La reine, qui n'en avait pas moins pour elle, se croyait obligée d'user de sévérité à son égard. On lui avait donné de fausses impressions sur le caractère de Madame, qu'elle croyait fière et d'un esprit si dissipé qu'on ne pouvait sans inconvénient lui laisser voir de jeunes personnes de son âge.

« Je n'ai jamais pu concevoir ce qui avait pu donner lieu à cette opinion. Cette jeune princesse était, au contraire, bonne, affable, timide, et avait même besoin qu'on lui inspirât de la confiance. Il lui eût été plus utile de voir un peu plus de monde, que d'être toujours seule dans son appartement, avec ses femmes et la jeune personne à qui la reine avait permis de partager ses études et ses jeux. Privée si jeune de tout appui, livrée à elle-même dans une cruelle captivité, elle seule a fini son éducation ; le malheur a été son instituteur, et n'a heureusement pas altéré les grandes qualités que les circonstances l'ont mise à portée de développer dans tout le cours de sa vie. »

L'« énigmatique » Ernestine

« La jeune personne » qu'évoque ici Madame de Tourzel se nomme Marie-Philippine – alias Ernestine – Lambriquet. Née à Versailles le 31 juillet 1778, quelques mois seulement avant Madame Royale, elle est la fille d'un garçon de chambre de Monsieur, comte de Provence. Ayant perdu sa mère – femme de chambre de Madame Royale – le 30 avril 1788, l'orpheline a été confiée aux bons soins de la duchesse de Polignac et placée au côté de Marie-Thérèse afin de donner à celle-ci une compagne de son âge. « Ma fille, vois cet enfant, aurait dit la reine à Madame Royale ; tu dois lui servir de mère. » Le 9 novembre 1788, la gouvernante obtient du roi en sa faveur une pension – relativement modeste – de douze cents livres. L'année suivante, la « pauvre Ernest » rejoint la famille royale à Paris. Envoyée à la campagne durant le voyage de Varennes, elle regagnera ensuite les Tuileries, et ne sera séparée de Marie-Thérèse que le 10 août 1792. Son père guillotiné sous la Terreur, elle épousera finalement un certain Premain en 1810 et mourra trois ans plus tard.

Certains historiens, friands de mystère, ont voulu deviner dans cette enfant appelée à vivre dans l'intimité des souverains une bâtarde de Louis XVI. D'autres auteurs, à l'imagination encore plus fertile, prétendront même qu'elle aurait été substituée à Madame Royale, lorsque celle-ci sera rendue à l'Autriche en 1795 !

Quand à la véritable Marie-Thérèse, elle serait devenue la mystérieuse *Dunkelgräfin* – la « comtesse des Ténèbres » –, morte au château d'Eishausen, dans le duché de Saxe-Hildburghausen, en 1837.

Comme à Versailles, Louis-Charles s'est vu attribuer un lopin de terre dans le parc des Tuileries. Il est situé à l'extrémité de la terrasse du Bord de l'Eau, qui surplombe la Seine. Au cours des décennies à venir, le roi de Rome, le duc de Bordeaux puis le comte de Paris en seront tour à tour les « propriétaires » éphémères... Le dauphin se rend à son domaine, escorté par un détachement de gardes nationaux, auxquels il aurait adressé ce mot aimable : « Je suis bien fâché, Messieurs, que mon jardin soit petit, puisque cela me prive du plaisir de vous y recevoir tous. »

Généralement, le petit prince est entouré par une nuée d'autres enfants et de quémandeurs. Il leur parle simplement, les interroge, leur accorde parfois quelques secours. On raconte qu'une pauvre femme, après avoir sollicité de lui une faveur, aurait ajouté : « Ah ! Monseigneur, je serais heureuse comme une reine ! » Le dauphin qui cueillait des marguerites, relève la tête : « Heureuse comme une reine ! Moi j'en connais une qui ne fait que pleurer ! » Le lendemain, il remet à la mendiante une pièce d'or et un bouquet de fleurs...

Mais ses plus belles roses, Louis-Charles les réserve toujours à sa mère. Une fois, son bouquet renferme quelques soucis. L'enfant les arrache bien vite : « Ah ! Maman en a bien assez ailleurs ! » Comme pour ses autres traits d'esprit – difficilement compatibles avec l'intelligence d'un enfant de cinq ou six ans, malgré les assurances de Madame de Tourzel – l'anecdote est fort jolie, mais est-elle vraiment authentique ?

« A neuf ans, il mourut en héros »

Chaque jeudi, on conduit le dauphin chez la marquise de Lède qui possède, au faubourg Saint-Germain, un hôtel particulier ouvrant sur un vaste jardin. Echappant pour quelques heures à la pesante atmosphère des Tuileries, le petit prince redécouvre le plaisir de jouer avec des amis de son âge. Il grimpe aux échelles et se livre à mille espiègleries. Il va aussi à Bagatelle où il se jette un jour avec ardeur dans un buisson de rosiers. Au serviteur qui lui fait remontrance qu'une épine aurait pu le balafrer ou lui crever un œil, le jeune téméraire aurait rétorqué : « Les chemins de la gloire sont remplis de ronces ! »

L'abbé d'Avaux – dont la reine n'apprécie guère le ton – saura se mettre à la portée de son nouvel élève, l'intéresser aux études et le faire progresser rapidement. Louis-Charles, qui ne sait pas encore lire en juillet 1789, promet d'apprendre pour la fin de l'année. Il a dessein d'offrir ce cadeau à sa mère, pour ses étrennes. Et de fait, il atteindra son but. Le petit bonhomme, très décidé du haut de ses quatre ans, a requis de l'abbé d'Avaux qu'il double ses heures de travail, afin de rattraper le temps perdu ! En guise de manuel de lecture, il utilise un ouvrage du marquis de Pompignan, édité en 1766, retraçant la courte vie du duc de Bourgogne. Sans le savoir encore, le futur prisonnier du Temple y découvre un destin étrangement similaire au sien : celui d'un oncle qu'il n'a pas connu, ce frère aîné de Louis XVI qui « à neuf ans, mourut en héros... ».

Louis-Charles reçoit en outre des rudiments de religion, d'histoire et d'arithmétique. Le roi lui communique son goût pour la géographie, sa discipline de prédilection. Quant à la botanique, il en découvre les arcanes au fil des pages d'un herbier confectionné à son intention par Monsieur de La Borde, ancien premier valet de Louis XV. Elève studieux, le dauphin n'en est pas moins facétieux. Ne le voilà-t-il pas qui siffle pendant un cours ? La reine, qui est présente, s'en étonne. Et Louis-Charles lance du tac au tac : « Maman, je répétais ma leçon si mal, que je me sifflais moi-même ! »

Le roi a sagement déclaré, en parlant de son fils : « Je veux bien qu'il ait des compagnons pour exciter son émulation, mais non de petits flatteurs pour lui complaire en toute chose. » Aussi a-t-il autorisé la formation d'un régiment miniature de la garde nationale, où se retrouvent les rejetons des bourgeois fortunés de Paris. L'effectif de ce « Royal-Dauphin » – que les chansonniers surnomment le « Royal-Bonbon » – dépasse bientôt les deux cents « hommes », qui manœuvrent avec grand sérieux dans le parc des Tuileries. Louis-Charles a reçu le grade de colonel honoraire... même si ses préoccupations restent plutôt bucoliques : « Oh ! cela ne m'empêchera point d'avoir soin de mes fleurs. Beaucoup de ces Messieurs m'ont dit avoir aussi des petits jardins. Eh bien ! ils aimeront la reine, à l'exemple de leur colonel, et maman aura tous les jours des régiments de bouquets. »

Un bon petit garde national

Certains extrémistes commencent déjà à critiquer la personne du roi, mais Louis XVI joue, de son côté, la carte de la légalité révolutionnaire. Le 4 février 1790, il engage l'avenir de Louis-Charles devant l'Assemblée : « Je préparerai de bonne heure l'esprit et le cœur de mon fils au nouvel ordre de choses que les circonstances ont amené ; je l'habituerai, dès ses premiers ans, à être heureux du bonheur des Français, et reconnaître toujours, malgré le langage des flatteurs, qu'une sage constitution le préservera des dangers de l'inexpérience, et qu'une juste liberté ajoute un nouveau prix aux sentiments d'amour et de fidélité dont la nation, depuis tant de siècles, donne à ses rois des preuves si touchantes. »

Une députation le raccompagne au château. Dans le jardin, entre le Manège – où siège la Constituante – et les Tuileries, le cortège rencontre la reine et le dauphin. La scène est minutieusement orchestrée. Marie-Antoinette met, comme toujours, le petit prince en avant : « Je partage tous les sentiments du roi, assure-t-elle. Je m'unis de cœur et d'esprit à tout ce que lui dicte son amour pour ses peuples. Voici mon fils : je l'entretiendrai sans cesse des vertus du meilleur des pères ; je lui apprendrai de bonne heure à respecter la liberté publique et à maintenir les lois. J'espère qu'un jour il en sera le plus ferme appui. »

Bien malgré lui, l'enfant royal devient un enjeu politique. Face à un Louis XVI qui reste flétri par l'Ancien Régime, le futur Louis XVII incarne l'espérance d'une monarchie renouvelée, fondée sur les principes de 89. Le fameux « patriote Palloy », qui s'est enrichi en démolissant la Bastille, offre au dauphin un domino dont les pièces ont été taillées dans le marbre de la forteresse abattue. Sur la boîte, on a gravé ce quatrain mi-figue, mi-raisin :

« De ces affreux cachots, la terreur des Français,
Vous voyez les débris transformés en hochets ;
Puissent-ils, en servant aux jeux de votre enfance,
Du peuple vous prouver l'amour et la puissance ! »

Les gravures de l'époque montrent notre dauphin en costume de la garde nationale, fièrement appuyé sur un fusil, avec cette légende : « Voici l'espérance et le soutien des Français. »

14

Après Varennes

Les aléas de la Révolution ne détournent pas – bien au contraire – la famille royale de la foi catholique. Une ou deux fois par semaine, le curé de Saint-Eustache vient enseigner le catéchisme à Marie-Thérèse, qui fait sa première communion le mercredi de Pâques, 7 avril 1790, à l'église Saint-Germain-l'Auxerrois. François Hue, valet de chambre de Louis XVI, assiste à cette « cérémonie à jamais inoubliable, [...] alors que la France se couvrait d'imprécation contre son Dieu et contre son roi :

« J'étais présent quand, le matin de cette cérémonie solennelle, la Reine ayant conduit [sa fille] dans la chambre du roi, lui dit de se prosterner aux pieds de son père pour lui demander sa bénédiction. Louis XVI la bénit et la releva en prononçant ces mots que je ne saurais oublier :

« " C'est du fond du cœur, ma fille, que je vous bénis en demandant au ciel qu'il vous fasse la grâce de bien apprécier la grande action que vous allez faire. Votre cœur est innocent et pur aux yeux de Dieu, vos vœux doivent lui être agréables. Offrez-les-lui pour votre mère et moi. Demandez-lui qu'il vous donne les grâces nécessaires pour faire le bonheur de ceux sur lesquels il m'a donné l'empire et que je dois considérer comme mes enfants. Demandez-lui qu'il daigne conserver dans ce royaume la pureté de la religion, et souvenez-vous bien, ma fille, que cette religion est la source du bonheur et notre soutien dans les adversités de la vie.

« " Ne croyez pas que vous soyez à l'abri des malheurs. Vous êtes bien jeune, mais vous avez déjà vu votre père affligé plus d'une fois. Vous ne savez pas à quoi, ma fille, vous destine la Providence, si vous resterez dans ce royaume ou si vous irez en habiter un autre. Dans quelque lieu que la main de Dieu vous pose, souvenez-vous que vous devez édifier par vos exemples, faire le bien toutes les fois que vous en aurez l'occasion. Mais surtout, mon enfant, soulagez les malheureux de tout votre pouvoir. Dieu ne nous a fait naître dans le rang où nous sommes que pour travailler à leur bonheur et les consoler dans leur peines. Allez aux autels où vous êtes attendue et conjurez le Dieu de miséricorde de ne jamais vous laisser oublier les avis d'un père tendre. " »

Pour sa part, la marquise de Tourzel, évoquant la piété de Marie-Thérèse – « qui semblait être née avec elle » –, se souvient d'une « cérémonie bien touchante ». Le roi, aux pieds de qui elle se jette pour lui demander sa bénédiction, la relève pour la serrer dans ses bras : « Priez, ma fille, pour la France et pour nous ; les prières de l'innocence peuvent fléchir la colère céleste. » Madame Royale fond en larmes, incapable de proférer une parole. Puis elle monte en voiture avec sa gouvernante, Pauline de Tourzel, la duchesse de Charost et la baronne de Mackau. « Cette jeune princesse arriva à l'église avec le maintien le plus recueilli, et approcha de la sainte table avec les marques de la dévotion la plus sincère. La reine assista incognito à la cérémonie, qui fut de la plus grande simplicité et qui se passa de la manière la plus décente. Leurs Majestés firent distribuer à cette occasion d'abondantes aumônes dans les diverses paroisses de Paris. »

La fête de la Fédération

Hélas, cet état de grâce menace à chaque instant d'être brisé. Le 13 avril 1790, une manifestation manque de dégénérer. On parle de s'emparer des Tuileries et d'égorger la reine. Louis XVI, inquiet pour sa femme, la découvre auprès du dauphin. Marie-Antoinette se contente de désigner l'enfant : « J'étais à mon poste... » Car il faut rendre cette justice à la reine que l'adversité va exacerber chez elle le sens du devoir et du dévouement maternels.

La fête de la Fédération, le 14 juillet 1790, marque le zénith de la Révolution royale. Sur le Champ-de-Mars, quatre cent mille Français symbolisent toutes les provinces du pays. Dès leur arrivée à Paris, les représentants du Dauphiné se sont empressés de venir saluer leur prince. Les Normands n'ont pas oublié non plus le petit duc de Normandie ! Tous les fédérés, assure Madame de Tourzel, « avaient un extrême plaisir à voir Monseigneur le dauphin. Il descendait à trois heures dans mon appartement. On ouvrait les fenêtres du salon qui donnait sur la galerie, et il se présentait fréquemment au petit balcon qui était sur le perron de l'escalier par lequel on y descendait. Il disait en passant un petit mot à l'un et à l'autre, et retournait ensuite jouer dans le salon, où l'on pouvait facilement l'apercevoir.

« S'amusant un jour à arracher quelques feuilles d'un lilas qui était sur le balcon, un fédéré lui demanda de les lui donner pour garder toute sa vie quelque chose qu'il tiendrait de sa main. Sa demande eut l'effet de l'électricité. Chaque fédéré voulut en avoir une, et en un instant l'arbuste fut dépouillé aux cris de " Vivent le roi, la reine et Monseigneur le dauphin " ! Sa gaieté, sa beauté, sa grâce, ses manières enjouées et engageantes lui gagnaient tous les cœurs... »

Après la messe, célébrée par Monseigneur de Talleyrand, évêque d'Autun, Louis XVI jure fidélité au nouveau régime. Marie-Antoinette, qui se tient dans une tribune au-dessus du trône, brandit le dauphin vers la foule. Le délire est à son comble. Le *Courrier de Provence*, organe antiroyaliste écume de rage : « L'idolâtrie pour la monarchie se répand avec la force la plus violente. »

L'équilibre précaire de 1790 se brisera sur la question religieuse. La nationalisation des biens du clergé, l'interdiction des vœux monastiques et la suppression des ordres contemplatifs, l'élection des évêques et des curés, l'obligation pour eux de prêter serment à la constitution : toutes ces mesures schismatiques sont condamnées par le pape Pie VI en mars et avril 1791. Louis XVI, souverain très pieux, n'accepte pour aumônier qu'un prêtre réfractaire. A Pâques, une foule agressive l'empêche de se rendre à Saint-Cloud, comme il l'avait fait au printemps précédent. Virtuellement prisonnier dans Paris, le roi est contraint d'assister à la messe officielle, à Saint-Germain-l'Auxerrois. Désormais, Louis XVI n'est plus libre même de sa conscience. Il prend alors le parti de gagner Montmédy, sur la frontière du nord. A l'abri des murailles de cette forteresse, protégé par les troupes loyales du marquis de Bouillé, le roi pourra enfin recouvrer son indépendance de parole et d'action.

« Pendant toute la journée du 20 juin 1791, écrit Madame Royale dans ses *Souvenirs*, mon père et ma mère me parurent très agités et occupés, sans que j'en susse les raisons. Après le dîner, ils nous renvoyèrent, mon frère et moi, dans une autre chambre, et s'enfermèrent seuls avec ma tante. J'ai su depuis que ce fut dans ce moment-là qu'ils informèrent ma tante du projet qu'ils avaient de s'enfuir. »

Vers dix heures du soir, le dauphin est réveillé par Madame de Neuville, l'une de ses femmes de chambre. Marie-Antoinette survient sur ces entrefaites et annonce à l'enfant qu'ils vont partir pour « une place de guerre où il y aura beaucoup de soldats ». Surexcité par cette nouvelle, Louis-Charles demande ses bottes et son sabre : « Vite ! Vite ! Dépêchons-nous ! Partons ! » Dès lors, on comprend qu'il est terriblement déçu lorsqu'on l'oblige à endosser une robe de petite fille ! Sa sœur aînée lui demande ce qu'il croit qu'on va faire : « On va jouer la comédie, répond l'enfant. Parce que nous sommes déguisés ! »

Avec la complicité de l'indispensable Fersen, qui a revêtu une houppelande de cocher, la famille royale s'esquive des Tuileries et gagne la barrière Saint-Martin – l'actuelle place de Stalingrad. Non loin de là, une lourde berline de voyage attend les fugitifs. La marquise de Tourzel a emprunté l'identité et le passeport d'une aristocrate russe, la baronne de Korff. Madame Royale et le dauphin passent pour ses deux filles, Amélie et Aglaé. Marie-Antoinette est Madame Rochet, la gouvernante française, et Madame Elisabeth, Rosalie, la bonne des enfants. Quant au roi, camouflé sous une perruque noire, il figure le valet de chambre Durand.

Il est plus de huit heures du matin, et l'on a déjà dépassé La Ferté-sous-Jouarre, lorsque le dauphin ouvre les yeux. Ce voyage impromptu, dont il ne distingue pas l'angoissante nécessité, n'est pour lui qu'un enchantement. La douceur du printemps fait oublier au roi et à la reine eux-mêmes qu'ils sont des évadés, déjà activement recherchés. Au hameau de Chaintrix, le fils du maître de poste reconnaît Louis XVI, mais ne dit mot. Une succession d'incidents accroissent dangereusement le retard. A Pont-de-Somme-Vesle, le détachement envoyé en éclaireur par Bouillé attend quatre heures avant de se replier. La famille royale est démasquée à Sainte-Menehould par le maître de poste Drouet qui se lance à sa poursuite. Enfin, à Varennes-en-Argonne, une poignée de gardes nationaux parviennent à immobiliser la berline. Madame Royale n'oubliera jamais cette scène pathétique :

« Entrés dans le village, nous fûmes frappés de cris affreux autour de la voiture : “ Arrête ! Arrête ! ”

Alors on se saisit des chevaux et, en un instant, la voiture fut entourée d'une foule de monde en armes et avec des flambeaux; il était alors onze heures de la nuit. On nous demanda qui nous étions; nous leur dîmes : Madame de Korff et sa famille. Ils avancèrent des lumières précisément à la face de mon père; on nous dit de descendre, nous nous y refusâmes, en disant que nous étions de simples voyageurs et que nous devions passer; ils nous répétèrent hautement de descendre, ou qu'ils nous tueraient tous et, au même instant, nous vîmes tous les fusils dirigés vers la voiture. Nous fûmes donc forcés de descendre. En traversant la rue, nous vîmes passer six dragons à cheval. Malheureusement il n'y avait point d'officier à la tête, car six hommes bien déterminés auraient pu imposer à tous ces gens-là et sauver le roi. »

Dans le grand lit des époux Sauce

L'épicier Sauce, marchand de chandelles et procureur de la commune, fait alors à ses souverains les honneurs de sa boutique. Pendant que Louis XVI, Marie-Antoinette, Madame Elisabeth et la marquise de Tourzel sont gardés à vue au rez-de-chaussée, on couche les deux enfants exténués dans le grand lit des époux Sauce, au premier étage. « Leur sommeil était calme et tranquille, se souviendra la gouvernante, et le contraste de cette situation avec celle de leurs malheureux parents était vraiment déchirant. »

Le roi, à l'arrivée de Drouet, avoue sa véritable identité. Débute alors l'une des nuits les plus décisives de l'Histoire de France. Que les hussards de Bouillé – qui patrouillent à moins d'une lieue de là – osent forcer le barrage, et la partie est gagnée ! Le roi, affranchi de la dictature parisienne, pourrait en appeler à l'ensemble de ses sujets fidèles, et imposer aux factieux la voix silencieuse du peuple. Mais le destin en a décidé autrement. L'horizon se teinte des lueurs rouges de l'aube, quand surviennent à Varennes les deux messagers de La Fayette, porteurs de l'ordre d'arrestation voté par l'Assemblée nationale. Prenant connaissance de ce document, Louis XVI murmure : « Il n'y a plus de roi en France. » Puis il laisse tomber le décret fatal sur le lit où dorment encore Marie-Thérèse et Louis-Charles. La reine s'en empare aussitôt et le jette à terre : « Je ne veux pas que ce papier souille mes enfants ! »

Vers sept heures du matin, on réveille le dauphin et sa sœur. Louis XVI tente de gagner du temps, mais le départ vers Paris est inéluctable. Au moment des adieux, la grand-mère de l'épicier Sauce s'agenouille devant Louis-Charles. Elle embrasse sa petite main qu'elle baigne de pleurs.

Le calvaire du retour va durer quatre jours. Sous le soleil de plomb de ce début d'été, la berline avance au pas des milliers de révolutionnaires et de paysans qui se relaient de lieue en lieue. Accrochés à la portière, quelques furieux exigent du malheureux dauphin qu'il crie « vive la nation ! ». La reine leur présente l'héritier. Les rires fusent : « Tu peux bien nous montrer ton fils, on sait bien qu'il n'est pas du gros Louis ! » D'autres sont moins enjoués. Ils crachent sur les prisonniers. Ils hurlent qu'on leur arrache le cœur et le foie, car ils veulent les cuire et les manger. Après Sainte-Menehould, un gentilhomme a le malheur de trop s'approcher du convoi. Il est impitoyablement assassiné sous les yeux de la famille royale. « Ces cannibales, rapporte Marie-Thérèse, vinrent encore triompher autour de la voiture avec le chapeau, l'habit et les dépouilles du mort, et sans avoir égard aux sollicitations de mon père, ils gardèrent ces horribles trophées tout le long du chemin en le menaçant. »

Des furieux armés de piques

La première nuit se passe à Châlons. Le lendemain, 23 juin, les prisonniers assistent à la messe. Le climat de la ville semble plutôt favorable : « Toute la matinée, lit-on dans les *Souvenirs* de Marie-Thérèse, il y eut beaucoup de monde qui vint voir mon père, et cela avec intérêt et aucunement par insulte comme on en avait fait ailleurs. Mon frère surtout enchantait un chacun par son amabilité. » Mais l'atmosphère change radicalement, l'après-midi, à la halte d'Epernay :

« Ce fut là que mon père courut le plus grand danger de toute la route. Qu'on se représente la cour de l'hôtel où nous devions descendre, remplie de gens furieux et armés de piques, tournées toutes contre la voiture et dont la foule était si grande, qu'il ne fut pas possible d'y faire entrer la voiture. Il fallut donc absolument descendre dehors et traverser cette cour à pied, au milieu des huées de ces gens, qui disaient hautement qu'ils voulaient nous tuer. De tous les moments affreux que j'ai vus depuis, ce fut un de ceux qui me frappa le plus et dont l'horrible impression me restera toujours. Entrés enfin dans la maison, on nous fit prendre un repas détestable. [...] Malgré toutes les menaces de la féroce populace de tout massacrer, elle n'alla pas plus loin, et nous repartîmes d'Epernay vers les six heures du soir. »

On descend dans une mauvaise auberge de Dormans. Madame Royale poursuit : « Nos fenêtres donnaient sur la rue qui, toute la nuit, fut remplie d'une populace qui criait et prétendait nous faire partir au milieu de la nuit [...]. Le lendemain, nous partîmes de bonne heure. Mon frère avait été malade toute la nuit et avait eu presque le délire, frappé comme il l'était de tout ce qu'il avait vu d'affreux dans la précédente journée. » Louis-Charles a rêvé qu'il était perdu dans un bois. Des loups, des tigres et des bêtes féroces voulaient dévorer la reine. Il s'est réveillé en sursaut, et n'a consenti à se calmer qu'après avoir embrassé sa mère.

Le lendemain, 24 juin, le cauchemar se poursuit. Trois émissaires, dépêchés par l'Assemblée, ont rejoint le cortège et s'entassent dans la berline. « Il ne se passa rien d'intéressant, durant notre route, se souvient Madame Royale, que des propos impertinents de la part des députés, des injures et des criailleries du peuple, et une chaleur excessive dont nous étions accablés, nous trouvant, comme je l'ai dit, huit personnes dans une voiture à quatre places... »

L'un de ces députés, Jérôme Pétion, s'étonne de l'absence d'ostentation de Louis XVI et des siens :

« J'aperçus un air de simplicité qui me plut. Il n'y avait plus là une représentation royale, mais une bonhomie domestique. [...] La reine faisait danser le prince sur ses genoux. Madame, quoique avec un air bien plus réservé, jouait avec son frère. » Durant le dernier jour du voyage, la princesse ira même jusqu'à s'asseoir sur les genoux de Pétion : « Je pensai que cela était concerté, supposera-t-il, qu'étant sur moi on la regarderait comme dans un asile sûr et sacré, qu'en cas de mouvement le peuple respecterait. » De son côté, Antoine Barnave, partisan d'une monarchie tempérée, joue les bons apôtres et questionne le dauphin : « N'est-ce pas que vous n'êtes point fâché de revenir à Paris ? – Oh ! je suis toujours bien partout, répond l'enfant. Pourvu que je sois avec mon père et avec maman Reine ... et puis aussi avec ma tante, ma sœur et Madame de Tourzel. » Le roi, perdu dans de sombres pensées, se remémore l'allégresse de son voyage en Normandie. Louis-Charles s'efforce de le consoler : « Ne vous attristez point, mon père, une autre fois nous irons à Cherbourg. »

Le sceptre de son père

Le 25 juin, le cortège s'ébranle dès six heures du matin. A cause des manifestations hostiles, il lui faudra plus de treize heures pour couvrir la quarantaine de kilomètres qui séparent Meaux de Paris, ainsi que le relate Madame Royale : « Le monde que nous rencontrâmes sur cette route était innombrable, au point que, pressés par cette foule immense, on ne pouvait guère avancer. Les injures dont nous étions accablés furent notre seule nourriture pendant toute cette journée. » Enfin, à cinq heures du soir, après avoir contourné la capitale par le nord, la berline descend les Champs-Elysées. « La foule était encore plus considérable, continue la princesse. Et dans tout ce peuple, nous ne remarquâmes qu'une femme assez bien mise, qui témoignait par ses larmes l'intérêt qu'elle prenait à nous. » De la barrière de l'Etoile jusqu'aux Tuileries, durant encore deux heures interminables, entre une double haie de gardes nationaux crosse en l'air, la scène prend les allures d'une procession funèbre. Pas un cri, pas un bruit, pas un geste. Au milieu de trois cent mille visages hostiles s'élève un tel nuage de poussière que le dauphin et Madame Royale, rouges de sueur, ne peuvent plus respirer. Marie-Antoinette implore les individus les plus proches : « Voyez, Messieurs, dans quel état sont mes pauvres enfants, ils étouffent ! » Un vertueux patriote grince entre ses dents : « Nous t'étoufferons bien autrement. »

Dans la cour du château, le roi sort, calme et souriant, comme s'il rentrait d'une promenade de santé, parfaitement maître de ses émotions. La reine semble toujours aussi hautaine et fière. On n'applaudit que le petit Louis-Charles. Pour un nombre croissant de monarchistes, le dauphin apparaît comme l'ultime recours. « J'en ferai un meilleur usage et je saurai le conserver », va-t-on bientôt lire sous les caricatures montrant un Louis-Charles en train de recueillir le sceptre des mains débiles de son père.

A l'issue de cette folle équipée, l'enfant questionne le valet de chambre Hue : « Aussitôt notre arrivée à

Varennes, on nous a renvoyés. Je ne sais pourquoi. Le savez-vous ? » Un peu plus tard, il interroge le roi : « Je voudrais vous dire quelque chose de sérieux. Pourquoi votre peuple, qui vous aimait tant, est-il tout à coup fâché contre vous ? Qu'avez-vous fait pour le mettre si fort en colère ? » On ignore la réponse de Louis XVI...

Durant les semaines qui suivent Varennes, la famille royale ne peut sortir des Tuileries. Ses moindres déplacements à l'intérieur même du palais sont soumis à des contrôles tatillons. La reine doit être accompagnée pour rendre visite à son fils. Heureusement, la consigne finira par être assouplie. Le dauphin a de nouveau la permission de jouer dans son petit jardin. Il a alors cette phrase si pathétique, quand on connaît la suite : « Maman, que je plains les malheureux qui sont toujours enfermés. »

Pour préserver un semblant de royauté, les députés modérés adoptent la fiction de l'enlèvement du roi. Aussi, aucune sanction ne sera-t-elle prise contre lui. Le 14 septembre 1791, Louis XVI prête serment à la Constitution. L'Assemblée, avant de se séparer, l'établit officiellement dans les droits qu'elle lui a concédés. Sous les ovations unanimes, le nouveau « roi des Français » évoque l'avenir. Depuis une loge, la reine salue, avec Louis-Charles. Les acclamations redoublent : « Vive le prince royal ! » Car s'il n'y a plus de « roi de France et de Navarre par la grâce de Dieu », il n'y a également plus de dauphin.

La plus tendre des mamans

Louis-Charles a repris ses habitudes de bon élève, à peine interrompues par l'escapade lorraine. Pour le premier cours, l'abbé d'Avaux, fidèle à sa méthode incitative, lui demande quelle matière il désire aborder. Le dauphin choisit la grammaire. Le précepteur résume alors le sujet de sa précédente étude : « On distingue trois degrés de comparaison : le positif, le comparatif et le superlatif. Mais vous aurez tout oublié... » L'enfant le contredit vigoureusement : « Vous vous trompez ! Pour preuve, écoutez-moi. Le positif, c'est quand je dis : “ Mon abbé est un bon abbé. ” Le comparatif, que je dis : “ Mon abbé est meilleur qu'un autre abbé. ” » Puis il se tourne vers Marie-Antoinette et ajoute : « Le superlatif, c'est lorsque je dis : “ Maman est la plus tendre et la plus aimable de toutes les mamans. ” » La reine l'embrasse sans cacher son émotion.

Le prince royal est ainsi : débordant d'affection, d'un excellent naturel, en dépit d'une turbulence qui s'explique sans doute par la tension qu'il perçoit dans son entourage. Il adore d'Avaux, auquel il lance, à la fin d'une leçon : « Mon bon abbé, je suis bien heureux. J'ai un si bon papa, une si bonne maman ; et en vous et ma bonne Madame de Tourzel, un second père et une seconde mère. » Le petit prince éprouve également une affection débordante pour la fille de sa gouvernante, Pauline, qui fête ses vingt ans en 1791.

« Elle avait d'ailleurs tant de complaisance pour lui, qu'il ne pouvait s'en passer, se souvient la marquise de

Tourzel. Il me dit un jour très sérieusement qu'il avait une grâce à nous demander, et que, comme il était en mon pouvoir de la lui accorder, il fallait lui promettre de ne la pas refuser : " J'ai six ans, dit-il, et je dois passer aux hommes à sept ans : promettez-moi de ne pas marier Pauline jusque-là. Je serais affligé de la quitter ! Non, vous ne me refuserez pas ma chère Pauline. " Et se jetant à son cou, il l'embrassa avec une grâce et une amabilité parfaites. »

Quant à Louis XVI, il se préoccupe en voyant son fils trop tôt mûri par l'adversité : « La pénétration de cet enfant m'inquiète pour son cœur. » Il est vrai que Louis-Charles est un garçon doué. Entendant sa mère parler italien, il exprime le désir d'apprendre cette langue. Il fait si bien qu'en peu de temps, il est capable de déchiffrer une traduction de *Télémaque*.

Les exemples de l'Histoire marquent aussi profondément son esprit. Plus que tout autre jeu, il aime à revêtir une petite armure confectionnée à sa taille, comme le raconte Madame de Tourzel : « Le casque en tête, la cuirasse sur le dos et la lance à la main, il se croyait un véritable chevalier. [...] Il importunait la reine pour lui permettre de descendre chez elle dans son costume favori, si bien qu'elle lui dit, pour s'en débarrasser, qu'elle n'y consentirait qu'autant qu'il désignerait sur-le-champ le nom du chevalier français qu'il prendrait pour paraître devant elle. Ce sera, dit-il, celui du chevalier Bayard, sans peur et sans reproche. »

Dissimuler ses sentiments

Le 27 mars 1792, le prince royal aura sept ans, l'âge traditionnel pour « passer aux hommes ». La Constitution, à l'article IV de la troisième section de son deuxième chapitre, prévoit qu'« il sera fait une loi pour régler l'éducation du roi mineur, et celle de l'héritier présomptif mineur ». Or, la nouvelle Assemblée législative, réunie depuis octobre 1791, n'a pas encore statué en ce domaine. Des listes officieuses au poste de gouverneur du jeune prince circulent. Le roi hésite : « J'aimerais mieux laisser mon fils sans gouverneur, plutôt que d'exposer l'homme de probité que je nommerais aux insultes du peuple, et peut-être à des dangers pour sa vie. » On cite le nom de l'abbé Sieyès, le grand théoricien du nouveau régime. On parle aussi du mathématicien Condorcet, ou de Pétion, l'un des députés du retour de Varennes, récemment élu maire de Paris. Il semble même que Robespierre aurait été pressenti pour exercer cette charge.

Pour une fois, Louis XVI sait prendre tout le monde de vitesse. Coupant court aux spéculations, il désigne son ex-ministre de la Marine et des Colonies, Charles-Pierre Claret de Fleurieu, avec lequel il avait préparé le voyage de La Pérouse. Le 18 avril 1792, il adresse ce message au président de la Législative : « Je vous prie, Monsieur le Président, de prévenir l'Assemblée nationale que mon fils ayant atteint l'âge de sept ans, j'ai nommé pour son gouverneur Monsieur de Fleurieu; sa probité et ses lumières généralement reconnues, ainsi que son attachement à la constitution, ont déterminé mon choix.

« Je ne cesserai jamais de recommander au gouverneur du prince royal de lui inspirer de bonne heure le respect pour la justice, l'amour de l'humanité, et toutes les vertus qui conviennent au roi d'un peuple libre ; de lui apprendre qu'un roi n'existe que pour le bonheur de tous, qu'appelé à maintenir l'exécution des lois, sa plus grande force pour contraindre les autres à leur obéir est l'exemple qu'il en donne lui-même.

« J'espère que mon fils se rendra digne un jour de l'amour des Français par son attachement à la constitution, son respect pour les lois, et son application constante à tout ce qui peut assurer la prospérité publique... »

Le gouverneur n'aura pas même le temps d'être installé. Deux jours après sa nomination, la France déclare la guerre au « roi de Bohême et de Hongrie », c'est-à-dire au propre neveu de Marie-Antoinette, le jeune empereur François II. La Prusse se joint immédiatement à l'Autriche. Leurs forces conjuguées infligent de cuisants revers aux armées révolutionnaires. L'Assemblée, qui soupçonne le roi – et surtout la reine –, dissout sa garde constitutionnelle. Vingt mille volontaires sont convoqués autour de Paris pour défendre la capitale.

A la santé de la nation

Le 20 juin, une foule hétéroclite, vomie des faubourgs populaires, encadrée par les sections révolutionnaires, marche sur les Tuileries. Le palais, livré par les troupes censées le défendre, est envahi par les émeutiers. Durant plus de deux heures, le roi, retranché derrière une table et protégé par quelques baïonnettes, subit avec un sang-froid impressionnant les railleries de la populace. On lui présente un bonnet rouge au bout d'une perche, on l'invite à trinquer à la santé de la nation. Louis-Charles, qui se tient près de sa mère, a également été coiffé du bonnet phrygien et décoré d'oripeaux tricolores. Devant ce spectacle odieux, Montjourdain, commandant l'un des bataillons de la Garde nationale, a le courage de s'écrier : « Ôtez le bonnet à cet enfant; voyez comme il a chaud ! »

Il fait encore jour lorsque les manifestants, fourbus et désarçonnés par l'attitude bienveillante du « tyran », quittent les Tuileries. Tout péril écarté, un groupe de députés vient s'enquérir de la situation. Avec désinvolture, ils posent des questions de géographie au prince royal. L'enfant les étonne par sa parfaite connaissance des nouveaux départements. Lorsque quelqu'un évoque la Saint-Barthélemy, Louis-Charles s'insurge : « Il n'y a pas ici de Charles IX, ni de Catherine de Médicis ! » Puis le petit prince veut savoir le nom d'un garde national qui a défendu le roi : « C'est un nom que je veux savoir, pour ne plus l'oublier. » Etrangement, l'homme refuse de le donner, et précise : « Je dois le taire, il est, malheureusement pour moi, le même que celui d'un homme exécrable. » Ce discret royaliste s'appelait Drouet...

Louis-Charles apprend désormais à dissimuler ses sentiments. Il possède un lièvre apprivoisé, qu'il s'amuse à faire jouer du tambour. Le marquis de Villeneuve rapporte que l'enfant lui confie un jour, comme un grave secret : « Il bat le tambour pour le roi. Mon lièvre est royaliste, ne le dites pas au moins, on me le tuerait. » Une autre fois le prince joue avec un lapin blanc, qui l'égratigne : « Ah ! vous faites l'aristocrate ! s'écrie-t-il en colère. Eh bien, vous serez renfermé. »

Après la terrible journée du 20 juin, les angoisses de la famille royale ne sauraient se dissiper, comme l'explique Madame de Tourzel : « La reine était si mal gardée, et il était si facile de forcer son appartement, que je lui demandai avec insistance de venir coucher dans la chambre de Monseigneur le dauphin. [...] [L'enfant], qui aimait beaucoup la reine, enchanté de la voir coucher dans sa chambre, courait à son lit dès qu'elle était éveillée, la serrait dans ses petits bras et lui disait les choses les plus tendres et les plus aimables. C'était le seul moment de la journée où cette princesse éprouvait quelque consolation... »

Le 11 juillet 1792, la Législative proclame la patrie en danger. Les Fédérés accourent de toutes parts. Parmi eux, les Marseillais font retentir le *Chant de guerre de l'armée du Rhin*, composé récemment par Rouget de Lisle. A Paris, les meneurs de l'insurrection excitent une population en majorité passive. C'est dans ce contexte que, le 1er août, est publié le manifeste adressé par le duc de Brunswick, généralissime prussien, aux habitants de Paris. Ce texte, de la plus folle maladresse, les menace des pires représailles, au cas où ils outrageraient encore leur roi. Le seul effet de cette provocation est de renforcer la cohésion du camp républicain. La royauté a commencé sa veillée d'armes...

15

Les prisonniers de la Tour

Au soir du 9 août 1792, Louis-Charles sent combien l'atmosphère est lourde. « Maman, interroge l'enfant, pourquoi pleurez-vous en me disant adieu ce soir ? Tout le monde est triste et inquiet ; ne me faites pas coucher. Je voudrais bien ne pas vous quitter cette nuit. » Il finit pourtant par s'endormir, d'un « sommeil calme et paisible form[ant] le contraste le plus frappant avec l'agitation qui régnait dans tous les esprits ». Dès l'aube, alors qu'une marée tumultueuse commence déjà à battre les murs des Tuileries, on le lève en hâte et on l'habille. « Pourquoi veulent-ils tant de mal à papa ? demande-t-il. Il est si bon ! »

Deux ou trois cents chevaliers de Saint-Louis se sont rassemblés, prêts à défendre le trône au prix de leur vie. Ces « chevaliers du poignard » portent en triomphe l'enfant qui, dans six mois, sera leur roi. Avec assez de volonté, Louis XVI aurait pu balayer l'émeute du 10 août. Il disposait de neuf cents suisses et d'un millier de fidèles, d'un nombre suffisant de canons, de fusils et de poudre. Dès sept heures du matin, avant même qu'un seul coup de fusil ait été tiré par les assaillants, la famille royale abandonne le palais et se réfugie au sein de l'Assemblée législative, qui siège alors dans l'ancien Manège, à l'angle actuel des rues de Rivoli et de Castiglione. Marie-Thérèse relate dans ses *Souvenirs* :

« La terrasse des Feuillants par où nous devions passer était remplie de brigands ; ils nous assaillaient d'injures, un d'entre eux s'écria même : “ Point de femmes ou nous les tuons toutes ! ” Ma mère ne s'effraya pas de cette menace et continua sa route. Nous entrâmes enfin dans le passage de l'Assemblée. Avant que d'y être admis, il fallut attendre plus d'une demi-heure, nombre de députés s'opposant toujours à notre entrée. Nous étions donc dans une ruelle étroite et si obscure qu'on n'y voyait rien du tout, où l'on n'entendait que les cris des brigands. Mon père, ma mère et mon frère étaient en avant avec Madame de Tourzel ; ma tante était avec moi, de l'autre côté j'étais tenue par un homme que je ne connaissais pas. Je ne me suis jamais crue si près de la mort que dans ce moment-là, ne doutant pas que le parti ne fût pris de nous assassiner tous. »

Dans la loge du logographe

On parvient enfin à fendre la foule et, sous les sarcasmes, à pénétrer dans la salle. Un grenadier enlève Louis-Charles : « N'ayez pas peur, ils ne vous feront pas de mal ! » Le petit prince lui rétorque : « A moi non, mais à mon père ! » Quand le soldat dépose son précieux fardeau sur le bureau de l'Assemblée, les tribunes éclatent en applaudissements. Louis XVI s'assied dans le fauteuil qui lui est réservé, à côté de celui du président, tandis que la reine et les autres se partagent les sièges des ministres. Comme Louis-Charles fait mine de retourner vers sa mère, une voix furieuse s'élève pour exiger qu'on le porte auprès du roi : « Il appartient à la nation, l'Autrichienne est indigne de la confiance du peuple ! » Un huissier s'empare alors de l'enfant qui se met à pleurer. Pourtant, les députés constatent bientôt qu'ils ne sauraient légalement délibérer en présence du chef du pouvoir exécutif. La famille royale est donc enfermée dans la loge du logographe – l'ancêtre des sténographes –, un cabinet exigu placé derrière le bureau du président, d'où l'on notait l'intégralité des délibérations.

C'est dans cette situation humiliante que Louis XVI, impuissant, assiste à sa déchéance. Il signe d'abord l'ordre aux suisses de déposer les armes et de se replier dans leurs casernes. La plupart se feront massacrer. Depuis la salle de l'Assemblée, on entend confusément le bruit du canon et les décharges de mousqueterie. « Le pauvre petit dauphin pleurait, se souvient la marquise de Tourzel. [Il] s'occupait de ceux qu'il aimait et qui étaient restés au château, se jetait dans mes bras et m'embrassait. Plusieurs députés en furent frappés, et la reine leur dit : “ Mon fils aime tendrement la fille de sa gouvernante, qui est restée aux Tuileries ; il partage l'inquiétude de sa mère, et celle que nous éprouvons, du sort de ceux que nous y avons laissés. ” Malgré leur férocité, ils ne purent se défendre d'un sentiment d'attendrissement et de pitié, en regardant cet aimable enfant, qui commençait dans un âge si tendre à sentir déjà le malheur qui l'attendait. »

De temps en temps, des bandes de sans-culottes font irruption dans l'Assemblée, interrompent les débats, brandissent leurs piques et leurs bannières, en réclamant à cor et à cri la destitution du roi. Seulement un tiers des députés, parmi les plus radicaux, sont présents. Entraînés par l'enthousiasme insurrectionnel, ou effrayés, ils votent la suspension provisoire de Louis XVI. Ils appellent à la réunion d'une Convention nationale, selon le modèle américain. La séance, interminable, se prolonge jusqu'à deux heures du matin. Dans la cage du logographe, Louis-Charles sommeille sur les genoux de sa mère...

Les égorgeurs des Tuileries

Puis, au cœur de la nuit noire, on transporte ceux qui sont désormais des captifs, jusqu'à l'ancien couvent des Feuillants, tout proche. Le petit prince, encore à moitié endormi, tremble d'une frayeur convulsive dans les bras de la reine. Eclairés par des chandelles plantées dans les canons de leurs fusils, les égorgeurs des Tuileries font une haie d'horreur à la famille royale. Cependant, arrivé dans l'escalier des Feuillants, Louis-Charles a déjà oublié sa peur. Il saute même de joie : « Maman, j'ai été sage devant ces vilains hommes ! » Une seule ombre obscurcit son bonheur : son chien a disparu dans la confusion. Madame Elisabeth, qui entrevoit l'avenir, le tranquillise : « Allons, cher enfant, consolez-vous, il est des douleurs plus cruelles. Continuez d'aimer Dieu pour qu'il vous en préserve. » Marie-Antoinette, qui partage la chambre de son fils et de sa fille, passe une nuit blanche. Elle se lamente sur leur sort : « Pauvres enfants, qu'il est cruel de leur avoir promis un si bel héritage et de dire : " Voilà ce que nous leur laissons ! Tout finit avec nous ! " »

Le roi et les siens vont passer une seconde journée à étouffer dans le réduit du logographe. Il n'est plus question, maintenant, que du lieu de leur détention. La Commune de Paris est toute-puissante depuis qu'elle a mis à bas, en quelques heures, une dynastie vieille de huit siècles. Elle s'oppose à ce que Louis XVI soit enfermé au Luxembourg ou à la Chancellerie, place Vendôme. On envisage un instant l'abbaye Saint-Antoine. Pierre-Louis Manuel, le nouveau procureur-syndic, suggère finalement la tour du Temple...

Enfin, le lundi 13 août, vers cinq heures du soir, deux fiacres conduisent Louis XVI et les siens à leur prison, au milieu d'une ville encore agitée par l'émeute. Les chevaux avancent au pas et le trajet s'éternise durant plus de deux heures. Place Vendôme, on montre à dessein à Louis XVI la statue équestre du Roi-Soleil, renversée et brisée. Et quand Louis-Charles, épouvanté par les menaces de la foule, s'écrie « Qu'ils sont méchants ! », son père le reprend : « Non, mon fils, ils sont égarés. »

Une estampe satirique imaginera l'arrivée du roi dans l'enceinte du Temple, chausses baissées, et coiffé du bonnet vert des forçats. En réalité, la famille royale est reçue dans l'ancien palais du grand prieur, qui avait appartenu au jeune duc d'Angoulême. Le salon des Quatre-Glaces, brillamment éclairé, est rempli de sectionnaires de la Commune, chapeaux sur la tête et l'air goguenard. Un plantureux repas est servi, auquel personne ne touche. Louis-Charles, épuisé, s'endort dans son assiette. Un municipal l'emporte, par un passage souterrain. Peu après, les autres le rejoignent, en traversant la cour. Au passage de la reine, des fédérés marseillais, passablement avinés, chantent, sur l'air de *Marlborough* :

> « Madame monte à sa tour,
> Ne sait quand descendra ! »

Bâti au XIIIe siècle, le donjon du Temple se dressait au cœur d'un « enclos » qui, sous l'Ancien Régime, jouissait de certaines exemptions fiscales. Environ quatre mille artisans s'entassaient dans ce périmètre étroit, au cœur du Marais populaire. Au donjon proprement dit, était accolée une tour plus basse, de forme quadrangulaire. Afin de laisser la place aux augustes captifs, l'archiviste de l'ordre de Malte, Berthélemy, a dû déguerpir précipitamment, abandonnant ses meubles, une partie de ses effets personnels, et une bibliothèque de quinze cents volumes, qui feront les délices du roi, lecteur impénitent.

Mesdames Bazire, Navarre et Thibaud, les trois femmes de chambre autorisées à accompagner les princesses, camperont tant bien que mal au premier étage. La reine et sa fille occupent au deuxième l'ancienne chambre de Berthélemy. La princesse de Lamballe s'installe sur un lit de sangles, dans une antichambre obscure communiquant avec une pièce plus petite, où le dauphin dort avec Mesdames de Tourzel et de Saint-Brice. Louis XVI demeure au troisième étage, avec ses serviteurs Hue et Chamilly. Enfin, sa sœur Elisabeth doit se contenter d'une cuisine d'une saleté repoussante, qu'elle partage encore avec Pauline de Tourzel.

Un camp retranché

Les abords du Temple seront bientôt dégagés et isolés par un haut mur d'enceinte. Ce véritable camp retranché est défendu par deux pièces de canon et trois cents soldats, pris dans les huit divisions de la garde nationale de Paris. Huit commissaires, désignés par la Commune et relevés par moitié quotidiennement, forment le « Conseil du Temple », qui exerce sa surveillance de nuit comme de jour. Dès le 20 août, tous les membres de l'entourage seront arrêtés, en raison de leur « civisme suspect ». La famille royale reste seule face à ses geôliers. Cependant, six jours plus tard, Jean-Baptiste Cléry, « le valet de chambre attaché au prince royal depuis son enfance », est autorisé à reprendre son service auprès de lui. Pour les gros travaux, la Commune désigne un couple de révolutionnaires convaincus, les Tison. Le dauphin couchera désormais auprès de sa mère, tandis que Madame Elisabeth partagera avec sa nièce l'ancienne chambre de l'enfant, au premier étage.

Aucune espèce de vexation n'est épargnée à la famille royale. Dans la nuit du 24 août, on réveille le roi pour lui réclamer son épée. On perquisitionne son appartement. Dorénavant, afin d'éviter l'humiliation d'être fouillé sans cesse, Louis XVI se présente les poches retournées. Les prisonniers ne disposent d'abord ni de vêtements ni de linge de rechange. L'ambassadrice de Grande-Bretagne, la comtesse Gower-Sutherland, émue par un tel dénuement – et qui a un fils du même âge que Louis-Charles –, fait parvenir au jeune prince des vêtements de première nécessité. Heureusement, un fonds de cinq cent mille livres ne tarde pas à être dévolu à leur entretien.

Marie-Antoinette se lève entre six et sept heures du matin. Elle habille elle-même son fils et lui fait réciter sa prière. A neuf heures, elle monte chez le roi avec ses deux enfants et sa belle-sœur, pour le petit-déjeuner. Tous redescendent ensuite au salon où la journée s'écoule paisiblement. Curieusement, le souverain déchu et sa famille goûtent une relative quiétude dans cette sorte d'existence bourgeoise. Au début du *Mémoire* qu'elle rédigera dans les derniers mois de sa captivité au Temple, Marie-Thérèse explique :

« Nous passions la journée tous ensemble. Mon père montrait à mon frère la géographie, ma mère lui montrait l'histoire et lui faisait apprendre des vers, ma tante montrait le calcul. » Puis, pendant que le roi dévore les ouvrages de la bibliothèque, Marie-Antoinette coud, tricote, ou reprise ses bas. On joue au trictrac et au piquet.

Louis XVI dispense à son fils des leçons de français et de latin. Parfois, l'un des représentants de la Commune se permet d'intervenir. Alors que le roi explique au jeune prince un passage de *L'Esprit des lois*, de Montesquieu, le municipal Leclerc s'emporte, et désignant l'enfant : « Il faut que celui-là vive de la vie de son temps, et non de celle des temps passés ! » Un autre critique le roi de n'avoir pas relevé une faute de Louis-Charles, à la lecture d'un texte latin : « Vous devriez bien apprendre à cet enfant à mieux prononcer ; car au temps où nous sommes, il pourra lui être nécessaire plus d'une fois de parler en public.

« – Votre observation est juste, concède Louis XVI avec affabilité, mais il est bien jeune, et je crois qu'il faut attendre que le temps et l'habitude délient sa langue. »

Les conjurations de Madame Royale

Le commissaire Godard est moins savant. Il croit déceler, dans une table de multiplication, une grille pour chiffrer des messages secrets ! « Je faisais des règles de chiffres, se souvient Madame Royale, et j'écrivais des extraits, il fallait toujours qu'il y eût un municipal qui regardât sur mon épaule, croyant toujours que c'étaient des conjurations. Il y eut aussi un municipal qui arrivant le soir dit mille injures, entre autres que nous péririons tous si les ennemis approchaient, et que mon frère seul lui faisait pitié, mais qu'étant né d'un tyran il devait mourir. »

Le petit prince se moque parfois avec humour de la sottise de certains de ses gardiens. Quand l'un d'entre eux lui demande où se trouve Lunéville, Louis-Charles lui rétorque, sans rire : « En Asie ! » Et le municipal, outré de cette fausse ignorance, laisse éclater son indignation : « Comment ! vous ne connaissez pas mieux le lieu où ont régné vos ancêtres ? »

Quoi qu'il en soit, Louis XVI et Marie-Antoinette tiennent à transmettre à leur fils cette politesse qui est l'apanage d'une noblesse authentique. A cet égard, le municipal Goret rapporte une anecdote significative : « Un jour que le jeune prince sortait de chez elle pour se rendre dans la pièce où je venais d'entrer, et qu'il était passé devant moi en me regardant sans me saluer, la reine s'en étant aperçue, l'appela et lui dit d'un ton sévère : " Mon fils, retournez, et saluez monsieur en passant devant lui. " »

A midi, les trois princesses quittent leur « robe du matin » en basin blanc pour un vêtement de toile, généralement de couleur brune, semé de petites fleurs. Si le temps le permet, tout le monde descend se promener sous les marronniers de l'enclos, quitte à essuyer les quolibets et les obscénités des soldats. Pour Louis-Charles, qui manque cruellement de grand air, c'est l'unique occasion de courir, de jouer au ballon ou au palet. Goret décrit l'une de ces récréations : « Parvenus sous le couvert du jardin, le roi et Cléry, le valet de chambre, s'amusèrent à exercer le jeune prince avec un petit ballon ; la reine s'assit sur un banc, ayant à sa droite les princesses, sa fille et Madame Elisabeth. [...] Cette promenade dura une heure ou deux, après quoi la famille demanda à rentrer. »

Le déjeuner – qu'on nomme alors le dîner – a lieu à deux heures, dans la salle à manger du roi. La table, servie par d'anciens « officiers de bouche » et chefs de cuisine des Tuileries, reste abondante et raffinée. Ensuite, on se réunit de nouveau chez la reine. Louis-Charles étudie ses leçons, à moins qu'il ne joue au volant avec Cléry. A sept heures, la reine ou sa belle-sœur font la lecture à haute voix, autour de la table du salon. Le roi, qui a déniché une collection du *Mercure de France*, en propose les charades et les logogriphes. A huit heures, Louis-Charles soupe seul, en présence de ses parents. Avant de se coucher, le petit prince récite sa prière, à voix basse, à cause des municipaux : « Dieu tout-puissant, qui m'avez créé et racheté, je vous adore. Conservez les jours du roi mon père et ceux de ma famille. Protégez-nous contre nos ennemis ! Donnez à Madame de Tourzel les forces dont elle a besoin pour supporter les maux qu'elle endure à cause de nous ! »

Après avoir soupé à son tour, avec le reste de sa famille, le roi revient embrasser son fils, puis il remonte dans sa chambre. La reine et les deux princesses achèvent leur soirée, en raccommodant leurs vêtements.

Ni courrier, ni journaux

Aucun contact direct avec l'extérieur n'est autorisé : ni courrier ni journaux, hormis les gazettes qui traînent Louis XVI et Marie-Antoinette dans la boue. Chaque jour, cependant, des crieurs de journaux hurlent les nouvelles depuis les rues voisines. l'Histoire poursuit sa marche inexorable. Début septembre, l'annonce de la prise de Verdun déclenche des massacres dans les prisons. La princesse de Lamballe, tirée de son cachot, est assassinée. Son corps, atrocement mutilé, est traîné jusqu'au Temple, et sa tête brandie sous les fenêtres de sa malheureuse amie, qui s'évanouit de saisissement.

Dans le même temps, l'un des ordonnateurs de cette boucherie, le maire Pétion, consent à avancer deux mille livres au roi, sur sa dotation annuelle. Cette somme permet de liquider les dettes les plus criantes. Louis XVI commande alors chez Vangeois, marchand tabletier à l'enseigne du Singe vert, quelques jouets pour Louis-Charles : un solitaire, un bilboquet, un beau damier et deux baguenaudiers.

Elus au plus fort des massacres de Septembre, les sept cent quarante-neuf députés de la Convention représentent à peine dix pour cent d'un corps électoral terrorisé. Encore ne sont-ils qu'un tiers à répondre à l'appel nominal, lorsqu'ils se réunissent pour la première fois, le 20 septembre 1792. Ce jour-là, les troupes françaises, grâce à l'admirable artillerie créée par Louis XVI, bousculent les Prussiens à Valmy. Dès le lendemain, la Convention vote l'abolition de la monarchie. A dessein, on fait proclamer la république sous les murs du Temple, vers quatre heures de l'après-midi. Louis XVI feint de ne rien entendre et continue de lire. Le soir même, Cléry adresse à la Commune une demande de rideaux et de couvertures pour le lit du prince royal. On lui enjoint alors de ne plus « désigner les prisonniers par leurs titres, désormais caducs ». Louis XVI et son fils sont devenus Louis et Charles Capet...

Une semaine plus tard, sans préavis, le ci-devant roi est séparé des siens et transféré dans le donjon. Les municipaux avertissent Cléry : « Vous n'aurez plus de communication avec les prisonniers, lui dit-on, votre maître non plus ; il ne doit pas même revoir ses enfants. » En réalité, dès le lendemain, 30 septembre l'ensemble de la famille se retrouve réunie pour les repas dans le nouvel appartement du roi, ainsi qu'aux heures de promenade. Le 26 octobre, la reine, ses enfants et Madame Elisabeth emménagent également dans le donjon.

La grosse tour moyenâgeuse, haute d'une cinquantaine de mètres, comprend quatre étages presque identiques. Le premier – dont on a laissé apparents la voûte en croisée d'ogive et le pilier central – a été transformé en corps de garde, et de « salle du Conseil » pour les commissaires de la Commune. Palloy a été chargé d'aménager deux appartements en divisant les deuxième et troisième étages en quatre pièces, au moyen de cloisons de bois décorées de papier peint, et de faux plafonds en toile tendue. Les lieux sont meublés avec une certaine recherche. Mais les fenêtres, grillées et percées dans des murs de trois mètres d'épaisseur, encore obstruées par des abat-jour extérieurs, évoquent plus un cachot qu'une maison de plaisance...

Liberté, égalité, fraternité, sûreté

La chambre du roi est tapissée d'un papier jaune glacé semé de fleurs blanches. Le lit est à gauche, la fenêtre à droite. En face de la porte, une cheminée – la seule de l'étage – s'orne de plaques de fonte où l'on peut lire cette ironique devise : « Liberté, égalité, propriété, sûreté ». Entre la cheminée et la fenêtre, on accède à une tourelle exiguë, que le roi utilise comme oratoire et cabinet de lecture. L'étage supérieur devient l'appartement des princesses. La reine y partage une chambre avec sa fille, Madame Elisabeth occupe la deuxième, et le ménage Tison – plus espions que serviteurs – la troisième. Tandis que la dernière pièce, qui donne sur l'escalier, fait office de salon... et de dortoir pour les municipaux de garde. Dans les combles du quatrième étage, on a entassé un bric-à-brac de vieux meubles et d'objets divers. Enfin, entre les créneaux et le toit, se déroule un étroit chemin de ronde, masqué de l'extérieur.

Louis-Charles est d'abord confié à la garde de son père, avec lequel il vivra, au deuxième étage, ne remontant chez sa mère que l'après-midi. Les municipaux en ont décidé ainsi, « sur les observations faites par l'un des membres du service au Temple que le fils de Louis Capet était jour et nuit sous la direction des femmes, mère et tante. Considérant que cet enfant est dans l'âge où il doit être sous la direction des hommes, le conseil, délibérant sur cet objet, a arrêté et arrête qu'à l'instant le fils de Louis Capet sera retiré des mains des femmes, pour être remis et rester entre celles de son père les jours et nuits, excepté qu'après l'heure du dîner il montera dans le logement de ses mère et tante, durant le moment où son père se repose, et en descendra sur les quatre à cinq heures du soir ».

Pour gravir le donjon, il n'existe qu'un escalier en colimaçon, placé dans l'une des quatre tourelles d'angle. Entre le rez-de-chaussée et le troisième étage, douze guichets, fermés à clef, ont été construits. Toutefois, au milieu de chaque panneau, une ouverture étroite autorise le passage d'un homme, à condition que celui-ci se penche et enjambe l'obstacle. En outre, à chaque niveau, deux lourdes portes de bois, abondamment pourvues de serrures et de ferrures, séparent l'escalier des appartements. Alors qu'un maçon taillait des pierres avant d'y poser des verrous, Louis XVI, très habile de ses mains, avait pris un ciseau et un marteau pour expliquer à son fils comment procéder : « Quand vous sortirez de cette tour, avait plaisanté l'ouvrier, vous pourrez dire que vous avez travaillé à votre prison. » Le roi avait soupiré : « Ah ! quand et comment en sortirai-je ? » Puis il avait embrassé Louis-Charles, secoué de sanglots.

Les crayons de Marie-Antoinette

Les détenus, plus que jamais, sont l'objet de brimades et de mesures vexatoires. On les fouille plusieurs fois par jour, on les réveille en pleine nuit pour des perquisitions aussi interminables qu'inutiles. Au commencement d'octobre, on leur retire encre, papier, plumes et tout ce qui permet d'écrire. « Ils cherchèrent partout bien soigneusement et même durement, raconte Marie-Thérèse. Mais cela n'empêcha que ma mère et moi nous ne leur cachâmes nos crayons... »

Par roulement, deux commissaires se tiennent en permanence dans l'antichambre du roi, deux dans celle de la reine, les quatre autres demeurant dans la grande salle du premier. Un certain Moelle, qui monte la garde le 5 décembre 1792, fera, sous la Restauration, un récit de son court séjour au Temple. Après avoir passé la nuit sur un lit de sangles, devant la porte du roi, il est réveillé dès six heures et demi par Cléry, à la suite duquel il pénètre dans la chambre :

« Auprès du lit du Roi, à découvert, était celui de Monsieur le dauphin, que notre entrée n'éveilla point. Le roi écarta son rideau, et ses premiers regards se fixèrent sur moi. [...] Pendant cette scène muette, Cléry allumait le feu. En se levant, le roi passa une robe de chambre, il fut chaussé sur le bord de son lit, et se rasa lui-même. Cléry fit le reste de sa toilette, et ensuite celle de Monsieur le dauphin, qui, en s'éveillant, et lorsqu'on l'habillait, s'était livré à ces saillies et à ces badinages si intéressants de l'enfance, dans lesquels il avait une grâce particulière. Le roi souriait tristement et laissait échapper sur son fils toute la tendresse de son regard paternel. Enfin, Monsieur le dauphin étant habillé, fit sa prière sous les yeux de son auguste père qui, aussitôt après, alla selon son usage se recueillir dans le cabinet pratiqué dans la tourelle qui lui servait d'oratoire, où il resta environ un quart d'heure.

« Après le déjeuner, le roi descendit chez lui avec Monsieur le dauphin, accompagné de Cléry, qui se retira dans sa chambre, et de moi qui me tins dans la pièce d'entrée où j'avais passé la nuit. La porte de Sa Majesté était ouverte. Jusqu'à l'heure de la promenade, le roi employa le temps à donner une leçon de géographie à Monsieur le dauphin, et à une lecture particulière. Durant cette lecture, le jeune prince allait de la chambre de son père à la pièce où je m'étais tenu par respect près d'un poêle de faïence qui conservait un reste de chaleur du feu qu'on y avait allumé le matin, et qu'on n'avait pas entretenu, ainsi que celui du roi, quoiqu'il fît assez froid, parce que cela entrait dans le régime de Sa Majesté.

« Je parcourais ainsi un Tacite que j'avais pris dans un placard de l'antichambre, où quelques livres à l'usage du roi étaient rassemblés. Le jeune prince vint voir ce que je lisais, et j'entendis qu'il dit à Sa Majesté, en revenant près d'elle : “ Mon papa, ce monsieur-là lit Tacite. ” »

Assurément, Louis-Charles ne manque pas de repartie ! Même si certaines des réflexions qu'on lui prête paraissent toujours trop en avance pour son âge. Voici par exemple le municipal Mercerault, maçon de son état, qui veut lui inculquer les dogmes du catéchisme républicain : « Sais-tu bien que la liberté nous a rendus tous libres, et que nous sommes tous *égal* ! » Ce à quoi le petit prince aurait répondu : « Egal tant que vous voudrez ! Mais ce n'est pas ici que vous nous persuaderez que la liberté nous a rendus libres ! »

Le 14 novembre 1792, le roi tombe malade d'un gros rhume et d'une fluxion de poitrine. Trois jours plus tard, Louis-Charles est victime d'une forte coqueluche, accompagnée de fièvre. Marie-Antoinette demande la permission de descendre passer la nuit auprès de lui. On la lui refuse. D'ailleurs, la reine ne tarde pas à être également souffrante, ainsi que Marie-Thérèse et Madame Elisabeth. Louis-Guillaume Le Monnier, ancien médecin ordinaire du roi, est requis pour soigner toute la famille. A peine le petit prince est-il sur pied que Cléry est contraint de s'aliter à son tour. Avec une touchante tendresse, Louis-Charles ne le quitte pas. Pendant six jours, il veille sur le repos de son serviteur, et tient à lui apporter lui-même de la tisane. Un peu plus tard, Madame Elisabeth remet à Louis-Charles une boîte de pastilles pour Cléry qui est déjà à moitié rétabli. Lorsque le valet revient vers onze heures, le prince lui tend le remède : « Je n'ai pas voulu m'endormir sans vous le donner. Il était temps que vous vinssiez ; car mes yeux se sont déjà fermés plusieurs fois. »

16

Le roi sans couronne

Le projet de traduire le roi devant un tribunal rassemble de plus plus de partisans. Le 13 novembre 1792, Saint-Just, député de cette gauche extrême qu'on a baptisée la Montagne, déclare à la Convention : « Nous voulons la république, l'indépendance, l'unité. [...] Louis XVI doit être jugé comme un ennemi étranger. » Et Danton surenchérit : « Nous ne voulons pas juger le roi, nous voulons le tuer. »

La découverte opportune, une semaine plus tard, d'une cache secrète dans un mur des Tuileries, fournit le prétexte de la mise en accusation du roi. N'y a-t-on pas trouvé les preuves formelles de sa trahison ? Au Temple, Louis-Charles doit entendre parler de cette fameuse « armoire de fer ». Et l'apparition, à un dîner, d'une brioche appétissante, lui permet un trait d'humour, peut-être involontaire. « Maman, voilà une belle brioche ! s'exclame l'enfant. Je connais une armoire dans laquelle, si vous le permettez, je la mettrais. Elle serait là si bien en sûreté, que personne, je vous assure, ne pourrait l'en retirer ! » On devine l'inquiétude des commissaires et la perplexité de la reine qui balbutie : « Mon fils, je ne vois point l'armoire dont vous parlez... » Et le petit prince, fier de son effet, montre sa bouche grande ouverte : « Maman, en voici la porte ! »

Le 11 décembre, Louis XVI doit comparaître devant la Convention. Dès cinq heures du matin, la générale bat dans tout Paris. Au petit-déjeuner, la famille royale ne peut parler librement, à cause des municipaux. A dix heures, le roi redescend dans son appartement. Il entame une partie de siam avec son fils. La légende veut que Louis-Charles ait perdu toutes les manches, et se soit lamenté : « Toutes les fois que j'ai seize points, je ne peux pas gagner. Ce nombre est bien malheureux. » Et le roi aurait poursuivi : « Ce n'est pas d'aujourd'hui que je le sais ! »

A onze heures, deux municipaux viennent chercher l'enfant pour le reconduire chez sa mère. Sur ordre du conseil de la Commune, le roi ne devra plus voir les siens, « attendu la complicité présumée de toute la famille ». Effondré dans un fauteuil, Louis XVI médite, la tête dans les mains. Comme il ne bouge pas pendant une demi-heure, l'un des commissaires pénètre dans la chambre :

« Que me voulez-vous ? demande le roi

– « Je craignais que vous ne fussiez incommodé.

– « Je vous suis obligé, répond Louis XVI avec l'accent de la plus vive douleur, mais la manière dont on m'enlève mon fils m'est infiniment sensible. »

Le procureur de la Commune et le commandant de la garde nationale ne viendront pas chercher l'accusé avant treize heures. Le décret dont ils sont porteurs stipule que « Louis Capet sera traduit à la barre de la

Convention nationale ». Le roi réplique fermement : « Capet n'est pas mon nom, c'est le nom d'un de mes ancêtres. J'aurais désiré que les commissaires m'eussent laissé mon fils pendant les deux heures que j'ai passées à vous attendre. »

A son retour, vers six heures du soir, Louis XVI interroge ses gardiens : « Mais au moins, mon fils passera la nuit chez moi, son lit et ses effets étant ici ? »

Personne ne daigne lui donner une réponse. Quelques jours plus tard, on lui proposera de lui rendre Louis-Charles, à condition que l'enfant soit séparé de la reine. Le roi épanche son cœur auprès de Cléry : « Vous voyez la cruelle alternative où ils viennent de me placer ; je ne puis me résoudre à avoir mes enfants avec moi... Je sens tout le chagrin que la reine en éprouverait ; il faut donc consentir à ce nouveau sacrifice. » Le petit prince va dormir pendant trois jours sur un matelas, dans la chambre de Marie-Antoinette. Puis Cléry lui portera son lit et ses habits.

« Je recommande à mon fils »

Seul face à sa conscience, le roi rédige son testament, le mardi 25 décembre 1792. Ses enfants – et d'abord son fils qui, pour les royalistes, sera bientôt Louis XVII – occupent une place centrale dans ce texte d'une haute spiritualité :

« Je recommande à Dieu ma femme, mes enfants, ma sœur, mes tantes, mes frères, et tous ceux qui me sont attachés par les liens du sang ou par quelque autre manière que ce puisse être. Je prie Dieu particulièrement de jeter des yeux de miséricorde sur ma femme, mes enfants et ma sœur, qui souffrent depuis longtemps avec moi, de les soutenir par sa grâce s'ils viennent à me perdre, et tant qu'ils resteront dans ce monde périssable.

« Je recommande mes enfants à ma femme, je n'ai jamais douté de sa tendresse maternelle pour eux ; je lui recommande surtout d'en faire de bons chrétiens et d'honnêtes hommes, de ne leur faire regarder les grandeurs de ce monde-ci – s'ils sont condamnés à les éprouver – que comme des biens dangereux et périssables, et de tourner leurs regards vers la seule gloire solide et durable de l'éternité. Je prie ma sœur de vouloir bien continuer sa tendresse à mes enfants et de leur tenir lieu de mère s'ils avaient le malheur de perdre la leur. [...]

« Je recommande bien vivement à mes enfants, après ce qu'ils doivent à Dieu, qui doit marcher avant tout, de rester toujours unis entre eux, soumis et obéissants à leur mère, et reconnaissants de tous les soins et les peines qu'elle se donne pour eux, et en mémoire de moi, je les prie de regarder ma sœur comme une seconde mère. [...]

« Je recommande à mon fils, s'il avait le malheur de devenir roi, de songer qu'il se doit tout entier au bonheur de ses concitoyens, qu'il doit oublier toute haine et tout ressentiment, et nommément tout ce qui a rapport aux malheurs et aux chagrins que j'éprouve ; qu'il ne peut faire le bonheur des peuples qu'en régnant suivant les lois ; mais en même temps qu'un roi ne peut les faire respecter et faire le bien qui est dans son cœur, qu'autant qu'il a l'autorité nécessaire, et qu'autrement, lié dans ses opérations et n'inspirant point de respect, il est plus nuisible qu'utile.

« Je recommande à mon fils d'avoir soin de toutes les personnes qui m'étaient attachées, autant que les circonstances où il se trouvera lui en donneront les facultés ; de songer que c'est une dette sacrée que j'ai contractée envers les enfants ou parents de ceux qui ont péri pour moi, et ensuite de ceux qui sont malheureux pour moi. Je sais qu'il y a plusieurs personnes de celles qui m'étaient attachées qui ne se sont pas conduites envers moi comme elles le devaient, et qui ont même montré de l'ingratitude ; mais je leur pardonne – souvent, dans les moments de trouble et d'effervescence, on n'est pas le maître de soi – et je prie mon fils, s'il en trouve l'occasion, de ne songer qu'à leur malheur. »

Louis Capet, dernier roi des Français

Louis XVI est déjà engagé sur le chemin de la sanctification. Tout occupé de l'au-delà, il dresse le bilan de son existence. Aux avocats qui ont courageusement accepté d'assumer sa défense, il se confiera un soir : « Au milieu de toutes mes tribulations, la Providence m'a ménagé de tendres consolations ; ma vie a dû un grand charme à mes enfants, à la reine et à ma sœur. Je ne vous parlerai point de mes enfants, déjà si malheureux à leur âge ! »

Le dimanche 20 janvier 1793 vers deux heures de l'après-midi, le Conseil exécutif vient notifier sa condamnation à mort à « Louis Capet, dernier roi des

Français ». Celui-ci sollicite un sursis de trois jours, afin de préparer son âme et de faire ses adieux aux siens : « Je demande, dans cet intervalle, de pouvoir voir ma famille quand je le demanderai, et sans témoins. Je désirerais bien que la Convention nationale s'occupât tout de suite du sort de ma famille, et qu'elle lui permît de se retirer librement où elle le jugerait à propos. » Il lui est répondu sèchement que « la nation, toujours grande et toujours juste, s'occupera du sort de sa famille... ».

Au troisième étage du Temple, Marie-Antoinette, ses enfants et Madame Elisabeth vivent cette même journée dans l'angoisse : « Nous apprîmes la [sentence] de mort de mon père [...] par les colporteurs, écrit Marie-Thérèse. A sept heures du soir, on vint nous dire qu'un décret de la Convention nous permettait de descendre chez mon père. Nous courûmes chez lui et nous le trouvâmes bien changé ; il pleura de notre douleur, mais non de sa mort. Il raconta à ma mère son procès, excusant les scélérats qui le faisaient mourir, répéta à ma mère qu'on voulait les assemblées primaires [l'appel au peuple], mais qu'il ne le voulait pas, parce que cela mettrait le trouble dans la France ; il donna ensuite de bonnes instructions religieuses à mon frère et lui recommanda surtout de pardonner à ceux qui le faisaient mourir. Il donna sa bénédiction à mon frère et à moi. »

L'entrevue, dans la salle à manger, dure un peu moins de deux heures. Les municipaux observent la scène à travers la porte vitrée. L'abbé Edgeworth de Firmont, le confesseur du roi, s'est retiré dans la tourelle. Il a laissé ce récit poignant : « Pendant près d'une demi-heure, on n'articula pas une parole ; ce n'étaient ni des larmes ni des sanglots, mais des cris assez perçants pour être entendus hors l'enceinte de la tour. Le roi, la reine, Madame Elisabeth, Monsieur le dauphin et Madame [Royale] se lamentaient tous et les voix semblaient se confondre. Enfin les larmes cessèrent, parce qu'on n'eut plus la force d'en répandre ; on se parla à voix basse et assez tranquillement. »

Louis-Charles pleure encore lorsqu'il remonte au troisième étage. Alors, il se jette aux genoux des municipaux. Il les supplie de lui permettre d'aller demander pardon « aux Messieurs des sections de Paris pour obtenir que son papa ne meure pas ».

Le roi est mort ! Vive le roi !

Le lendemain, lundi 21 janvier 1793, avant de partir pour l'échafaud, Louis XVI adresse une ultime prière à Cléry : « Je vais vous demander que vous restiez près de mon fils. Donnez-lui tous vos soins dans cet affreux séjour ; rappelez-lui, dites-lui bien toutes les peines que j'éprouve des malheurs qu'il ressent ; un jour peut-être il pourra récompenser votre zèle. » Il lui remet ensuite son cachet à l'intention du futur roi. « Le matin de cet horrible jour, rapporte Marie-Thérèse dans son *Mémoire*, après avoir été assoupis pendant la nuit d'un sommeil de douleur, nous nous levâmes. A six heures, on ouvrit notre porte et on vint chercher le livre de prières de Madame Tison pour la messe de mon père; nous crûmes que nous allions descendre et nous eûmes toujours cette espérance, jusqu'à ce que les cris de joie d'une populace égarée vinssent nous avertir que le crime était consommé. »

Vers dix heures, alors que Louis XVI s'apprête à gravir les marches de la guillotine, place de la Révolution – l'actuelle Concorde –, le garçon-servant Turgy apporte à Louis-Charles son petit-déjeuner. Le pauvre enfant refuse de manger, et supplie encore ses gardiens : « Laissez-moi passer, Messieurs, laissez-moi passer ! Je veux aller parler au peuple, le supplier de ne pas faire mourir le roi. Ah ! laissez-moi passer, Messieurs, au nom de Dieu ne m'en empêchez pas ! » A dix heures et demi, éclatent dans le lointain des salves d'artillerie. Les sentinelles et les patriotes de l'enclos du Temple hurlent : « Vive la nation ! vive la république ! » Les tambours de la Garde nationale se mettent à rouler. Madame Elisabeth, dans un filet de voix, murmure : « Les monstres, ils sont contents à présent ! »

« La reine étouffe de douleur, se souviendra Turgy. Le jeune prince fond en larmes; Madame Royale jette des cris percants. » Bientôt pourtant, Marie-Antoinette sort de sa prostration. Elle se lève et serre ses enfants contre elle : « C'en est fait... Nous ne le verrons plus. » Puis elle s'agenouille devant son fils comme devant son nouveau souverain. Alors, oubliant un instant la présence obsédante des commissaires de la Commune, la veuve de Louis XVI prononce peut-être l'antique formule capétienne : « Le roi est mort, vive le roi ! »

Car, en assassinant Louis XVI, les conventionnels ont laissé un roi dans le donjon du Temple. L'Europe entière, et jusqu'aux très démocratiques Etats-Unis d'Amérique, reconnaissent l'enfant prisonnier. Dès le 28 janvier, à Hamm, en Westphalie, le comte de Provence proclame l'avènement du fils de son malheureux frère : « Nous déclarons que le dauphin Louis-Charles, né le vingt-septième jour du mois de mars 1785, est roi de France et de Navarre, sous le nom de Louis XVII, et que, par le droit de naissance, ainsi que par les dispositions des lois fondamentales du royaume, nous sommes et serons régent de France durant la minorité du roi notre neveu et seigneur. »

Un otage précieux

L'Angleterre, le Portugal, l'Espagne et la plupart des princes allemands et italiens, indignés par le régicide, rejoignent la coalition contre la France. Par un oukase, Catherine II chasse de Russie tous les Français qui refuseront de prêter serment de fidélité et d'obéissance à Louis XVII. Sur le territoire même de la République, les départements de l'Ouest prennent les armes contre la dictature parisienne. Paysans, aristocrates et prêtres s'unissent sous la bannière de l'orphelin du Temple. Le 11 mai 1793, les chefs de l'insurrection vendéenne définiront ainsi leur combat : « Nous, commandant les armées catholiques et royales, n'avons pris les armes que pour soutenir la religion de nos pères, pour rendre à notre auguste et légitime souverain, Louis XVII, l'éclat et la solidité de son trône et de sa couronne, et nous n'avons pour but que le bien général. »

Pierre-François Réal, premier substitut au Conseil général de la Commune, ne s'y trompe pas. Quelques jours après l'exécution de Louis XVI, il rappelle aux municipaux : « La loi a mis sous votre garde, non seulement Louis Capet, mais encore sa famille. Ce n'est pas pour sa femme que vous allez au Temple, mais pour son fils. Vous croyez cette garde inutile, moi je la crois plus importante que jamais. [...] Croyez-moi, c'est un otage qu'il faut conserver avec soin ; craignez qu'en feignant de mettre peu d'importance à sa garde, vous ne fassiez soupçonner que vous en mettez peu dans son évasion. Et, citoyens, si ce malheur arrivait, vous verriez bientôt de nombreuses cohortes s'assembler autour de lui et former un parti puissant. Je ne dis plus qu'un mot : Charles Ier d'Angleterre périt sur l'échafaud, mais son fils remonta sur le trône. »

La veuve de Louis XVI, ses enfants et Madame Elisabeth obtiennent le droit de porter le deuil. Des vêtements noirs leur sont apportés le 27 janvier. Le même jour, le municipal François-Adrien Toulan – secrètement royaliste – expose à Marie-Antoinette un plan d'évasion. Avec la complicité d'un de ses collègues, Jacques-François Lepitre, grassement rétribué, Toulan envisage de travestir les deux princesses en hommes, et de les faire sortir, ceintes d'écharpes tricolores. De leur côté, Madame Royale et son frère endosseraient la défroque des deux enfants qui accompagnent chaque soir l'allumeur de réverbères du Temple. Hélas, les revers des armées révolutionnaires en Belgique augmentent la méfiance des révolutionnaires. La réglementation des passeports se fait plus tatillonne. Dès lors, il n'est plus question de délivrer ni Louis XVII, ni Marie-Thérèse. Seule, la reine pourrait à la rigueur tenter sa chance. Mais Marie-Antoinette ne songe pas un instant à se sauver en abandonnant les siens.

Elle l'écrit au chevalier de Jarjayes, ancien maréchal de camp, demeuré clandestinement à Paris sur ordre du feu roi : « Nous avons fait un beau rêve, voilà tout [...], mais l'intérêt de mon fils est le seul qui me guide. Quelque bonheur que j'eusse éprouvé à être hors d'ici, je ne peux consentir à me séparer de lui. Je ne pourrais jouir de rien sans mes enfants, et cette idée ne me laisse pas même de regret. »

Une Marseillaise royaliste

Lepitre avait offert à la reine le texte d'une romance, accompagnée d'une musique composée par l'épouse de Cléry. Le 1er mars dans la soirée, le municipal est l'unique spectateur d'un concert improvisé. Marie-Antoinette l'invite à entrer dans sa chambre. Lepitre y découvre « la fille de Louis à son clavecin, sa mère assise auprès d'elle, tenant son fils dans ses bras et les yeux mouillés de pleurs, dirigeant avec peine le jeu et la voix de ses enfants ; Madame Elisabeth debout à côté de sa sœur et mêlant ses soupirs aux tristes accents de son neveu ».

Louis XVII entonne alors une manière de *Marseillaise* contre-révolutionnaire :

« Un jour, peut-être... l'espérance
Doit être permise au malheur ;
Un jour, en faisant son bonheur,
Je me vengerai de la France. »

Et, se tournant vers sa mère :

« Un Dieu favorable à ton fils
Bientôt calmera la tempête !
L'orage qui courbe leur tête
Ne détruira jamais les lys. »

Depuis le 14 février, les Montagnards occupent les postes-clefs de la Commune. Le maire Jean-Nicolas Pache est l'un des leurs, ainsi que le procureur Pierre Chaumette. Et surtout le substitut Jacques Hébert qui, dans son infâme journal *Le Père Duchesne*, n'a pas hésité à comparer Louis-Charles à un « petit sapajou engendré par une guenon », et à affirmer que la « tigresse autrichienne devrait être hachée comme chair à pâté... ».

Très vite, les mesures de sécurité au Temple sont renforcées. Aucune conversation familière entre les commissaires et les détenus n'est plus tolérée. Les perquisitions, souvent en pleine nuit, se multiplient. La garde est doublée, et un mur transversal édifié face au palais du grand prieur, barré d'un double guichet. Peu après la mort de Louis XVI, le fidèle Cléry a été contraint de quitter les lieux. Les Tison partagent plus que jamais l'intimité de la famille royale. Il leur a été fait défense de sortir de la tour. Leur surveillance perpétuelle devient une véritable torture morale.

D'encombrants prisonniers

Décidément, ils sont bien encombrants, ces prisonniers ! En ce printemps de 1793, chacun se demande quoi faire des derniers Capet, et singulièrement de Louis XVII. Le 27 mars, Robespierre propose à la Convention de voter l'exil de tous les Bourbons, à l'exception de Louis-Charles qu'on maintiendrait enfermé au Temple. Quant à Marie-Antoinette, elle serait déférée devant le tribunal révolutionnaire, créé deux semaines auparavant. Les Girondins, qui contrôlent encore l'Assemblée, écartent ce projet. Pour sa part, la section du Finistère, dans le faubourg Saint-Marceau, rédige une adresse sur « les mesures à prendre pour que, à l'avenir, le fils de Capet ne succède point à son père, en partageant ses crimes ». Hébert propose une solution d'un cynisme inquiétant : « Que ce petit serpent soit jeté dans une île déserte. Je ne connais pas d'autre moyen raisonnable de s'en défaire ; et il faut pourtant qu'on s'en défasse à quelque prix que ce soit. »

Car ce roitelet sans couronne excite les imaginations. Les projets de complots font florès. On prétend aussi que Marie-Antoinette traite son fils en souverain légitime. A table, ne lui accorde-t-elle pas la place d'honneur et une chaise rehaussée d'un coussin ? Les factions s'accusent mutuellement de vouloir restaurer la monarchie. Les unes pour s'emparer de la régence, les autres pour la confier au ci-devant duc d'Orléans, devenu le député Philippe Egalité. Danton menacera même son rival Robespierre : « Qu'il prenne garde que je ne lui jette pas le dauphin à travers les jambes ! »

Sur une dénonciation imaginaire de Tison, les prisonniers sont soumis à une perquisition des plus humiliantes, que décrit Madame Royale : « Le 20 avril, à dix heures et demie du soir, comme ma mère et moi nous venions de nous coucher, arriva Hébert et plusieurs autres municipaux qui nous lurent un arrêté de la Commune qui ordonnait de nous fouiller à discrétion, ce qu'ils firent exactement jusque sous les matelas. Mon frère dormait, ils l'arrachèrent de son lit avec dureté pour fouiller dedans. Ma mère le prit dans ses bras tout transi de froid. Ils fouillèrent ensuite dans nos poches, ils ôtèrent à ma mère une adresse de marchand qu'elle avait conservée, un bâton de cire à cacheter qu'ils trouvèrent chez ma tante, et à moi ils me prirent un Sacré-Cœur de Jésus et une prière pour la France. Leur visite ne finit qu'à quatre heures du matin ; ils firent un procès-verbal de ce qu'ils avaient trouvé et forcèrent ma tante et ma mère à le signer. »

Fièvre et point de côté

Le 9 mai, à sept heures du soir, Louis-Charles est pris d'une forte fièvre, accompagnée de douleurs à la tête. « Depuis quelque temps, explique Madame Royale, mon frère se plaignait de points de côté qui l'empêchaient de rire. [...] Dans les premiers instants, il ne put pas rester couché parce qu'il étouffait. Ma mère s'inquiéta, demanda un médecin aux municipaux ; ils assurèrent ma mère que ce n'était rien, et que sa tendresse maternelle l'inquiétait. »

Les commissaires finissent tout de même par demander, de la part de la reine, le docteur Brunyer, ancien médecin du roi, qui avait soigné Marie-Thérèse d'un mal au pied, quelques semaines auparavant. Pendant trois jours, le Conseil général de la Commune fait la sourde oreille. « Cependant mon frère avait la fièvre bien fort, poursuit Madame Royale. Ma tante eut la bonté de venir prendre ma place dans la chambre de mon frère pour que je ne couchasse pas dans l'air de la fièvre ; elle prit mon lit, et moi j'allai coucher dans sa chambre. La fièvre continua la nuit ainsi que le lendemain et le surlendemain, les accès revenaient plus fort le soir, mon frère cependant prenait l'air tous les jours. »

Enfin le dimanche 12 mai, la Commune dépêche au chevet du « petit Capet » un certain Thierry, « médecin ordinaire des prisons [...], attendu que ce serait blesser l'égalité que de lui en envoyer un autre » :

« Comme il vint le matin, il trouva peu de fièvre à mon frère, mais ma mère lui ayant dit de revenir l'après-dîner, il la trouva très forte et désabusa les municipaux de l'idée où ils étaient que ma mère s'inquiétait pour rien ; mais au contraire il leur dit que c'était plus sérieux que ma mère le croyait. Thierry eut l'honnêteté d'aller consulter Brunyer sur la maladie de mon frère et sur les remèdes qu'il fallait lui donner ; Brunyer, connaissant le tempérament de l'enfant dont il avait eu soin depuis sa naissance, il donna quelques drogues à mon frère qui lui firent du bien.

« Le mercredi, il prit médecine et je revins coucher dans sa chambre. Ma mère avait très peur de la médecine de mon frère, parce que la dernière fois qu'il en avait pris, il avait eu des convulsions affreuses ; elle avait peur qu'il en eût encore, seule comme elle était et sans secours. Je ne dormis pas de la nuit d'inquiétude ; mon frère prit sa médecine, elle ne lui fit heureusement pas de mal. Quelques jours après, il en prit une seconde qui lui fit le même bien, excepté qu'il se trouva mal, mais de chaleur ; il n'eut plus la fièvre que des accès de temps en temps, et souvent son point de côté ; sa santé commença à se gâter et elle ne s'est jamais remise depuis, le changement de vie lui ayant fait beaucoup de mal. »

Les symptômes minutieusement décrits par la sœur de Louis XVII permettent de poser le diagnostic d'une pleurésie sérofibrineuse, consécutive à une primo-infection par le bacille de Koch. Le traitement « anti-scrofuleux » prescrit par le docteur Thierry, et suivi durant deux mois, renforce d'ailleurs cette hypothèse. Le 11 juin, l'enfant souffrira d'une grosseur à l'aine. Il se serait blessé en jouant avec un bâton, « comme font les enfants ». Thierry constate « un relâchement du témoin gauche », dont lequel il faut sans doute voir une orchite d'origine tuberculeuse. Le chirurgien herniaire Soupé et le bandagiste Pipelet sont requis pour le panser. La reine se charge d'appliquer la pommade prescrite par le médecin. On verra de quelle manière infâme cet incident sera exploité plus tard par Hébert...

La dictature de la Montagne

Le 2 juin 1793, les sans-culottes ont investi la Convention. Vingt-neuf députés girondins sont mis en accusation pour avoir conspiré la destruction de la République et de l'unité nationale. Aussitôt, les trois quarts du pays se soulèvent contre le coup d'Etat de la Commune. La Normandie, le Sud-Est, Lyon, Marseille et Bordeaux secouent le joug parisien. Une soixantaine de départements entrent en dissidence. Cependant, la Montagne saisit fermement les rênes du pouvoir, par le biais des comités. Ses théoriciens bâclent une nouvelle constitution aux idées généreuses, mais dont l'application est reportée jusqu'à la paix. Les quarante-quatre mille municipalités de France sont appelées à accepter l'acte constitutionnel et à ratifier ainsi l'instauration de la République. Une seule, celle de Saint-Donan, dans le district de Saint-Brieuc, a l'audace de demander le rétablissement de la royauté en faveur de Louis XVII. Son maire, Yves Lhostelier, est aussitôt incarcéré pour avoir « déterminé les citoyens à émettre ce vœu infâme »... avant d'être libéré par un coup de main royaliste. Sous la Restauration, cet acte courageux, qui ne manquait pas de panache, lui vaudra de recevoir la Légion d'honneur.

Autour du Temple, les bruits d'évasion se font toujours plus insistants. Et d'ailleurs non sans raison. Le baron de Batz, qui avait déjà échafaudé un plan pour libérer Louis XVI sur le chemin de la guillotine, songe maintenant à sauver le fils du roi martyr. Avec la complicité du commissaire Michonis et d'une trentaine de royalistes travestis en gardes nationaux, de Batz est à deux doigts de réussir durant la nuit du 21 au 22 juin. Mais l'intervention inopinée du municipal Simon provoque l'échec de cette tentative hasardeuse.

A cinquante-sept ans, Antoine Simon est un sans-culotte pur et dur, ami de Marat et de Robespierre. La Révolution a été sa chance. Sous l'Ancien Régime, il traînait une misère noire, accumulant les dettes et les faillites. Entre cent métiers, il a ressemmelé des chaussures à domicile : aussi l'Histoire se souviendra de lui comme du « cordonnier Simon ». Cette profession convient parfaitement au procureur Chaumette, qui cite à tout propos la phrase de l'*Emile*, où Jean-Jacques Rousseau affirmait « honorer beaucoup plus un cordonnier qu'un empereur ». C'est donc ce Simon, personnage grossier et presque illettré, qui va devenir le « Fénelon » de Louis XVII. Chaumette avait déclaré un jour, en parlant de Louis-Charles : « Je l'éloignerai de sa famille, pour lui faire perdre l'idée de son rang. » Car il s'agit de rendre impossible toute tentative de restauration, en dénaturant les sentiments de l'héritier du trône.

Séparer le fils Capet de sa mère

Le 1er juillet 1793, le Comité de salut public décrète donc « que le jeune Louis, fils de Capet, sera séparé de sa mère et placé dans un appartement à part, le mieux défendu de tout le local du Temple ».

L'enfant sera « remis dans les mains d'un instituteur, au choix du Conseil général de la Commune ». Trois jours plus tard, il est dix heures du soir, Louis-Charles dort. La reine et Madame Elisabeth ravaudent leur linge, Madame Royale lit. Soudain, six officiers municipaux font irruption dans la pièce. L'un d'eux prend la parole : « Nous venons vous notifier l'ordre du comité portant que le fils Capet sera séparé de sa mère et de sa famille. »

Pour la première fois peut-être depuis la chute de l'Ancien Régime, Marie-Antoinette laisse éclater sa douleur : « M'enlever mon enfant, non cela n'est pas possible ! Je ne pourrai jamais me résigner à cette séparation. Au nom du ciel, n'exigez pas de moi cette cruelle épreuve. Messieurs, la Commune ne peut songer à me séparer de mon fils, mes soins lui sont si nécessaires ! »

Les commissaires demeurent inébranlables. Ils menacent même d'appeler la garde et d'employer la force. Marie-Antoinette tente de parlementer. Ne pourrait-on lui ramener son fils tous les soirs, ou tout au moins aux heures des repas ? Louis-Charles, que les éclats de voix ont réveillé, sanglote : « Maman, maman, ne me quittez pas ! »

Marie-Thérèse relate dans son *Mémoire* cet épisode déchirant : « Une heure passa en pourparlers, en injures et en menaces des municipaux, en défense et en pleurs de nous tous. Enfin ma mère consentit à rendre son fils ; nous le levâmes, et après qu'il fut habillé, ma mère le remit dans les mains des municipaux en le baignant de pleurs comme si elle eût prévu dans l'avenir qu'elle ne le reverrait plus. Ce pauvre petit nous embrassa toutes tendrement et sortit en pleurs avec ces gens. [...] Ma mère redemanda plusieurs fois de le voir sans pouvoir l'obtenir ; mon frère, de son côté, pleura deux jours entiers sans pouvoir se consoler... »

La reine, brisée, a vite compris que rien ne servirait de résister davantage. Les trois princesses ont habillé le petit roi avec une lenteur calculée. Assise sur une chaise, Marie-Antoinette tient Louis-Charles devant elle. Les mains sur ses épaules, le regardant droit dans les yeux, elle lui parle d'une voix grave et solennelle : « Mon enfant, nous allons nous quitter. Souvenez-vous de vos devoirs quand je ne serai plus auprès de vous pour vous les rappeler. N'oubliez jamais le bon Dieu qui vous éprouve, ni votre mère qui vous aime. Soyez sage, patient et honnête, et votre père vous bénira du haut du ciel. » Puis elle l'embrasse sur le front et le remet aux geôliers qui pestent, parce qu'on leur a fait perdre assez de temps. Louis-Charles leur échappe pourtant, se précipite aux genoux de sa mère, s'agrippe à sa robe. Marie-Antoinette a le courage de l'arracher à elle.

17

L'élève du cordonnier Simon

En cette nuit déchirante du 4 juillet 1793, Louis-Charles, après avoir été enlevé à l'amour de sa mère, est redescendu au deuxième étage du Temple, dans l'appartement qu'il occupait naguère avec Louis XVI. C'est là qu'il découvre son étrange « précepteur », un individu sans doute plus stupide et bourru que foncièrement méchant. Face au désespoir des princesses, il lui est arrivé de laisser échapper : « Ces bougresses de femmes me feraient pleurer ! » Quant à Marie-Antoinette, à qui il a rendu quelques menus services, elle a confié : « Nous sommes bien contents de ce bon Monsieur Simon qui nous fait avoir tout ce que nous voulons. »

Cependant, Madame Royale met en lumière, dans son *Mémoire*, une facette moins reluisante du personnage : « Simon maltraitait très fort mon frère de ce qu'il pleurait d'être séparé de nous ; cet enfant, saisi, n'osa plus verser de larmes. [...] Nous montions souvent sur la tour. Mon frère y montait tous les jours, et le seul plaisir de ma mère était de le voir passer de loin par une petite fenêtre ; elle y restait des heures pour guetter l'instant de voir cet enfant si chéri. »

Le cordonnier est flanqué d'une épouse digne de lui. La citoyenne Simon, née Marie-Jeanne Aladame, ancienne domestique chez une marchande de vin, s'est mariée sur le tard. Son plus grand regret est de ne pas avoir eu d'enfant. Aussi se prendra-t-elle d'une rude affection pour son « Charles », qu'elle s'emploiera parfois à soustraire aux brutalités de Simon. En attendant, l'enfant, traumatisé refuse de se coucher. Aux municipaux qu'il rencontre le lendemain, Louis-Charles lance, avec l'autorité naturelle d'un monarque : « Je veux savoir quelle est la loi qui vous ordonne de me séparer de maman ; montrez-moi cette loi, je veux la voir ! »

Des oiseaux et des fleurs

Simon, pour tenter de séduire son « élève », lui offre de menus cadeaux... quand il ne lui décoche pas des taloches. Le 5 juillet, il achète des oiseaux, puis des fleurs, que Louis-Charles adore. Il lui apprend à jouer de la guimbarde, comme les jeunes ramoneurs savoyards. Peu à peu, l'enfant se laisse apprivoiser. Lorsque quatre membres du Comité de sûreté générale viennent inspecter la tour, le 7 juillet 1793, « le fils de Capet joue tranquillement aux dames avec son mentor ».

Cette visite inopinée des plus hautes instances de la République a été motivée par la rumeur qui court dans tout Paris : Louis XVII aurait été enlevé par ses partisans, on l'a même vu sur les boulevards, il a été porté en triomphe au château de Saint-Cloud ! Il n'en faut pas plus pour qu'un attroupement se forme autour du Temple. Et pour que la Convention dépêche sur les lieux ses plus fidèles agents. Parmi ceux-ci, on distingue Drouet, le fatal maître de poste de Sainte-Menehould. Il connaît Louis-Charles, et l'identifie sans hésiter. Lui et ses collègues ordonnent à Simon de faire descendre « le fils du tyran » dans le jardin, afin qu'il soit reconnu par la garde.

Sous les fenêtres de la tour, l'enfant appelle sa mère, qui l'entrevoit peut-être à travers la meurtrière d'une des tourelles. Drouet et ses acolytes montent ensuite chez Marie-Antoinette. Ils ont le front de s'enquérir de ce qu'elle désire. Très digne, la reine répond : « Je ne me plains que d'une chose, Monsieur, c'est de l'absence d'un enfant qui ne m'avait jamais quittée. Depuis cinq jours qu'il m'a été arraché, il ne m'a pas été permis de le voir une seule fois, et cependant, il est encore malade, il a besoin de mes soins. » Le conventionnel, derrière son masque officiel, reste de marbre : « Votre fils ne manque pas de soins : on lui a donné un précepteur patriote ; et vous n'avez pas plus à vous plaindre de la manière dont on le traite que de celle dont vous êtes traitée vous-même. »

Simon en profite pour se faire préciser les consignes : « Citoyens, que décidez-vous du louveteau ? Il était appris pour être insolent : je saurai le mater. Tant pis s'il en crève ! je n'en réponds pas. Après tout, que veut-on ? Le déporter ? le tuer ? l'empoisonner ? » La réponse tombe, d'une magistrale ambiguïté : « Nous voulons nous en défaire... »

Commence alors une période de six mois, durant lesquels les Simon auront la charge du petit

Louis XVII. Que n'a-t-on écrit à ce sujet ! Les auteurs royalistes s'emploieront à peindre le « préceptorat » du cordonnier sous les traits les plus sombres. Simon y est décrit comme une espèce de sadique assouvissant ses plus bas instincts sur un enfant abandonné à sa merci. Par exemple, n'aurait-il pas, en plein hiver, versé un seau d'eau glacée sur le pauvre Louis-Charles endormi ?

Un sans-culotte accompli

Le recul historique permet d'analyser ces faits dramatiques avec une plus grande sérénité. Certes, Simon n'est pas un tendre ! Mais il serait probablement exagéré d'en faire un tortionnaire. Sa mission est claire : métamorphoser un prince, né sous les ors du palais de Versailles, en un sans-culotte accompli, au prix d'une impitoyable « rééducation » telle qu'en pratiquera, au XXe siècle, la Chine de Mao Tsé-toung.

Dans le Plan d'éducation nationale de Lepeletier de Saint-Fargeau, présenté à la Convention par Robespierre, le 13 juillet, ne lit-on pas ce souhait de modeler un « homme nouveau », dont rêveront les dictatures rouges et brunes du XXe siècle : « La totalité de l'existence de l'enfant nous appartient. La matière, si je peux m'exprimer ainsi, ne sort jamais du moule. Aucun objet extérieur ne vient déformer la modification que vous lui donnez. Prescrivez, l'exécution est certaine ; imaginez une bonne méthode, à l'instant elle est suivie ; créez une conception utile, elle se pratique complètement, continûment, et sans efforts. »

Pour ce faire, l'« instituteur » de Louis-Charles lui apprendra à jurer, à insulter les aristocrates, à beugler des chansons révolutionnaires. Bien entendu, les matières littéraires ou scientifiques disparaissent de ce curieux programme éducatif. A l'occasion, Simon encourage son protégé d'une gifle, à moins qu'il ne lui serve une rasade d'eau-de-vie.

Au reste, Louis-Charles continue d'être tenu propre et nourri correctement. Il lui arrive encore de jouer dans la tour avec la fille de la blanchisseuse Clouet. Les Simon commandent à son usage, chez le tailleur Bosquet, un habit d'été de drap roux en forme de carmagnole, un pantalon, un costume de nankin et une redingote en drap, pour remplacer les vêtements de deuil qu'il portait depuis la mort de son père. En septembre, un habit en drap de Louviers complétera cette garde-robe. Marie-Jeanne s'occupe du « fils Capet » comme de son propre enfant. Pour le soigner d'une « maladie vermineuse », elle lui administre chaque jour de juillet et d'août, un lavement et quatre onces de sirop vermifuge. Le 27 juillet, elle fait livrer à son intention une baignoire et un thermomètre pour contrôler la température de l'eau.

Un jour, il prend fantaisie à la citoyenne Simon de couper les boucles blondes de Louis-Charles, qui rappellent trop le « ci-devant ». Le garçon de cuisine Meunier, en montant le dîner, s'exclame : « Oh ! pourquoi donc avez-vous haché ainsi ses cheveux, qui lui allaient si bien ? » La femme ricane : « Tiens, ne vois-tu pas, citoyen, que nous jouons au jeu du roi dépouillé ! » Après quoi, on fait boire au prince deux verres de vin, et coiffer le bonnet rouge. Simon le félicite : « Enfin, Capet, te voilà jacobin ! »

Le 1er août, la Convention adopte, sans discussion, le renvoi de Marie-Antoinette devant un tribunal extraordinaire, et son transfert immédiat à la Conciergerie. Le décret précise : « Tous les individus de la famille Capet seront déportés hors du territoire de la République, à l'exception des deux enfants de Louis Capet, et des individus de la famille qui sont sous le glaive de la loi. Elisabeth Capet ne pourra être déportée qu'après le jugement de Marie-Antoinette. Les membres de la famille Capet qui sont hors le glaive de la loi seront déportés après le jugement s'ils sont absous. La dépense des deux enfants de Louis Capet sera réduite à ce qui est nécessaire pour l'entretien et la nourriture de deux individus. »

Le laquais du couple Simon

Le 2 août 1793, à deux heures du matin, la reine est arrachée à sa fille et à sa belle-sœur. Elle n'a plus guère que dix semaines à vivre. A l'étage du dessous, Louis-Charles continue de partager l'intimité des Simon. Il est à la fois leur fils adoptif et leur laquais. Marie-Jeanne loue sa docilité : « Le petit est un bien aimable et bien charmant enfant, il me nettoie et me cire mes souliers, et il m'apporte ma chaufferette auprès de mon lit, quand je me lève. »

Le 19 août, le cordonnier se fait servir à table par Louis-Charles. L'enfant commet une maladresse. Simon le corrige d'un coup de serviette, et manque de l'éborgner. Il prend à témoin le commissaire Lebeuf, qui assiste à la scène : « Vois donc citoyen, comme le sacré louveteau est gauche au service ! On veut en faire un roi, et il n'est pas bon à être domestique ! Viens t'asseoir et boire avec nous, il faut qu'il te serve aussi. Allons, viens, n'aie ni peur ni honte. »

Lebeuf, qui exerce la profession de maître de pension, s'indigne de tels procédés. Il démissionne de la Commune et ose déclarer au conseil « qu'il avait témoigné son déplaisir au citoyen Simon, qui s'était souvent permis de répéter des obscénités devant le petit Capet, auquel il aurait désiré qu'on donnât une éducation plus conforme aux bonnes mœurs ». A cause de cette courageuse déposition, le commissaire, suspecté de modérantisme, est incarcéré...

Un espion royaliste au service du comte d'Antraigues, et qui affirme tenir ses renseignements de Simon lui-même, témoigne de l'endoctrinement que l'on fait subir au malheureux Louis XVII : « Hébert et les soldats dont on l'entoure ne lui apprennent que des ordures et des impiétés. On ne lui donne que les livres les plus infâmes et, enfin, il n'est rien qu'on ne fasse pour le corrompre. [...] Simon prétend aussi que, plusieurs fois, Hébert l'a menacé de la guillotine et que cette menace l'effraie si horriblement qu'il a vu souvent cet enfant s'évanouir à cette menace. »

Le rapport dépasse même les limites de la vraisemblance, en soutenant que « le jeune roi est infecté d'un mal vénérien bien qu'on ne lui ait pas présenté de femmes publiques depuis la mort de la reine, comme on le faisait avant, car Hébert lui-même lui amenait des jeunes filles emputinées qui passaient avec l'enfant plusieurs heures pour lui pervertir le cœur et lui ruiner la santé, comme il arrive effectivement. Car il a des accidents vénériens qui pourront être mortels parce qu'on ne le soigne pas et que les liqueurs qu'il boit sont autant de poisons à cause de l'âcreté de son sang ».

Cependant, c'est un fait qu'au XVIIIe siècle, on ne distingue pas encore très exactement la syphilis de certaines formes de tuberculose. L'état physique de Louis XVII se serait tellement délabré que certains historiens ont parfois soutenu l'idée qu'il serait mort dans les premiers jours de 1794. L'agent de d'Antraigues dit qu'il souffre alors d'une « sorte de dévoiement », c'est-à-dire de diarrhées. Toutefois, les auteurs qui épousent cette théorie s'appuient sur de bien frêles indices. Ainsi, les notes de la blanchisseuse du Temple, la veuve Clouet, ne mentionnent plus de nettoyage de bas après le mois de décembre 1793. C'est également vers cette date que le docteur Thierry interrompt ses visites, auparavant régulières. Nous verrons que les Simon déménageront le 5 janvier 1794 et ne seront pas remplacés. Enfin, sous le Consulat, le général d'Andigné, incarcéré au Temple, sera autorisé à jardiner dans les fossés du vieux donjon. C'est ainsi qu'il déterre les restes d'un enfant, enfouis dans la chaux vive. Il en conclut – trop hâtivement – qu'il s'agit de Louis XVII, inhumé en secret.

Pour sa part, Madame Royale confirme que « le changement de vie et les mauvais traitements rendirent [s]on frère malade à la fin d'août [1793]. Simon le faisait manger horriblement ainsi que beaucoup boire de vin, que [s]on frère détestait ; tout cela lui donna la fièvre ; il prit une médecine qui ne lui fit pas de bien et sa santé se dérangea. Il était extrêmement engraissé, mais pas très grandi. Simon cependant lui faisait faire de l'exercice et prendre l'air sur la tour. »

Des draps d'écurie, en toile jaune

Le 22 septembre, de nouvelles mesures d'économie entrent en vigueur. Les pâtisseries et la volaille disparaissent de la table du Temple. La bougie est remplacée par de vulgaires chandelles, les pièces d'argenterie et de porcelaine, par des couverts en étain et des assiettes en faïence. Le petit roi passe maintenant ses nuits dans des draps d'écurie, en toile jaune. Les vêtements de Louis XVI, sortis des armoires, sont brûlés symboliquement en place de Grève.

Soumis à un tel régime, n'importe quel enfant de huit ans ne tarderait pas à perdre ses repères. C'est ce qui arrive à Louis-Charles. Avec un mélange de crainte et d'amusement, il adopte l'attitude et le langage des sans-culottes. Depuis l'appartement où, désormais, elle reste seule avec sa tante, Madame Royale entend son frère – dont elle sait des nouvelles par les municipaux – chanter « *la Carmagnole*, l'air des Marseillais et mille autres horreurs ». Elle ajoute que « Simon lui faisait chanter aux fenêtres pour être entendu de la garde avec des jurements affreux contre Dieu, sa famille et les aristocrates. Ma mère, heureusement, n'entendit pas toutes ces horreurs, elle était partie ; c'est un supplice dont le ciel l'a préservée ».

A cet égard, le municipal Daujon rapporte une anecdote affreuse : « Je jouais un jour avec lui à un petit jeu de boules, c'était après la mort de son père et il était séparé de sa mère et de sa tante par ordre du Comité de Salut public. La salle où nous étions était au-dessous d'un des appartements de la famille, et l'on entendait sauter et traîner des chaises, ce qui faisait assez de bruit au-dessus de nos têtes. Cet enfant dit alors avec un mouvement d'impatience : " Est-ce que ces sacrées p... -là ne sont pas encore guillotinées ? " »

Le procès de Marie-Antoinette doit bientôt avoir lieu, mais les éléments pour étayer concrètement le dossier d'accusation font cruellement défaut. C'est alors que Simon découvre que Louis-Charles pratique l'onanisme. Hébert en conçoit l'effroyable idée de faire déposer le petit roi contre sa mère. Le 6 octobre 1793 – 15 vendémiaire an II du nouveau calendrier – Pache, Chaumette et leurs affidés arrivent à la tour en grand appareil. Le petit prince a été dûment chapitré. Son « précepteur » lui a fait boire un peu d'alcool. Il suffit dès lors d'interroger habilement l'enfant, selon un plan prévu à l'avance. On se souvient que la reine disait déjà de son fils en 1789 : « Il est très indiscret ; il répète souvent ce qu'il a entendu dire, et souvent, sans vouloir mentir, il y ajoute ce que son imagination lui a fait voir. » Louis-Charles se répand en commérages. Il dénonce les conciliabules des princesses avec certains municipaux, ignorant qu'il risque de condamner ces derniers à mort. Et comme cela ne suffit pas, Chaumette surenchérit dans l'ignominie. Révélant à l'enfant qu'il n'ignore rien de ses honteuses manies, le procureur parvient à lui extorquer des aveux controuvés :

« Charles Capet déclare en outre qu'ayant été surpris plusieurs fois dans son lit par Simon et sa femme, chargés de veiller sur lui par la Commune, à commettre sur lui des indécences nuisibles à sa santé, il leur avoua qu'il avait été instruit de ces habitudes pernicieuses par sa mère et sa tante, et que différentes fois, elles s'étaient amusées à lui voir répéter ces pratiques devant elles, et que bien souvent cela avait lieu lorsqu'elles le faisaient coucher entre elles. »

Pour corser encore l'affaire, Chaumette fait ajouter, en marge du procès-verbal, « que de manière que l'enfant s'est expliqué, il nous a fait entendre qu'une fois, sa mère le fit approcher d'elle, qu'il en résulta une copulation et qu'il en résulta un gonflement à un des testicules, connu de la citoyenne Simon, pour lequel il porte encore un bandage et que sa mère lui a recommandé de ne jamais en parler ; que ces actes ont été répétés plusieurs fois depuis ». On glisse une plume entre les doigts de Louis-Charles. Il signe d'une écriture inhabituelle. Elle est tremblée, comme s'il était ivre ou terriblement bouleversé. Un peu plus tard, le Comité de sûreté générale demandera au maire Pache comment il a pu mettre au jour des secrets aussi inconcevables. Et le sans-culotte répondra : « Je les ai lus dans l'opinion publique ; ils sont clairs comme le soleil. »

Mille vilaines choses

Dès le lendemain, vers midi, Chaumette et Pache retournent au Temple, accompagnés du peintre David, également membre du Comité de sûreté générale. La Commune a résolu de confronter Louis XVII à sa sœur et à sa tante, afin de confirmer ou d'infirmer ses allégations. Marie-Thérèse relate dans son *Mémoire* : « J'embrassai ma tante et je descendis ; j'étais très embarrassée, c'était la première fois que je me trouvais seule avec une douzaine d'hommes, je ne savais ce qu'ils me voulaient ; enfin je me recommandai à Dieu et je descendis. Chaumette, dans l'escalier, voulut me faire des politesses, je n'y répondis pas. Arrivée chez mon frère, je l'embrassai tendrement ; Madame Simon me l'arracha et me dit de passer dans l'autre chambre. Chaumette me dit de m'y asseoir, ce que je fis ; il s'assit en face de moi : un municipal prit la plume. »

Le procureur lance l'interrogatoire sur différents municipaux soupçonnés d'intelligence avec la famille royale, avant d'évoquer devant la princesse « mille vilaines choses dont on accusait [s]a mère » :

« Je répondis avec vérité que cela n'était pas vrai, mais une infâme calomnie ; ils insistèrent beaucoup, mais je m'en tins toujours sur la négative, qui était la vérité. Il me parla ensuite de Varennes, me fit beaucoup de questions auxquelles je répondis le mieux que je pus sans compromettre personne. Enfin mon interrogatoire finit à trois heures. Je demandai avec chaleur à Chaumette d'être réunie à ma mère, disant avec vérité que je l'avais déjà demandé avec ma tante plus de mille fois.

« – Je n'y peux rien.

« – Quoi ! Monsieur, vous ne pouvez pas l'obtenir du Conseil général !

« – Je n'y ai aucune autorité. »

Il me fit ensuite reconduire chez moi avec trois municipaux et me recommanda de ne rien dire à ma tante, qu'on allait aussi faire descendre. En arrivant, j'embrassai ma tante; on lui dit de descendre, ce qu'elle fit, on lui fit les mêmes questions qu'à moi; elle répondit à peu près les mêmes choses que moi. »

A la pauvre Marie-Thérèse, qui n'a encore que quinze ans, les commissaires n'ont pas hésité à demander si, « lorsqu'elle jouait avec son frère, il ne la touchait pas où il ne fallait pas qu'elle fût touchée; si on ne faisait pas sauter son frère sur une couverture entre elles... ». A la demande de ses geôliers, Louis-Charles réitère ce qu'il a dit la veille. La jeune fille, qui comprend à peine de quoi l'on parle, balbutie « qu'il peut se faire que son frère ait vu des choses qu'elle n'a pas vues, attendu qu'elle était occupée pour son instruction... » En septembre 1795, Madame de Tourzel recevra les confidences de Marie-Thérèse : « A la fin de cette scène atroce, le malheureux petit prince, commençant à se désenivrer, s'approcha de sa sœur et lui prit la main pour la baiser. L'affreux Simon, qui s'en aperçut, lui envia cette légère consolation, et l'emporta sur-le-champ. »

On envoie ensuite quérir Madame Elisabeth. De nouveau, il est question des « indécences » de Louis-Charles, et des attouchements que la reine et sa belle-sœur auraient pratiqués sur l'enfant. La princesse s'en défend par le mépris : « Une pareille infamie est trop au-dessous et trop loin d'elle pour pouvoir y répondre. » Elle ajoute cette précision capitale, que « d'ailleurs l'enfant avait cette habitude longtemps auparavant et il doit bien se rappeler qu'elle et sa mère l'en ont grondé plusieurs fois ».

« J'en appelle à toutes les mères... »

Louis-Charles proteste encore qu'il n'a déclaré que la vérité. La confrontation prend des allures de dispute. On ordonne au petit roi de préciser « qui l'avait instruit le premier dans cette pratique ». Quelque peu désarçonné, il lance : « Les deux ensemble » Cela se passait-il le jour ou la nuit ? Le protégé de Simon répond « qu'il ne s'en souvient pas, mais qu'il croit que c'était le matin ». Cette fois-ci, Louis-Charles signe d'une main plus ferme. Mais sans doute est-il encore plus troublé que lors de sa précédente déclaration : il en oublie le « p » du nom Capet, qui ne lui est sans doute guère familier...

Au cours du procès de la reine, Hébert déposera en qualité de quatrième témoin. Il rapporte la teneur des propos du jeune Louis XVII. Il en conclut « qu'il n'y avait pas même à douter qu'il n'y ait eu un acte incestueux entre la mère et le fils ». Face à une telle calomnie, la reine garde d'abord un silence majestueux. Un juré insiste, et demande au président du tribunal qu'il interpelle l'accusée sur ce point. Marie-Antoinette se contente de lancer, en se retenant difficilement de pleurer : « Si je n'ai pas répondu, c'est que la nature se refuse à répondre à une pareille inculpation faite à une mère. J'en appelle à toutes celles qui peuvent se trouver ici. » Il paraît que, lorsque cet incident lui sera rapporté, Robespierre entrera dans une rage extrême :

« Cet imbécile d'Hébert ! ce n'est pas assez qu'elle soit réellement une Messaline, il faut qu'il en fasse une Agrippine et qu'il lui fournisse à son dernier moment ce triomphe d'intérêt public ! »

A l'unanimité du jury, « Marie-Antoinette, dite Lorraine d'Autriche, veuve de Louis Capet », est condamnée à la peine de mort. Avant de partir pour l'échafaud, le 16 octobre 1793, à quatre heures et demie du matin, la reine déchue rédige une lettre-testament à l'intention de Madame Elisabeth :

« C'est à vous, ma sœur, que j'écris pour la dernière fois. [...] Je suis calme comme on l'est quand la conscience ne reproche rien ; j'ai un profond regret d'abandonner mes pauvres enfants ; vous savez que je n'existais que pour eux. [...] J'espère qu'un jour, lorsqu'ils seront plus grands, ils pourront se réunir avec vous et jouir en entier de vos tendres soins.

« Qu'ils pensent tous deux à ce que je n'ai cessé de leur inspirer : que les principes et l'exécution exacte de ses devoirs sont la première base de la vie ; que leur amitié et leur confiance mutuelle en feront le bonheur. Que ma fille sente qu'à l'âge qu'elle a, elle doit toujours aider son frère par les conseils que l'expérience qu'elle aura de plus que lui et son amitié pourront lui inspirer ; que mon fils à son tour rende à sa sœur tous les soins, les services que l'amitié peut inspirer ; qu'ils sentent enfin tous les deux que, dans quelque position où ils pourront se trouver, ils ne seront vraiment heureux que par leur union. [...]

« Que mon fils n'oublie jamais les derniers mots de son père, que je lui répète expressément : “ Qu'il ne cherche jamais à venger notre mort. " J'ai à vous parler d'une chose bien pénible à mon cœur : je sais combien cet enfant doit vous avoir fait de la peine ; pardonnez-lui, ma chère sœur ; pensez l'âge qu'il a, et combien il est facile de faire dire à un enfant ce qu'on veut, et même ce qu'il ne comprend pas ; un jour viendra, j'espère, où il ne sentira que mieux tout le prix de vos bontés et de votre tendresse pour tous deux. [...] Je vous embrasse de tout mon cœur, ainsi que ces pauvres chers enfants. Mon Dieu ! qu'il est déchirant de les quitter pour toujours ! »

La journée fatidique du 16 octobre

Louis-Charles ignorera toujours l'exécution de sa mère. Une anecdote montre le petit Louis XVII, inconscient du drame qui vient de se jouer, riant aux éclats avec les municipaux, en cette journée fatidique du 16 octobre. Enfermé dans la tour du Temple, aussi bien que son prisonnier, Simon tourne comme un lion en cage. Il ne travaille plus, passe ses journées à boire et à fumer sa bouffarde. Pour se distraire, il fait installer au premier étage, dans la salle du Conseil, un billard qui se trouvait dans le palais du grand-prieur. Louis-Charles apprend à y jouer avec le commissaire Barelle, qui l'a pris en amitié. Un jour, l'enfant lui offre un poulet, qu'il a gardé à son intention. Sensible, le révolutionnaire essuie une larme : « Mon pauvre petit, je voudrais bien pouvoir t'emporter comme cela dans mon autre poche et te tirer d'ici ! »

Quelques jours après l'exécution de Marie-Antoinette, Chaumette fait remarquer que la garde des trois prisonniers subsistant au Temple constitue une surcharge de services et de dépenses excessive. Sur son instigation, la Commune entend proposer à la Convention leur translation dans des prisons ordinaires. Mais le Comité de salut public s'oppose à ce projet. Louis-Charles continuera donc de vivre avec les Simon, tandis que sa sœur et sa tante demeureront cloîtrées à l'étage supérieur.

Le 26 octobre – 5 brumaire an II de la République –, le cordonnier fait part au conseil du Temple « d'une conversation qu'il avait eue avec le petit Capet, par laquelle un membre de la Commune paraissait avoir eu des intelligences avec sa mère ». Les municipaux Foloppe et Figuet sont désignés pour interroger l'enfant. Ils montent immédiatement dans sa chambre. L'enfant ne se fait pas prier pour vider son sac. Il déclare ainsi « qu'un jour, Simon étant de service au Temple auprès de sa mère avec Jobert, ledit Jobert avait remis ce jour-là deux billets sans que Simon fût [sic] aperçu ; que cette espièglerie avait fait rire beaucoup ces dames, d'autant plus qu'elles avaient trompé la vigilance de Simon, mais que lui déclarant n'avait point vu les billets, seulement que ces dames le lui avaient dit. [...] Lecture faite au petit Capet de la présente déclaration a dit qu'elle contient vérité, y persiste et a signé. Et avant de signer, le petit Capet a dit que sa mère craignait sa tante ; et que sa tante était celle qui exécutait mieux les complots. »

Les vils restes de la tyrannie

Ce document s'achève par le dernier paraphe connu du prince infortuné. Le 25 novembre, la Commune adresse une nouvelle pétition à la Convention, afin que celle-ci s'avise des moyens les plus propres à se débarrasser des « vils restes de la tyrannie, les prisonniers du Temple ». Les sans-culottes suggèrent de déférer « l'infâme Elisabeth » devant le tribunal révolutionnaire. Quant à « la postérité du tyran » – Madame Royale et Louis-Charles –, elle devra être détenue dans une prison ordinaire, « de la même manière que les autres détenus dont la République a eu besoin de s'assurer ». Une fois encore, cette requête reste sans effet.

Pendant ce temps, Louis XVII continue de jouer le rôle d'espion que ses misérables geôliers attendent de lui. Ainsi, le 4 décembre, il rapporte à Simon et aux commissaires chargés de le surveiller « des faits qu'il importait de connaître pour le salut de la République ». Ces pitoyables « révélations » concernent les princesses, qui séjournent dans l'appartement supérieur : « que, depuis environ quinze jours ou trois semaines, il entend les détenues frapper tous les jours consécutifs, entre six et neuf heures ; que, depuis avant-hier, ce bruit s'est fait un peu plus tard et a duré plus longtemps que tous les jours précédents ; que ce bruit paraît partir de l'endroit correspondant au bûcher ; que, de plus, il connaît, à la marche qu'il distingue de ce bruit, que, pendant ce temps, les détenues quittent la place du bûcher par lui indiquée, pour se transporter dans l'embrasure de la fenêtre de leur chambre à coucher, ce qui fait présumer qu'elles cachent quelques objets dans ces embrasures ; il pense que ce pourrait être de faux assignats, mais qu'il n'en est pas sûr, et qu'elles pourraient les passer par la fenêtre pour les communiquer à quelqu'un.

« Ledit Charles nous a également déclaré que, dans le temps qu'il était avec les détenues, il a vu un morceau de bois garni d'une épingle crochue et d'un long ruban, avec lequel il suppose que les détenues ont pu communiquer par lettres avec feu Capet. [...]

« Charles Capet nous a déclaré de plus qu'il était fortement persuadé que les détenues avaient quelques intelligences ou correspondances avec quelqu'un. De plus nous a déclaré qu'il avait entendu lire dans une lettre que Cléry avait proposé à feu Capet le moyen de correspondance présumé par lui déclarant ; que Capet avait répondu à Cléry que cela ne pouvait se pratiquer, et que cette réponse n'avait été faite à Cléry qu'à la fin qu'il ne se doutât pas de ladite correspondance.

« Déclare qu'il a vu les détenues fort inquiètes, parce qu'une de leurs lettres était tombée dans la cour. Ayant demandé au citoyen Simon s'il avait connaissance du bruit ci-dessus énoncé, il a répondu qu'ayant l'ouïe un peu dure il n'avait rien entendu ; mais la citoyenne Simon, son épouse, a confirmé les dires dudit Charles Capet relativement au bruit ».

De telles divagations n'auront aucune conséquence directe, en raison même de leur puérilité. Quant au bruit attribué à la fabrication de fausse monnaie, il était en réalité celui des pions du trictrac, comme Madame Royale l'expliquera plus tard !

Telle sera l'ultime vilenie du « préceptorat » de Simon. Le 3 janvier 1794, un arrêt de la Commune oblige tous les élus municipaux à assister aux séances hebdomadaires du Conseil, à l'hôtel de ville. Le cordonnier, retenu par ses fonctions auprès de Louis-Charles, est obligé d'opter. En dépit des neuf mille livres que lui rapporte annuellement son service auprès du ci-devant dauphin, il n'hésite pas longtemps. Dès le 5 janvier, il choisit de « conserver la place que la confiance du peuple lui a accordée ». Il s'installe donc avec sa femme dans un appartement de l'enclos du Temple, au-dessus des écuries. Le Comité de sûreté générale ayant désormais regardé « comme inutile une surveillance particulière », Louis XVII se retrouve livré à lui-même, à dater du départ définitif des Simon, le 19 janvier. Les quatre commissaires qui le reconnaissent ce soir-là le déclarent en bonne santé et accordent à l'instituteur une « décharge définitive ».

Il paraît qu'au moment de se séparer de son mentor, Louis-Charles l'aurait supplié : « Simon, mon cher Simon, amène-moi dans ta boutique ; tu m'apprendras à faire des souliers et je passerai pour ton fils, car, je le prévois, ils ne m'épargneront pas plus que mon père. » Selon une version moins favorable au cordonnier, celui-ci aurait quitté Louis-Charles avec cette « bénédiction » : « Oh ! le crapaud, il n'est pas encore écrasé, mais il ne sortira pas de la crapaudière, quand bien même tous les capucins du ciel se mêleraient de l'en tirer. »

18

Le calvaire d'un petit garçon

Le lendemain du départ des Simon, le 1er pluviôse de l'an II – 20 janvier 1794 –, le petit roi est isolé, au secret, dans l'une des pièces de l'appartement du deuxième étage. Il n'a pas encore neuf ans. Les historiens ne s'accordent pas sur le lieu exact de sa détention. S'agit-il de la salle à manger, ou encore de l'ancienne chambre de Cléry, qui avait ensuite été celle de la femme Simon ? La majeure partie des spécialistes tendent plutôt à penser que Louis XVII fut resserré dans l'ex-chambre de son père. Quoi qu'il en soit, la porte de communication de cette pièce avec l'antichambre est fermée à clef et grillée de barreaux de fer. Certains auteurs affirment qu'un poêle aurait été installé à la place de cette ouverture, pour mieux en défendre l'accès. Juste au-dessus, un guichet, renforcé par un cadenas, aurait permis de passer des plats et divers objets. Il est plus probable que le poêle ait été encastré dans l'une des cloisons, à cheval entre l'antichambre et le cachot. Une faible lumière provient d'une lanterne placée dans l'entrée, au-delà des grilles.

Louis-Charles va vivre, ou plutôt croupir, durant six mois dans cet enfer, sans contact ou presque avec l'extérieur. L'enfant est nourri de l'ordinaire des prisons : chaque jour, deux bols de soupe avec un morceau de bœuf, un pain et une cruche d'eau. Au milieu de la nuit, les quatre commissaires chargés de vérifier sa présence se présentent à la grille du cachot. L'intérieur est plongé dans les ténèbres. Les révolutionnaires devinent une forme allongée sur un lit. L'un d'entre eux vocifère : « Capet, Capet, dors-tu ? Race de vipère, lève-toi ! » Le petit prisonnier se réveille en sursaut, se traîne vers la porte, ensommeillé : « Que me voulez-vous ? » Le municipal répond : « Te voir, c'est bon, va te coucher ! » Et quand les commissaires n'arrivent pas ensemble, la même scène peut se reproduire à deux ou trois reprises.

D'une barbarie inouïe

Dans les premiers temps, Louis-Charles a encore la force d'utiliser le linge blanc qu'on lui fournit. Puis très vite, comme tout enfant de son âge abandonné à lui-même, il conserve ses vêtements, qui se transforment en haillons. Il reste allongé toute la journée. N'ayant rien pour se laver, il est d'une saleté repoussante. Madame Royale s'apitoiera sur le sort de son pauvre frère, tout en jugeant celui-ci avec une étonnante dureté :

« Barbarie inouïe de laisser un malheureux enfant de huit ans seul, enfermé dans sa chambre, sous verrous et clefs, n'ayant aucun secours et qu'une mauvaise sonnette qu'il ne tirait jamais, aimant mieux manquer de tout que de demander à ses persécuteurs !

Il était dans un lit qui ne fut pas fait de six mois, mon frère n'ayant pas la force de le faire ; les punaises et les puces le couvraient, son linge et sa personne en étaient pleins. Ses ordures restèrent dans sa chambre ; jamais il ne les jetait ni personne non plus ; la fenêtre n'était jamais ouverte, on ne pouvait tenir dans sa chambre par l'odeur infecte. De son naturel, il était sale et paresseux, car il aurait pu avoir plus de soin de sa personne. Souvent on ne lui donnait pas de lumière ; ce malheureux mourait de peur, mais ne demandait jamais rien. Il passait sa journée sans rien faire, et cet état où il vécut fit beaucoup de mal à son moral et à son physique. »

Pendant ce temps, la République, telle Saturne, dévore ses propres enfants. Le 24 mars 1794, l'abject Hébert est condamné à mort, avec dix-huit de ses amis « Enragés », accusés d'avoir manigancé un complot... en vue de préparer la fuite de la famille royale ! Georges Couthon fulmine à la barre de la Convention : « On a tenté de faire parvenir au Temple, aux enfants Capet, une lettre, un paquet de cinquante louis en or ; le but de cet envoi était de faciliter l'évasion du fils de Capet ; car les conjurés ayant formé le projet d'établir un conseil de régence, la présence de l'enfant était nécessaire à l'installation du régent. Qu'ils tremblent les scélérats qui voulaient donner un maître aux Français ! Leur dernière heure est sonnée, ils périront. »

Le 4 avril, c'est au tour de Georges Danton et de quatorze Girondins « indulgents » de périr sous le couperet de la guillotine. Puis le 13 avril, la tête du procureur Chaumette roule dans le panier de son. Il aurait voulu lui aussi « placer le petit Capet sur le trône ».

Arrêtée le 9 mai, Madame Elisabeth est transférée à la Conciergerie. Le jour suivant, 21 floréal an II, la sœur de Louis XVI est conduite au supplice, avec vingt-quatre autres condamnés. La loi du 22 prairial – 10 juin 1794 – supprimera les plaidoiries et l'audition des témoins. La Grande Terreur s'abat sur la France. D'avril à juillet, elle fera plus de deux mille victimes innocentes, parmi lesquelles le poète André Chénier et le chimiste Lavoisier.

Dorénavant, les deux enfants royaux restent les seuls captifs du Temple, chacun à son étage, sans contact entre eux. Le 11 mai, Robespierre, qui vient de s'instituer grand pontife de l'Etre Suprême, daigne visiter les jeunes prisonniers. Du moins Madame Royale croit le reconnaître. Sans un mot, Marie-Thérèse remet un billet à l'Incorruptible. Elle y a griffonné : « Mon frère est malade. J'ai écrit à la Convention pour obtenir d'aller le soigner, la Convention ne m'a pas encore répondu. Je réitère ma demande. » Comme à son accoutumée, Maximilien reste de marbre.

Robespierre hors la loi

Le 9 thermidor – 27 juillet 1794 – la dictature montagnarde se noie dans des flots de sang. Robespierre a réclamé, la veille, une vaste épuration qui frapperait l'Assemblée et les Comités. Les députés du « Marais », qui constituent la majorité silencieuse de la Convention, commencent à s'inquiéter pour leur propre sécurité. Ils trouvent enfin le lâche courage de décréter Robespierre et ses complices hors la loi. Dans la soirée, retranché à l'hôtel de ville, le tyran se fracasse la mâchoire d'une balle de pistolet. Il sera décapité le lendemain. Cent trois Montagnards vont le suivre sur l'échafaud, parmi lesquels le cordonnier Simon...

A l'aube de ce même 10 thermidor, une délégation, composée de membres des Comités et de députés empanachés, se présente à la tour du Temple. Elle est conduite par le ci-devant vicomte de Barras, qui à la tête d'une poignée de gendarmes, a tenu en échec la Commune insurrectionnelle, la veille au soir. Paul Barras, paré titre de commandant général de la force armée, est le nouvel homme fort de la république. Son premier acte d'autorité sera de venir se rendre compte lui-même de la situation de Louis XVII.

Il est six heures du matin. « Un bruit affreux » réveille les habitants de l'enclos. Les commissaires de la Commune accueillent le tombeur de Robespierre aux cris de « Vive la Convention nationale ! » et lui font les honneurs de la prison. Au deuxième étage, les visiteurs pénètrent dans la chambre close, en passant par celle de Cléry. Un ami de Barras a retranscrit le récit poignant de cette visite :

« Des ordures étaient accumulées dans plusieurs coins. Toutefois, Barras vit un lit assez proprement arrangé, mais dont il paraissait que l'enfant ne faisait point usage. Ce qui frappa le général, ce fut une petite couchette en forme de berceau qui était au milieu de la chambre. Dans cette couchette, il n'y avait qu'un matelas sans draps, sur lequel le fils de Louis XVI était pelotonné ; ce berceau était beaucoup trop petit pour qu'il pût s'y étendre tout de son long. Ne s'étant point dérangé de sa position quand on était entré, Barras crut qu'il dormait ; mais, s'apercevant qu'il avait les yeux ouverts, il lui demanda pourquoi il préférait ce berceau à son lit où il serait beaucoup mieux.

« L'enfant, sans bouger davantage, répondit qu'il souffrait moins sur cette couchette que dans son lit. Sur la question que lui fit le général s'il était malade et où était son mal, l'enfant, au lieu de parler, se contenta d'indiquer sa tête et ses genoux. Barras l'engagea à se lever, il ne bougea point ; alors il dit à l'officier municipal et à l'officier de service de soulever l'enfant avec précaution, et de le mettre à terre pour qu'il le vît marcher. L'enfant ne se prêta qu'à regret aux soins qu'on prit pour le mettre debout. Il ne fut pas plus tôt sur ses pieds qu'il voulut s'étayer de son berceau où il se jeta la tête la première.

« Barras ordonna de nouveau qu'on tentât de le placer sur ses jambes en le soulevant sous les bras ; mais au premier pas, il parut éprouver des douleurs si vives qu'à l'instant on le fit asseoir. Il avait pour vêtements un gilet et un pantalon de drap gris ; le pantalon était étroit et semblait le gêner. Barras, pour voir le mal, fit couper de bas en haut et des deux côtés le pantalon jusqu'au-dessus des genoux, qu'il trouva prodigieusement gonflés et d'une couleur livide. Il apprit que l'enfant ne dormait ni ne mangeait... »

Crasseux, rongé par les parasites

Soucieux avant tout de sécurité, Barras s'empresse de renforcer la garnison du Temple et de s'assurer de la fidélité des soldats. En remplacement des commissaires de la Commune, il nomme un « gardien permanent » pour Louis-Charles et Marie-Thérèse, en la personne de Jean-Jacques-Christophe Laurent, un créole de la Martinique, âgé de vingt-quatre ans, membre actif de la section du Temple. Dans la nuit du 11 au 12 thermidor, vers deux heures du matin, Laurent monte dans l'appartement de Louis XVII. L'odeur est infecte. A la lueur d'une chandelle, il entrevoit l'enfant, qui râle sourdement. Consterné par ce spectacle, Laurent demande au Comité de sûreté générale de diligenter une enquête. Il requiert également de la Convention qu'on lui adjoigne un compagnon pour accomplir sa tâche car, dit-il, « il est impossible avec toute ma bonne volonté, que j'y suffise seul ».

Dès le 13 thermidor, plusieurs députés et municipaux se rendent à la tour pour constater la véracité des dires de Laurent. Ces inspecteurs ne peuvent faire que la même et déplorable observation : l'enfant roi vit au milieu des ordures, en loques, crasseux, rongé par les parasites. Il est terriblement amaigri, ses jambes et ses bras sont longs et grêles, sa tête et son cou sont envahis par des plaies purulentes. Louis-Charles souffre des poignets et des genoux, où l'on distingue des tumeurs bleues et jaunâtres.

Pourtant, ses conditions d'existence ne s'améliorent que fort lentement. D'abord sans supprimer la clôture, Laurent entre trois fois par jour chez l'enfant. Il bassine ses plaies à l'eau tiède. A la fin du mois d'août, le régime de l'enfermement total est enfin aboli. La grille et le guichet sont démontés. On ôte une partie des abat-jour qui aveuglent les fenêtres. Louis-Charles est habillé de linge neuf, on le baigne, on lui coupe les cheveux. Un chirurgien municipal vient panser ses lésions. Laurent commande pour son petit prisonnier un vêtement de drap fin couleur d'ardoise foncée. Devant ces attentions inattendues, Louis XVII interroge le créole : « Pourquoi avez-vous soin de moi ? Je croyais que vous ne m'aimiez pas. »

Désormais, il est moins souvent question du « fils Capet ». Laurent nomme l'enfant « Monsieur Charles » et le vouvoie. Certains gardes, moins cérémonieux, se contentent de l'appeler « Charles » et affectent encore de le tutoyer. Barras avait, paraît-il, donné l'ordre que « les deux enfants de France puissent se promener chaque jour dans la cour de leur prison ». En dépit de ce vœu, Laurent ne réunira jamais Louis-Charles et Marie-Thérèse. Louis XVII n'est autorisé à prendre l'air que sur le toit du donjon. Encore ne s'y traîne-t-il qu'avec beaucoup de peine. Ne voyant jamais leurs prisonniers, les canonniers du poste en sont à se demander « s'ils gardent des pierres ou quelque chose » !

Cette famille infernale des Capet

Le 18 septembre 1794, le député Duhem s'emporte devant l'Assemblée : « Comme si un peuple qui a eu le courage de conquérir sa liberté, d'envoyer son tyran à l'échafaud, pouvait conserver encore dans son sein un rejeton héritier présomptif de la royauté ! Que les comités s'occupent donc de la question de savoir si nous ne devons pas vomir loin de nous non seulement ces rejetons, mais encore toute cette famille infernale des Capet et tous ceux qui y adhèrent. » La Convention rejette une fois encore l'idée d'exiler les enfants de Louis XVI. Au contraire, le Comité de sûreté générale décide, le 29 octobre, de nommer un adjoint à Laurent. En outre, chaque jour, un député de l'une des quarante-huit sections de Paris viendra au Temple. Il y passera vingt-quatre heures, en compagnie des deux gardiens permanents.

Le 8 novembre 1794, la Convention désigne donc le citoyen Gomin pour assister Laurent. Jean-Baptiste Gomin est l'un des personnages éminents de la section de la Fraternité, sise sur la ci-devant île Saint-Louis. Il a soutenu Robespierre jusqu'au 9 thermidor, avant de retourner habilement sa veste. Nul ne saurait mettre en doute son « républicanisme éprouvé », même s'il entretient des contacts discrets avec les milieux royalistes. En 1840, interrogé par l'historien Beauchesne, Gomin, octogénaire, jouera les bons apôtres : « J'avais une immense compassion pour cette famille, pour ces enfants ; je savais les vertus de l'une, l'innocence des autres, les malheurs de tous. [...] Il s'élevait un combat dans mon âme pour essayer de me cacher que moi-même je pouvais et devais les secourir. »

Le second gardien de Louis XVII arrive au Temple en pleine nuit. Laurent s'enquiert de savoir s'il connaît le jeune prisonnier. « Je ne l'ai jamais vu », répond Gomin. « En ce cas, il se passera du temps avant qu'il vous dise une parole. » Grâce à l'aide de Gomin, Laurent peut maintenant s'absenter de la tour. Tous les matins, vers neuf heures, les deux hommes, accompagnés du sectionnaire de service, montent chez Louis XVII. Le serviteur Gourlet habille l'enfant, fait son lit et balaie la chambre. Un autre garçon d'office, Caron, apporte le petit déjeuner, du lait et quelques fruits.

Ensuite, Louis-Charles reste seul jusqu'aux alentours de deux heures. Cette fois, les gardiens sont flanqués du nouveau commissaire de section, qui a pris son service vers midi. Le prisonnier reste ordinairement taciturne, apathique. Son déjeuner, frugal, se compose de soupe, de viande bouillie, d'un plat de légumes secs ou de lentilles. Abandonné de nouveau à lui-même, le jeune prince ne reçoit de la visite qu'à huit heures, quand Gomin remonte avec Caron ou Gourlet pour allumer le quinquet de l'antichambre. Le souper ressemble au dîner, excepté la viande. Couché aussitôt, l'enfant ne voit plus personne jusqu'au lendemain matin.

Mort de peur dans l'obscurité

Dans son *Mémoire*, Madame Royale corrobore les bonnes intentions du nouveau gardien : « Il eut un soin extrême de mon frère, fut pénétré de l'état où il le trouva ; cela lui fit tant de peine qu'il voulut tout de suite donner sa démission ; mais cependant, pour adoucir les tourments de mon frère, il se résolut d'y rester. On laissait ce malheureux enfant depuis la fin du jour jusqu'au souper à huit heures sans lumière, il mourait de peur, n'aimant pas l'obscurité, mais Laurent ne voulait pas monter l'escalier pour lui en porter. Mais Gomin lui en donna à la fin du jour, et même passa quelques heures avec lui pour l'amuser. Gomin s'aperçut bientôt que les genoux et les poignets de mon frère étaient enflés, il crut qu'il allait se nouer, en parla au comité et demanda qu'il pût descendre dans le jardin pour faire de l'exercice. Gomin cependant fit descendre mon frère dans sa chambre, en bas, dans le petit salon, ce que mon frère aimait beaucoup, parce qu'il aimait à changer de lieu. Il s'aperçut bientôt des attentions de Gomin pour lui ; il en fut touché, ce malheureux enfant n'étant depuis longtemps accoutumé qu'aux mauvais traitements. »

Certains commissaires s'indignent des conditions inhumaines dans lesquelles la Convention fait vivre les enfants de Louis XVI. Un nommé Delboy laisse éclater une sainte colère : « Pourquoi ces mauvais aliments ? S'ils étaient aux Tuileries, nous leur disputerions toute nourriture ; mais ici en nos mains ! Il faut envers eux se montrer cléments : la nation est généreuse. Pourquoi ces abat-jour ? Sous le règne de l'égalité, le soleil luit pour tout le monde ; il faut qu'ils en aient leur part. Pourquoi les empêcher de se voir, sous le règne de la fraternité ? »

Le 6 frimaire III – 26 novembre 1794 –, le *Courrier universel*, une feuille d'inspiration modérée, publie l'article suivant : « Le fils de Louis XVI profitera aussi de la révolution du 9 thermidor. On sait que cet enfant avait été abandonné aux soins du cordonnier Simon, digne acolyte de Robespierre dont il a partagé le supplice. Le Comité de sûreté générale, persuadé que pour être fils d'un roi on ne doit pas être dégradé au-dessous de l'humanité, vient de nommer trois commissaires, hommes probes et éclairés, pour remplacer le défunt Simon. Deux sont chargés de l'éducation de cet orphelin, le troisième doit veiller à ce qu'il ne manque pas du nécessaire comme par le passé. »

Les journalistes du *Courrier universel* sont immédiatement arrêtés. Mathieu, responsable de la commission de l'Instruction, tient à faire paraître un rectificatif : « On voit que le Comité de sûreté générale n'a eu en vue que le matériel d'un service confié à sa surveillance ; qu'il a été étranger à l'idée d'améliorer la captivité des enfants de Capet, ou de leur donner des instituteurs. Les comités et la Convention savent comment on fait tomber la tête des rois, mais ils ignorent comment on élève leurs enfants. [...] Le comité saura [...] empêcher qu'on ne provoque une perfide pitié sur les restes de la race de nos tyrans, sur un enfant orphelin auquel il semble qu'on voudrait créer des destinées. »

Que faire de l'enfant roi ?

Car si la Terreur n'est plus à l'ordre du jour, si de toute part les monarchistes et les prêtres réfractaires sortent de l'ombre, si beaucoup d'émigrés rentrent au pays, les maîtres de la Convention thermidorienne restent résolument républicains. Aussi, que faire de cet enfant roi ? N'est-il pas à la fois un otage de valeur et un atout essentiel dans l'hypothèse d'une restauration ? Le 28 décembre 1794 encore, le conventionnel Lequinio, qui avait proposé d'envoyer Louis XVI aux galères, tonne : « Jamais vous n'imposerez silence aux royalistes, si vous ne leur ôtez l'espérance qui leur reste : je veux parler du dernier rejeton de la race impure du tyran, qui est au Temple. On a déjà demandé l'expulsion de cet enfant. Je demande que vos comités de gouvernement prennent des mesures et vous présentent les moyens de purger le sol de la liberté du seul vestige de royalisme qui y reste. »

Avant de reconnaître la République et de signer la paix, l'Espagne et la Sardaigne exigent la libération de Louis-Charles. Maladroitement, le roi Charles IV ajoute que les départements français limitrophes des Pyrénées devront être réunis en un royaume indépendant de Navarre, sous le sceptre de Louis XVII. Immédiatement, la Convention suspend tous les pourparlers. Le 22 janvier 1795, au lendemain du deuxième anniversaire de l'exécution de Louis XVI, Cambacérès présente un rapport sur ce sujet aux députés : « Il n'y a que deux partis à prendre à l'égard des individus dont il s'agit : ou il faut les rejeter tous du territoire de la République, ou il faut les retenir en captivité. [...] Supposons que l'héritier de Capet se trouve placé au milieu de nos ennemis, bientôt vous apprendrez qu'il est présent sur tous les points où nos légions auront des ennemis à combattre ; lors même qu'il aura cessé d'exister, on le retrouvera partout, et cette chimère servira longtemps à nourrir les coupables espérances des Français traîtres à leur pays. [...] Il y a peu de danger à tenir en captivité les individus de la famille Capet ; il y en a beaucoup à les expulser... »

Parmi les deux cent vingt-deux commissaires qui se succéderont au Temple d'octobre 1794 à juin 1795, les uns sont féroces, tel le dénommé Leroux. Devant Louis XVII, il explose : « Ah ! ce n'est pas sa faute d'être né exprès pour dévorer les sueurs et le sang du peuple ! Il n'en résulte pas moins que les monstres doivent être étouffés au berceau. Laissons donc faire la Révolution, et il n'y aura bientôt ni pauvreté, ni deuil, ni esclavage sur la terre ! » Par contre, d'autres apportent des cadeaux au petit prisonnier, à l'instar de ce Debierne, qui lui offre un baguenaudier et un bilboquet d'ivoire. Notons, au passage, qu'une telle multiplicité de témoins – dont beaucoup avaient certainement vu le dauphin à Versailles ou aux Tuileries – rend bien invraisemblable toute hypothèse d'une substitution.

Un danger imminent pour le prisonnier

En dépit de tout, Louis-Charles demeure triste. Il ne parle presque pas, reste le plus souvent assis ou couché. Dans tout Paris, on chuchote qu'il est peut-être mort, et que l'on dissimule l'événement. « Mon frère eut pendant l'hiver quelques accès de fièvre, relate Madame Royale. Il était toujours auprès du feu et on ne pouvait pas l'en tirer, il n'aimait pas à marcher. Laurent et Gomin le firent monter sur la tour pour prendre l'air, mais il y restait à peine un quart d'heure et on avait beau le presser, il ne voulait pas marcher, sa maladie étant déjà bien commencée et ses genoux s'enflant toujours de plus en plus. »

Les commissaires en poste le 26 février 1795 rapportent au Comité de sûreté générale, « le danger imminent que courent les jours du prisonnier ». Le lendemain, un membre du Comité, Jean-Baptiste Harmand de la Meuse, se rend au chevet du prince malade. Il attendra la Restauration pour rédiger le compte-rendu de cette visite. Aussi, s'y donne-t-il le beau rôle :

« La clef tourne avec bruit dans la serrure, et la porte ouverte nous offre une petite antichambre fort propre, sans autre meuble qu'un poêle de faïence qui communiquait dans la pièce voisine par une ouverture dans le mur de séparation, et que l'on ne pouvait allumer que par cette antichambre. Les commissaires nous dirent que cette précaution avait été prise pour ne pas laisser de feu à la discrétion d'un enfant.

« Cette autre pièce était la chambre du prince et dans laquelle était son lit ; elle était fermée en dehors : il fallut encore l'ouvrir. [...] Le prince était assis auprès d'une petite table carrée sur laquelle étaient éparses beaucoup de cartes à jouer ; quelques-unes étaient pliées en forme de boîtes et de caisses, d'autres élevées en château. Il était occupé de ces cartes lorsque nous entrâmes, et il ne quitta pas son jeu.

« Il était couvert d'un habit neuf à la matelot, d'un drap couleur ardoise, sa tête était nue, la chambre propre et bien éclairée. Le lit se composait d'une couchette en bois, sans rideaux; le coucher et le linge nous parurent beaux et bons. Ce lit était derrière la porte, à gauche en entrant, plus loin du même côté, était un autre bois de lit sans coucher, placé au pied du premier. [...]

« Je m'approchai du prince. Nos mouvements ne semblaient faire aucune impression sur lui. Je lui dis que le gouvernement, instruit trop tard du mauvais état de sa santé et du refus qu'il faisait de prendre de l'exercice et de répondre aux questions qu'on lui avait faites d'employer quelques remèdes et de recevoir la visite d'un médecin, nous avait envoyés près de lui pour nous assurer de tous ces faits et lui renouveler nous-mêmes, en son nom, toutes ces propositions; que nous désirions qu'elles lui fussent agréables; mais que nous nous permettrions d'y ajouter le conseil, et le reproche même, s'il persistait à garder le silence et à ne vouloir point prendre d'exercice; que nous étions autorisés à lui procurer les moyens d'étendre ses promenades et à lui offrir les objets de distraction et de délassement qu'il pourrait désirer, et que je le priais de vouloir bien me répondre si cela lui convenait. Pendant que je lui adressais cette petite harangue, il me regardait fixement sans changer de position et il m'écoutait avec l'apparence de la plus grande attention, mais pas un mot de réponse. »

Harmand énumère : « Un cheval, un chien, des oiseaux, des joujoux de quelque espèce que ce soit, un ou plusieurs compagnons de votre âge, que nous vous présenterons avant de les installer près de vous. » Cependant, selon le témoignage postérieur de Gomin, qui assistait nécessairement à la scène, aucune proposition de ce genre n'aurait été formulée...

Le maintien du rachitisme

Le délégué du Comité de sûreté générale constate également la présence de tumeurs, apparemment peu douloureuses, à l'un des poignets et des coudes. Au niveau des genoux, sous les jarrets, Harmand décèle également des grosseurs : « Placé ainsi, le jeune prince avait le maintien du rachitisme et d'un défaut de conformation ; ses jambes et ses cuisses étaient longues et menues, les bras de même, le buste très court, la poitrine élevée, les épaules hautes et resserrées, la tête très belle dans tous ses détails, le teint clair mais sans couleurs, les cheveux longs et beaux, bien tenus, châtain clair. »

On apporte le dîner : « Une écuelle de terre rouge contenait un potage noir, couvert de quelques lentilles ; dans une assiette de la même espèce était un petit morceau de bouilli, noir aussi et retiré, et dont la qualité était assez marquée par ces attributs ; une seconde assiette, dont le fond était rempli de lentilles, et une troisième dans laquelle étaient six châtaignes, plutôt brûlées que rôties ; un couvert d'étain, point de couteau, point de vin. Les commissaires nous dirent que c'était l'ordre du conseil de la Commune. » Harmand prétend qu'il fit apporter du raisin au prisonnier. Gomin dément le fait, en expliquant qu'on aurait été bien en peine de trouver de ce fruit, à l'époque, dans le quartier du Temple !

En vérité, l'inspection de Harmand de la Meuse n'améliorera guère le sort de Louis XVII. Pour le distraire, Gomin joue aux dames ou lui prête parfois un livre : les *Contes moraux* de Marmontel, l'*Histoire de France* ou les *Veillées du château*. Malgré les épreuves qu'il a traversées, l'enfant déchiffre encore avec beaucoup de netteté et de correction. Le 7 mars 1795, le commissaire Debierne lui offre une tourterelle. Mais dans l'atmosphère confinée de la tour, l'oiseau ne survit pas...

Le 31 mars, Laurent est contraint de démissionner. Ses anciens collègues de la section du Temple l'ont dénoncé comme terroriste, en sa qualité d'ancien suppôt de Robespierre. Il est remplacé par Etienne Lasne, peintre en bâtiment et commandant la force armée de la section des Droits de l'homme. Le principal titre de gloire de Lasne est d'avoir refusé d'obéir à la Commune insurrectionnelle, le 9 thermidor.

Il est malaisé de décrire ces derniers mois de la vie de Louis XVII. A cet égard, les témoignages, souvent tardifs, sont contradictoires et sujets à caution. Tandis que Lasne affirme que « jamais l'enfant ne rompait le silence, [et que] ce malheureux inspirait la pitié et le dégoût », Gomin réplique que « le prince [lui] parlait quotidiennement sur des sujets graves et élevés ». Qui faut-il donc croire ? Quoi qu'il en soit, au début de mai 1795, les gardiens du jeune roi signalent au Comité de sûreté générale une « indisposition et des infirmités qui paraissent prendre un caractère grave ».

La misère la plus abjecte

Madame Royale rapportera ce qu'elle a sans doute entendu dire par ses gardiens : « La maladie de mon frère empirait de jour en jour, ses forces diminuaient, son esprit même s'en ressentait de la dureté qu'on avait exercée et tombait sensiblement. [...] Sa maladie heureusement ne le faisait pas beaucoup souffrir, c'était plutôt un engourdissement et abattement que douleur vive, il se consumait comme un vieillard... »

Le docteur Pierre-Joseph Desault, chirurgien en chef de l'Hôtel-Dieu – rebaptisé « Hospice d'Humanité » –, est dépêché au Temple sans tarder. Il déclarera y avoir « trouvé un enfant idiot, mourant, victime de la misère la plus abjecte, de l'abandon le plus complet, un être abruti par les traitements les plus cruels et qu'il est impossible de rappeler à l'existence ». Et il ajoute : « J'ai fait ce que j'ai pu pour lui témoigner de l'intérêt, gagner sa confiance, le ranimer, le réchauffer. Il m'a regardé tristement et a courbé la tête sans vouloir répondre. » Le praticien, impuissant à guérir le mal qui mine le fils de Louis XVI, ne peut que lui prescrire un régime reconstituant, bien dérisoire dans l'état où se trouve le malade : du vin, du chocolat, de la viande, mais surtout des légumes frais – chicorée verte, cerfeuil, cresson – et de la décoction de sommités de houblon mélangée à du sirop antiscorbutique. Il demande également que la chambre soit plus largement aérée.

Grâce – peut-être – aux médications de Desault, la santé de Louis-Charles semble connaître un mieux passager. Le 31 mai, l'architecte Bellanger, de la section du Faubourg-Montmartre, est de faction au Temple. « Par une exception rare », le petit prince s'adresse à lui : « Bonjour, monsieur le commissaire, c'est vous qui êtes de garde ? » Assis à gauche de la cheminée, pouvant à peine marcher, l'enfant joue avec des pincettes. A ses côtés, est ouvert son lourd in-octavo des *Contes* de Marmontel.

Le docteur Desault meurt alors brusquement, le 1er juin. Les partisans de la thèse de l'évasion sont formels : on l'a empoisonné, parce qu'il s'était rendu compte que le prisonnier du Temple n'était plus Louis XVII ! En réalité, il a succombé à une fièvre épidémique qui ravage alors l'Hôtel-Dieu. Le docteur Philippe-Jean Pelletan, qui lui succède au poste de chirurgien en chef, le remplace aussi au chevet du jeune malade. Lorsqu'il entre dans sa chambre, l'enfant joue avec « une petite imprimerie, un petit billard et des livres ». A son tour, Pelletan ordonne d'anodines mesures d'hygiène alimentaire. Outre de la rhubarbe en poudre, de l'extrait de quinquina, de la décoction blanche et de la tisane de houblon, « on procurera à l'enfant du pain de pur froment et le bouillon sera fait avec du bœuf ou de la poule ; on veillera à ce qu'il ne soit point âcre par une trop forte ébullition ». Plus efficace que son prédécesseur, il obtient de Gomin et de Lasne que Louis-Charles soit aussitôt transporté dans une pièce plus ensoleillée, l'ancien salon de l'archiviste Berthélemy, dans la petite tour. La pièce possède un balcon. A la vue de la lumière du jour, le malheureux prisonnier aussitôt « manifeste de la gaieté ».

Coliques et violents vomissements

Malgré cela, le 7 juin au soir, l'enfant est pris de coliques et de violents vomissements. Affolés, Gomin et Lasne envoient un cavalier prévenir l'officier de santé. Pelletan rechigne à se déranger : « L'état du malade ne peut être rendu très inquiétant par les circonstances que vous me détaillez. » Il ajoute qu'il viendra le lendemain matin en compagnie du citoyen Dumangin, un de ses confrères de l'hôpital de la Charité, chargé de l'assister dans ses soins au petit roi.

Le 8 juin – 20 prairial de l'an III –, à onze heures, les deux praticiens sont au Temple. Cette fois, le diagnostic de Pelletan est alarmant : « Nous avons trouvé le fils Capet ayant le pouls déprimé, le ventre tendu, douloureux et maeteorié [sic], il avait eu dans la nuit, et encore le matin, plusieurs évacuations vertes et bilieuses. Cet état nous ayant paru grave, nous avons résolu de revoir l'enfant ce soir, après avoir prescrit ce que vous avons jugé convenable. Il est indispensable de mettre près de l'enfant une garde-malade intelligente. »

C'est le commissaire Damont, de service ce jour-là, qui veillera le malade. La situation empire de façon dramatique. Vers deux heures, l'agonie commence par « une sueur froide et une espèce de râle ». La potion de Pelletan n'a plus d'effet. La diarrhée est dévastatrice. Gomin se rend au Comité de sûreté générale pour obtenir l'assistance d'une infirmière. Il va bientôt être trois heures. Damont vient de se rendre à la salle du Conseil pour recopier sur le registre, la liste des correspondances reçues et envoyées. Soudain, Lasne surgit dans l'escalier. Louis-Charles est mort. Le petit prince lui a fait signe qu'un besoin le tourmentait, et il a expiré dans les bras de son gardien.

Le soir, Gomin revient à la tour. Des décennies plus tard, il idéalisera ses souvenirs : « J'ai eu le courage de remonter l'escalier et de rentrer dans la chambre. Après avoir refermé la porte derrière moi et m'être assuré que j'étais seul, j'ai soulevé le linceul : pauvre enfant ! Vous n'auriez pas cru qu'il était mort. Son visage avait pris un air tranquille, presque content. [...] Une heure s'écoula, pendant laquelle, haletant, les yeux fixes, sans voix, je demeurai près de la dépouille. Cette heure-là devait avoir une influence sur toute ma vie. Une voix avait parlé dans mon cœur à laquelle j'avais promis d'être un honnête homme. Je suffoquais... J'étais haletant... »

19

L'orpheline du Temple

À dater du 5 juillet 1793 – et du passage de Louis XVII sous la férule du cordonnier Simon – les mesures de sécurité sont renforcées au troisième étage du Temple, où demeurent Marie-Antoinette, sa fille, et sa belle-sœur Madame Elisabeth. « Les municipaux ne restèrent plus chez ma mère, écrit Madame Royale dans son *Mémoire.* Nous fûmes jour et nuit enfermées sous verrous ; les gardes ne venaient que trois fois par jour pour apporter les repas et faire la visite des barreaux de fer des fenêtres pour voir s'ils étaient en ordre. »

Marie-Thérèse, à qui l'on a déjà arraché son père et son frère, doit encore se résoudre à perdre sa mère, quelques semaines plus tard. Le 1er août, Robespierre et ses affidés décident en effet que la « veuve Capet » sera renvoyée devant le tribunal extraordinaire. La nuit suivante, à deux heures du matin, quatre administrateurs de police, conduits par l'administrateur des prisons Michonis et flanqués des commissaires de garde, réveillent Marie-Antoinette pour la conduire à la Conciergerie. Elle y séjournera plus de deux mois avant d'être jugée, et condamnée. « Elle entendit la lecture de ce décret sans s'émouvoir et sans leur dire une seule parole, rapporte Madame Royale. [...] Ma mère fit le paquet de ses hardes; les municipaux ne la quittèrent pas, elle fut obligée de s'habiller devant eux. On lui demanda ses poches, qu'elle donna; ils lui fouillèrent, ôtèrent tout ce qui était dedans, quoique cela ne fût point du tout important, en firent un paquet qu'ils dirent qu'on ouvrirait au tribunal révolutionnaire devant ma mère. Ils ne lui laissèrent qu'un mouchoir et un flacon, de peur qu'elle ne se trouvât mal. Ma mère partit enfin après m'avoir bien embrassée et m'avoir recommandé d'avoir du courage et soin de ma santé. Je ne répondis [rien] à ma mère, bien convaincue que je la voyais pour la dernière fois. »

Des caractères magiques

Madame Elisabeth et Marie-Thérèse ont demandé vainement d'être emmenées avec la reine. « Ma tante et moi, inconsolables, nous passâmes la nuit dans les larmes, se souviendra Madame Royale. C'était une grande consolation pour moi de n'être pas séparée d'une tante que j'aimais tant, mais, hélas ! tout changea et je l'ai perdue. » Rongée d'inquiétude pour la reine, dont elle ignorera longtemps le sort funeste, la jeune fille est souffrante au début de septembre. Cependant, sa nature positive reprend vite le dessus. En compagnie de Madame Elisabeth, elle est autorisée à monter tous les jours en haut de la tour. En dépit de la sévérité de leurs cerbères, les deux princesses parviennent à apprendre que la reine est accusée d'avoir entretenu des correspondances interdites. « Aussitôt, nous jetâmes nos écritoires et nos crayons, craignant qu'on nous fît déshabiller devant Madame Simon et que les choses que nous avions ne compromissent ma mère. Nous les avions toujours conservées, de l'encre, des plumes et des crayons, malgré les fouilles ; je ne crains plus de le dire, puisque mes parents ne sont plus ! »

La vigilance se fait de plus en plus soupçonneuse. On enlève aux prisonnières leur tapisserie, « croyant que c'étaient des caractères magiques et dangereux ». Le 21 septembre 1793, Hébert et d'autres municipaux font irruption à une heure du matin pour exécuter un nouvel arrêté de la Commune : « Il ordonnait que ma tante et moi nous resterions ensemble, que Tison nous serait ôté et mis dans la tourelle pour y rester prisonnier, que nous serions réduites au pur nécessaire, que nous aurions un tour à notre porte d'entrée par lequel on ferait passer les aliments, qu'excepté Henriot, le porteur d'eau et de bois, personne n'entrerait dans nos chambres. » Si le tour ne sera jamais installé, les repas seront désormais servis rapidement, et la porte refermée aussitôt, afin de limiter les contacts avec l'extérieur. En revanche, les commissaires continueront d'entrer trois fois par jour pour contrôler avec soin la solidité des barreaux, ainsi que le contenu des armoires et des commodes...

Dorénavant, la sœur et la fille de Louis XVI doivent faire elles-même leurs lits et balayer leurs chambres, « chose qui durait longtemps par le peu d'habitude que nous en avions dans les commencements. Nous n'eûmes plus du tout personne pour nous servir. » On prive les captives de leurs « promenades » sur la tour et, de peur qu'elles ne s'en servent pour descendre par la fenêtre, on leur enlève leurs draps fins, qui sont remplacés par des draps « sales et gros ». Dans le même temps, les brimades se multiplient, comme le souligne Madame Royale dans son *Mémoire* : « Tous les jours, nous avions des visites et des fouilles des municipaux. Le 24 septembre [1793], entre autre, ils arrivèrent à huit heures pour faire une visite complète et ôter l'argenterie et la porcelaine ; ils emportèrent le peu qu'ils trouvèrent chez nous, mais n'ayant pas trouvé leur compte, ils eurent la bassesse de nous accuser d'en avoir volé. Quelle indignité, tandis que c'étaient leurs collègues qui l'avait pris. [...] Ils m'interrogèrent aussi, me demandèrent mon nom et nous firent signer leur procès-verbal. »

Un harcèlement continuel

Après l'infâme interrogatoire du 7 octobre 1793, où Chaumette et ses complices interrogent Marie-Thérèse sur l'imputation d'inceste portée contre la reine, la pression psychologique s'accentue davantage. A partir de novembre, trois perquisitions ont lieu quotidiennement. « Il y eut une fouille, entre autre, se souvient la princesse, qui dura depuis quatre heures jusqu'à huit heures et demie du soir. Les quatre municipaux qui la firent étaient absolument ivres. On ne peut se faire d'idées de leurs propos, de leurs injures et de leurs jurements pendant ces quatre heures. Ils nous emportèrent plusieurs bêtises, comme des chapeaux, des cartes avec des rois et des livres où il y avait des armes ; ils laissèrent les livres de piété, mais après avoir dit mille impiétés. »

Le mois suivant – nous avons évoqué l'anecdote au chapitre 17 –, les malheureuses prisonnières sont accusées de fabriquer de faux assignats, parce que Louis-Charles, à l'étage en-dessous, confond le bruit de leur trictrac avec celui d'une presse d'imprimerie ! Heureusement, avec le temps, la nature humaine parvient à tout supporter, même l'intolérable. « L'hiver se passa assez tranquillement, finit par se résigner Madame Royale. Beaucoup de visites et de fouilles, mais on nous donna du bois... » Néanmoins, la princesse a cette phrase superbe, qui prouve qu'elle ne perdra jamais le sentiment de sa naissance : « On nous tutoya beaucoup pendant l'hiver. »

En janvier 1794, le déménagement des Simon fait croire à Madame Elisabeth et à sa nièce que Louis-Charles a également quitté le Temple. Elles imaginent qu'il a été remplacé par un mystérieux personnage – « allemand ou étranger » – qu'elles baptisent entre elles du nom biblique de Melchisédec. Le calendrier républicain ayant aboli toutes les fêtes liturgiques, Madame Elisabeth se voit refuser du poisson pendant le Carême. Aussi, pour respecter les obligations du jeûne, se contente-t-elle d'une écuelle de café au déjeuner et d'un peu de pain le soir. De son côté, Marie-Thérèse s'est vu supprimer le bouillon de jus d'herbes qu'elle prenait chaque matin pour sa santé. Au commencement du printemps, sous prétexte que les jours rallongent, les prisonnières ne reçoivent plus de chandelles...

Le décadi 20 floréal an II – 9 mai 1794 – Madame Elisabeth quitte le Temple à son tour pour être exécutée dès le lendemain. « Au moment où nous nous couchions, écrit Marie-Thérèse dans son *Mémoire*, on ouvrit nos verrous et on vint frapper à notre porte ; ma tante dit qu'elle passait sa robe, on dit que cela n'était pas si long et on frappa si fort qu'on pensa enfoncer la porte. Ma tante ouvrit quand elle fut habillée. On lui dit : “ Citoyenne, veux-tu bien descendre ? – Et ma nièce ? – On s'en occupera après. ” Ma tante m'embrassa et me dit qu'elle allait remonter. “ Non, citoyenne, tu ne remonteras pas, prends ton bonnet et descends. ” Ils accablèrent ma tante d'injures ; ma tante les souffrit avec patience, prit son bonnet, ensuite elle m'embrassa, me dit d'avoir du courage et d'espérer toujours en Dieu... »

Désormais seule au monde

Pendant les quelques mois où elles ont vécu ensemble, Madame Elisabeth s'est efforcée d'enseigner à sa nièce la résignation chrétienne et le pardon des offenses. « Je ne puis en dire assez de bien par les bontés qu'elle a eues pour moi, qui n'ont fini qu'avec sa vie. Elle me regarda toujours comme une fille, et moi je la vis toujours comme une seconde mère et je lui en donnai tous les sentiments. Nous avions absolument le même caractère, nous nous ressemblions beaucoup. Puissé-je avoir ses vertus et l'aller retrouver un jour dans le sein de Dieu, où je ne doute point qu'elle jouisse du prix de sa vie et de sa mort qui ont été si méritoires. »

À quinze ans, l'orpheline du Temple est désormais seule au monde. Comme son petit frère avec lequel elle n'a plus aucune relation, elle va être livrée à elle-même, condamnée à l'isolement le plus terrible : « Je restai dans une grande désolation quand je me vis séparée de ma tante ; je ne savais pas ce qu'elle était devenue, on ne voulut pas me le dire. Je passai une triste nuit, et quoique je fusse bien inquiète d'elle, j'étais loin de croire que j'allais la perdre dans quelques heures, je croyais fermement qu'elle était hors de France... »

Selon les recommandations de Madame Elisabeth, la jeune fille réclame qu'une femme soit désignée pour vivre avec elle. Non seulement elle essuie un refus, mais on lui confisque les deux couteaux qui lui restaient, et son briquet – « pour ta sûreté, lui explique-t-on. De peur que tu ne t'endormes et ne brûles auprès du feu ». L'existence de la captive s'écoule dans la tristesse et la monotonie, seulement ponctuée par les inspections de ses geôliers. « Pour moi, écrit Madame Royale, je ne demandais à ces gens que l'absolu nécessaire, souvent ils le refusaient avec dureté. [...] Ils ne voulurent plus me donner de livres et je n'avais que des livres de piété, des voyages, que j'avais lus mille fois, et un tricot qui m'ennuyait beaucoup. [...] Les gardes étaient souvent ivres, cependant nous restâmes tranquilles, mon frère et moi, chacun dans notre appartement, jusqu'au 9 thermidor. »

C'est dans la religion que Marie-Thérèse puise la force de ne pas sombrer, comme elle le confiera à Madame de Tourzel, en septembre 1795 : « Elle fut mon unique ressource, et me procura les seules consolations dont mon cœur pût être susceptible. J'avais conservé les livres de piété de ma tante Elisabeth, je les lisais, je repassais ses avis dans mon esprit, je cherchais à ne pas m'en écarter et à les suivre exactement. »

Mais c'est aussi aux conseils de Madame Elisabeth que la jeune princesse doit d'avoir préservé son équilibre physique et mental : « Ma tante ne prévoyait que trop le malheur auquel j'étais destinée, et m'avait accoutumée à me servir seule et à n'avoir besoin de personne. Elle avait arrangé ma vie de manière à en employer toutes les heures. Le soin de ma chambre, la prière, la lecture, le travail, tout était classé. Elle m'avait habituée à faire mon lit seule, à me coiffer, me lacer, m'habiller, et n'avait, de plus, rien négligé de ce qui pouvait entretenir ma santé. Elle me faisait jeter de l'eau pour rafraîchir l'air de ma chambre, et avait exigé, en outre, que je marchasse avec une grande vitesse pendant une heure, la montre à la main, afin de remplacer l'exercice qui me manquait. » Elle avouera pourtant : « J'aurais été plus heureuse de partager le sort de mes parents que d'être condamnée à les pleurer... »

Comme nous l'avons vu, le 11 mai 1794, Marie-Thérèse reçoit la visite d'un inconnu, qu'elle pense être Robespierre : « Les municipaux avaient beaucoup de respect pour lui et sa visite fut un secret ; les gens de la tour ne surent pas qui il était. Il vint chez moi, me regarda insolemment, regarda les livres, et après avoir chuchoté avec les municipaux il s'en alla. » Les ennemis de l'Incorruptible n'iront-ils pas jusqu'à prétendre qu'il songeait alors à épouser la fille de Louis XVI pour s'arroger le titre de roi ?

Deux mois et demi plus tard, le 28 juillet 1794, c'est cette fois Barras qui débarque en grand arroi : « La garde criait aux armes, le tambour rappelait, les portes se fermaient et s'ouvraient. Tout ce tapage était pour des membres de la Convention nationale qui venaient voir si tout était tranquille. J'entendis les verrous de mon frère qu'on ouvrit, je me jetai à bas de mon lit et j'étais habillée quand les membres de la Convention, Barras et Delmas, arrivèrent chez moi. Ils étaient en grand costume, ce qui m'étonna un peu, parce que je n'y étais pas accoutumée. Barras me parla, m'appela par mon nom ; il fut étonné de me trouver levée. Il me dit encore d'autres choses auxquelles je ne répondis pas, tant j'étais surprise. Enfin, voyant qu'ils restaient toujours, je leur dis que je ne m'attendais pas à les voir si matin. »

La grande politesse de Laurent

Deux jours après, Madame Royale fait la connaissance de Jean-Jacques-Christophe Laurent, chargé de les surveiller, son frère et elle. La jeune princesse n'aura qu'à se louer des « manières » et de la « grande politesse » de son nouveau gardien. Comme Laurent lui demande si elle n'a besoin de rien, elle s'enhardit à l'interroger sur ses parents – dont elle ignore toujours le sort, sans obtenir de réponse. Elle réitère sa question à des « gens en écharpes » – membres du Comité de sûreté générale – qui viennent ensuite la voir, les suppliant de la réunir à sa mère :

« Ils me dirent que cela ne les regardait pas et qu'ils ne savaient pas pourquoi je demandais de n'être plus ici, parce qu'il leur paraissait que j'y étais bien. " Oui, monsieur, on y était très bien pour le local, mais très mal pour le cœur, parce que quand on est séparé de sa mère depuis deux ans sans savoir de ses nouvelles, c'est très triste. – Vous n'êtes pas malade ? – Non, Monsieur, mais c'est la plus cruelle maladie que celle du cœur. – Je vous dis que nous n'y pouvons rien et je vous conseille de prendre patience et d'espérer en la bonté et la justice des Français. " »

Lorsque Napoléon Ier décidera de démolir le Temple, en 1808, les ouvriers trouveront, sur le papier peint de l'antichambre du troisième étage, ce cri de détresse gravé avec des ciseaux ou une pointe d'aiguille : « Marie-Thérèse-Charlotte est la plus malheureuse personne du monde. Elle ne peut obtenir de savoir des nouvelles de sa mère, pas même d'être réunie à elle quoiqu'elle l'ait demandé mille fois. Vive ma bonne mère que j'aime bien et dont je ne peux savoir des nouvelles. » Et, griffonnée sur la muraille de la chambre, cette prière fervente : « Ô mon père, veillez sur moi du haut du ciel ! Ô mon Dieu, pardonnez à ceux qui ont fait mourir mes parents ! »

Le reste de l'été s'écoule tranquillement. Marie-Thérèse n'évoque, dans son *Mémoire*, que l'explosion de la poudrière de Grenelle, le 31 août 1794, qui fait quinze cents victimes et dont le bruit s'entendra jusqu'à Fontainebleau. À partir d'octobre, chaque section de Paris nomme, à tour de rôle, un commissaire civil pour passer vingt-quatre heures au Temple et « constater l'existence » du petit Louis XVII et de sa sœur. C'est peu après que Jean-Baptiste Gomin est adjoint à Laurent pour assurer « la garde des enfants de Capet ».

Près d'un demi-siècle plus tard, Gomin décrira sa première entrevue avec sa prisonnière : « Nous entrâmes. Madame était assise sur le canapé adossé à la fenêtre, et paraissait occupée de couture ou de broderie. Elle ne leva pas les yeux. Laurent me présenta comme son collègue ; elle ne répondit pas un mot. Je saluai profondément en me retirant, et j'ai su depuis que cette dérogation aux usages du lieu m'avait fait tout d'abord remarquer par la princesse. »

Un respectueux silence

Par la suite, le discret geôlier continuera à se tenir « dans un respectueux silence ». D'abord, Marie-Thérèse ne lui parle pas davantage. « Une démarche que je hasardai me concilia tout à fait ses bonnes grâces, poursuit Gomin. Comme je sortais toujours le dernier de son appartement, ayant pris l'habitude de fermer moi-même la porte, je remis un matin, pendant que Laurent et le commissaire civil étaient déjà sur l'escalier et avaient le dos tourné, je remis à Madame du papier et un crayon, en la priant de m'écrire ce qu'elle désirait. Elle me répondit la première fois : “ Des chemises et des allumettes. ” Par ce moyen, je réussis à lui rendre quelques services. Les temps devenus moins rigoureux, le crayon devint moins indispensable. La princesse ne me parlait point devant les commissaires, de crainte de me rendre suspect ; mais lorsque je me retirais après eux, elle se mettait rapidement derrière la porte et me disait quelques mots. C'est ainsi que j'appris qu'elle n'avait plus ni bas ni chaussures ; Laurent et moi nous ne nous en étions pas aperçus, Madame ayant toujours soin de tenir sa robe baissée de manière à cacher ses pieds... » À la requête des deux gardiens, le Comité de sûreté générale fournit à la fille de Louis XVI une douzaine de paires de bas et deux paires de chaussures.

Le 27 février 1795, nous l'avons vu, le conventionnel Harmand de la Meuse vient en inspection au Temple. Il découvre Marie-Thérèse assise sur un fauteuil, à tricoter dans l'embrasure d'une haute fenêtre. « Madame, lui demande-t-il, pourquoi, par le froid excessif qu'il fait, êtes-vous si éloignée de votre feu ? – C'est parce que je ne vois pas clair auprès de la cheminée. – Mais, Madame, en faisant un grand feu, la chambre au moins serait chauffée, et vous éprouveriez moins de froid sous cette croisée. – On ne me donne pas de bois. » Harmand joue quelques notes sur le piano placé dans un angle de la pièce, près du lit. Constatant qu'il sonne faux, il suggère à la princesse de lui envoyer un accordeur : « Non, Monsieur, lui répond-elle, ce piano n'est pas à moi, c'est celui de la reine. Je n'y ai pas touché, et je n'y toucherai pas.

– Etes-vous contente de votre lit ? – Oui. – Et du linge, Madame ? – Il y a plusieurs semaines qu'on ne m'en a donné. »

Le remplacement de Laurent par Lasne, le 31 mars 1795, permet à Gomin de « montrer plus d'égards et de déférence à la princesse », même s'il doit toujours agir avec réserve et prudence. Comme il le souligne, tous les commissaires de service n'étaient pas bien disposés à l'égard des enfants royaux :

« Parmi eux se rencontraient de braves gens, mais aussi des hommes d'un cynisme odieux, qui se permettaient de tutoyer la princesse et de lui adresser des paroles grossières. [...] Madame, habituellement, ne répondait pas ; elle était toujours à sa place, calme et silencieuse, et souvent son air imposant arrêta l'injure sur les lèvres des municipaux. [...] Un de ses souvenirs les plus pénibles, c'était celui des rondes nocturnes que les commissaires faisaient dans la tour. Le bruit sinistre des verrous, les voix menaçantes qui exigeaient qu'au milieu de la nuit la porte de sa chambre s'ouvrît, lui avaient laissé de douloureuses impressions. »

Le souffle du malheur

Avec le retour du printemps, la jeune fille est de nouveau autorisée à prendre l'air au sommet du donjon. Gomin la décrit « pleine de force et de courage » :

« Madame Royale était debout tous les jours dès cinq heures du matin ; elle était habillée, elle était coiffée, sa chambre était balayée, son lit était fait, comme si elle avait eu des bras pour la servir. Elle était admirable de résignation et de volonté. [...] Du reste la santé de Madame n'avait pas souffert de sa longue captivité. Son physique, comme son âme, s'était développé sous le souffle du malheur. Sa taille était avantageuse ; ses traits, extrêmement délicats dans l'enfance, avaient pris un beau caractère ; ses yeux étaient grands ; ses cheveux, de blonds qu'ils avaient été, étaient devenus châtains. Quoique les femmes, comme les hommes, fussent alors à la Titus, elle les avait conservés longs ; elle les portait sans poudre et noués par derrière. Sa mise était une robe de soie puce, seul vêtement qu'elle possédât ; sa coiffure, un fichu attaché par un nœud sur le devant et formant rosette. Ce négligé était rehaussé par l'éclat d'une jeunesse dans sa fleur, à laquelle le malheur donnait un air de gravité inexprimable. »

La mort de Louis XVII, le 8 juin 1795, bouleverse radicalement la situation de Marie-Thérèse. La loi salique ne lui accorde en effet nul droit à l'héritage dynastique. Dès lors, elle n'est plus qu'une captive embarrassante tout juste bonne à provoquer la compassion au profit des adversaires du régime. Déjà, avant la disparition du dauphin, une brochure avait paru, sous ce titre alambiqué : *Un mot pour deux individus auxquels personne ne pense et auxquels il faut penser une fois*. En exergue, il y avait cette citation de Virgile : « *Miseris succurrere disco* – J'ai appris à secourir les malheureux »... Mais ce n'est là que l'amorce d'une véritable campagne de presse. Le 14 juin, les *Annales patriotiques* s'inquiètent :

« La santé de sa sœur est, dit-on, très mauvaise et il est à craindre qu'elle ne suive bientôt son frère au tombeau si l'on ne se hâte de lui faire respirer un air plus salubre. Tout porte à croire que la Convention nationale, dirigée par des principes d'humanité et de justice, rendra la liberté à cette jeune infortunée dont le seul crime est d'être née d'une race proscrite et qui ne peut devenir dangereuse sous aucun rapport. Pourquoi même la Convention ne la rendrait-elle pas à sa famille ? »

Trop jeune pour être coupable

Deux jours plus tard, le *Journal de Perlet* fait entendre le même son de cloche : « On assure que la fille de Louis Capet, détenue encore au Temple et qui survit au reste de sa famille, y est malade. Que ce bruit soit vrai ou faux, la position de cette jeune orpheline ne peut manquer d'exciter l'intérêt des amis de l'humanité. Trop jeune pour être coupable, tombée du faîte des grandeurs dont ses yeux ont pu entrevoir l'éclat, seule avec sa douleur et avec les images d'un père, d'une mère, d'une tante morts sur l'échafaud, ce n'est pas le rang auquel le hasard l'avait appelée et que lui a fait perdre la volonté d'un grand peuple qui appelle sur elle nos regards : c'est son infortune. On lui donnerait des larmes si elle était née dans les dernières classes de la société. Pourquoi ne plaindrait-on pas son sort parce qu'elle a eu le malheur de naître à côté d'un trône ? Dès que son frère est mort, la raison d'Etat a cessé de parler. Il n'existe plus le moindre motif pour garder enfermée dans une prison celle dont la présence ne peut être au dehors d'aucun danger. Nulle espérance ne repose sur la tête d'une fille, nulle illusion ne l'entoure. Nous n'avons pas à craindre de voir ressusciter autour d'elle le fantôme de la royauté à jamais détruite parmi nous. »

Le journal propose donc d'exiler Marie-Thérèse en Autriche ou en Espagne. Et en attendant, de la placer dans une maison de santé, comme la veuve de Philippe Egalité.

Enfin, le 18 juin, des notables d'Orléans déposent une pétition devant la Convention, pour réclamer la délivrance « de Marie-Thérèse de Bourbon, fille de Louis XVI, ci-devant roi des Français » :

« Citoyens représentants, tandis que vous avez rompu les fers de tant de malheureux, victimes d'une politique ombrageuse et cruelle, une jeune infortunée, condamnée aux larmes, privée de toute consolation, de tout appui, réduite à déplorer la perte de tout ce qu'elle avait de plus cher, la fille de Louis XVI, languit encore au sein d'une horrible prison. Orpheline si jeune encore, si jeune encore abreuvée de tant d'amertume, de tant de deuil, qu'elle a bien douloureusement expié le malheur d'un si auguste naissance ! Hélas ! Qui ne prendrait pitié de tant de maux, de tant d'infortunes, de son innocence, de sa jeunesse ? [...] Venez, entourez tous cette enceinte, formez un cortège pieux, vous Français sensibles, et vous tous qui reçûtes des bienfaits de cette famille infortunée ; venez, mêlons nos larmes, élevons nos mains suppliantes et réclamons la liberté de cette jeune innocente ; nos voix seront entendues, vous allez la prononcer, citoyens représentants, et l'Europe applaudira à cette résolution, et ce sera pour nous, pour la France tout entière, un jour d'allégresse et de joie. »

Dès le 13 juin, le Comité de sûreté générale ordonne que les commissaires préposés à la garde de Marie-Thérèse lui communiquent l'état des objets qui pourraient être nécessaires pour son vêtement ou son entretien, ainsi que leurs observations sur la nourriture qui lui est fournie. Dans quelques jours, elle recevra une robe de soie verte et une robe de linon, deux déshabillés de taffetas et deux de pékin et cotonnade, six paires de bas de soie, six paires de souliers, et deux douzaines de chemises de toile de Hollande superfine, ainsi que des livres, du papier, des crayons, de l'encre de Chine et des pinceaux.

Salariée par la République

Un second arrêté stipule « qu'il sera placé auprès de la fille de Louis Capet une femme pour lui servir de compagnie ». Sur les trois candidates présentées par la Commission administrative de police, le comité fixera son choix sur « la citoyenne Madeleine-Elisabeth-Renée-Hilaire La Rochette, femme du citoyen Bocquet de Chanterenne, demeurant à Paris, rue des Rosiers, n° 24, section des Droits de l'Homme ». Fille d'un gentilhomme poitevin ruiné dans le commerce maritime, elle est âgée d'environ trente ans, « ses mœurs sont douces et honnêtes, son extérieur est décent ». Élevée avec soin, elle parle bien le français, sait aussi l'italien et un peu d'anglais. Elle a étudié l'histoire, la géographie, la musique, le dessin, et « les travaux amusants et utiles de son sexe ». Et surtout, « jamais l'on n'a douté de son civisme »...

Nommée le 20 juin 1795 – 2 messidor an III –, Madame de Chanterenne recevra une indemnité et résidera au Temple, d'où « elle ne sortira que pour affaires indispensables ». Depuis trop longtemps, Madame Royale est sevrée de toute affection. Aussi, cette dame de compagnie, quoique salariée par la République, deviendra-t-elle très vite une compagne véritable. C'est à cette confidente attentive que reviendra la tâche cruelle de confirmer à la jeune fille qu'elle n'a plus ni mère, ni tante, ni frère. Bientôt, l'amitié dévorante de Marie-Thérèse ne peut plus se passer de la présence de celle qu'elle baptise « Renète ». Et lorsque celle-ci s'éclipse de la tour quelques instants pour aller embrasser sa sœur, Madame Royale lui adresse une missive « pour être lue tout de suite. À Madame Chanterenne, au jardin du Temple ; par-delà le fatal guichet, sur un banc n° 2, sous les arbres » :

« Madame, il est six heures, votre présence est si agréable à tout le monde qu'il faut vous arracher pour jouir du bonheur de vous voir. C'est ce que je veux, mais néanmoins, comme il est assez simple que vous aimiez votre sœur Jussie, je me priverai du plaisir de vous voir, pour que vous ayez celui de rester plus longtemps avec elle. Je vous donne jusqu'à sept heures. Mais vous reviendrez après, parce que je ne vous ai presque pas vue de la matinée... »

20

Des ans dans l'exil

Le cabinet de Vienne a d'abord offert une rançon de deux millions pour racheter la liberté de la fille de Marie-Antoinette. Mais la Convention, soucieuse de préserver sa dignité révolutionnaire, a refusé le marché. Le 12 messidor an III – 30 juin 1795 –, l'Assemblée adopte une « loi portant que la fille du dernier roi des Français sera remise à l'Autriche, à l'instant où les représentants du peuple et autres détenus par ordre de ce gouvernement seront rendus à la liberté ».

En échange de Madame Royale et des autres Bourbons encore retenus en France, les républicains exigent que leur soient restitués le ministre de la Guerre Beurnonville et les quatre commissaires livrés par Dumouriez au prince de Cobourg en 1793, ainsi que les ambassadeurs Maret et Sémonville, capturés dans les Grisons, et enfin le fameux maître de poste Jean-Baptiste Drouet, lui aussi prisonnier des Autrichiens. Le général Pichegru, commandant en chef des armées du Rhin et de la Moselle, est chargé d'entamer les pourparlers. L'empereur François II, cousin germain de Madame Royale, signifie rapidement son accord de principe.

Comme la France et l'Empire sont en état de belligérance, les négociations s'ouvrent à Bâle, en terrain neutre, au mois d'août. Le chef de la régence, Burkhard, sert d'intermédiaire entre le baron de Degelmann, ministre d'Autriche, et Bacher, premier secrétaire interprète de l'ambassade de France. Les pourparlers vont s'éterniser, et le compromis définitif ne sera ratifié à Paris que le 28 novembre suivant. Entre-temps, la Convention aura cédé la place au Directoire.

Heureusement, Marie-Thérèse n'aura pas trop à souffrir de ce délai. La garnison du Temple est réduite de cinquante à quinze hommes, tandis que les sections de Paris sont dispensées d'envoyer des commissaires civils, « parce que le décès du fils de Louis Capet paraît rendre cette précaution moins utile ». Désormais, il est permis à la captive de descendre dans le jardin, au pied de la tour, avec Madame de Chantereenne. Ses gardiens – qui ne s'adressent plus à elle que le chapeau à la main – s'appliquent à adoucir sa détention. Pour la distraire, Gomin lui offre un petit chien, nommé Coco, un faux épagneul roux débordant d'affection, tandis que « Renète » lui fait cadeau d'une chèvre. Un arbre, devant lequel la princesse passe chaque jour, porte une fois des poires, une autre des abricots ou des pêches ! « Voici un arbre de bon rapport, dit-elle en souriant à Gomin. Faites bien mes compliments au jardinier. »

« Le ciel a retenu ma vie »

Madame de Chanterenne ne tarde pas à être conquise par les indéniables qualités de Madame Royale, comme elle en atteste, le 28 juillet, dans une lettre au Comité de sûreté générale :

« Les vertus les plus estimables ont chez elle devancé l'âge ; ses qualités aimables et ses talents ne demandent qu'à être développés et exercés ; elle joint à une touchante sensibilité de cœur la fermeté et l'énergie de l'âme ; une politesse douce et franche, quelquefois même un peu de gaieté, ont pris la place de l'extérieur sérieux et contraint dont elle s'était fait habitude. Elle ne manque de rien de ce qui peut lui être utile ; la vigilante attention de ses gardiens pourvoit à tout. Sa santé est parfaite depuis qu'elle prend plus d'exercice, et que des occupations variées la distraient de pensées tristes... »

De son côté, Marie-Thérèse écrit des vers à l'intention de son amie :

« Dans ce triste séjour d'horreur,
La vertu qui plaît à mon cœur
Me paraissait toujours bannie ;
Le ciel a retenu ma vie
Trop souvent prête à s'exhaler
Par les pleurs qu'il voyait couler. [...]
De mon cœur elle fait le charme ;
Il ne voit plus aucune alarme
Depuis qu'il ne voit près de lui
Qu'âmes sensibles pour appui. »

L'ancien valet de chambre de Louis XVI, François Hue, loue une mansarde dans la rotonde du Temple, qui bénéficie d'une vue plongeante sur l'enceinte de la tour. De la fenêtre, Madame Hue accompagne à la harpe une chanteuse qui entonne, au passage de Madame Royale :

> « Calme-toi, jeune infortunée ;
> Bientôt ces portes vont s'ouvrir ;
> Bientôt, de tes fers délivrée,
> D'un ciel pur tu pourras jouir. »

Le gouvernement ne tarde pas à s'impatienter de tels « concerts », d'autant que les nostalgiques de la monarchie affluent dans le quartier pour apercevoir la « jeune infortunée » à la faveur de ses promenades dans le jardin. Un peintre en croquera même un « portrait au télescope », à l'aide d'une longue-vue ! Pour sa part, Marie-Thérèse ne semble guère perturbée par cette agitation que l'on fait autour d'elle. Après sa prière, elle consacre la matinée à l'écriture. Elle rédige en particulier son *Mémoire*, retraçant la captivité de la famille royale au Temple. L'après-midi, elle brode, dessine. Elle lit Racine, Boileau ou Madame de Sévigné. Elle commence aussi à recevoir des visites.

Une fausse princesse de Bourbon

Curieusement, la première personne que le Comité de sûreté générale autorise, en août, à pénétrer au Temple est une soi-disant « Stéphanie-Louise de

Bourbon, comtesse de Mont-Cair-Zain », une intrigante qui se présente faussement comme la fille naturelle du prince de Conti. Madame Royale n'a jamais vu cette prétendue cousine, et ne se départira pas, à son endroit, d'une prudente réserve. Il n'en va pas de même le 2 septembre, lorsqu'elle voit apparaître la marquise de Tourzel et sa fille Pauline, qui ont miraculeusement échappé à l'échafaud. L'ex-gouvernante des Enfants de France ne cache pas sa surprise : « À son entrée au Temple, nous avions laissé Madame faible et délicate, et en la revoyant après trois ans de malheurs sans exemple, nous fûmes bien étonnées de la trouver belle, grande, forte et douée de cet air de noblesse qui fait le caractère de sa figure. Nous fûmes frappées, Pauline et moi, de retrouver en elle des traits du roi, de la reine et même de Madame Elisabeth. Le ciel, qui la destinait à être le modèle de ce courage qui, sans rien ôter à la sensibilité, rend cependant capable de grandes actions, ne permit pas qu'elle succombât sous le poids de tant de malheurs. »

Quelques jours plus tard, c'est la baronne de Mackau, sa sous-gouvernante, que Marie-Thérèse a la joie de retrouver. Elle se précipite pour l'embrasser, en bas de l'escalier de la tour : « Je ne pourrai jamais vous rendre qu'une faible partie des soins que vous avez eus pour moi dans mon enfance ! » La vieille dame, déjà septuagénaire, a vu sa santé altérée par un long emprisonnement sous la Terreur. Madame Royale redouble d'attentions à son égard. « Quant à moi, lui confie-t-elle, ces années si dures ne m'auront point été inutiles ; j'ai eu le temps de réfléchir devant

Dieu et avec moi-même. Je suis plus forte contre le mal. Je suis loin de confondre la nation française avec ceux qui m'ont enlevé tout ce que j'aimais le plus au monde. Sans doute je serais charmée de quitter la prison, mais je préférerais la plus petite maison en France aux honneurs qui attendent partout ailleurs une princesse aussi malheureuse que moi. »

La marquise de Tourzel et sa fille, comme Madame de Mackau, sont autorisées à se rendre au Temple trois fois par décade. Par le truchement de l'ancienne gouvernante, Marie-Thérèse a reçu quelques lignes de son oncle, qui a pris le nom de Louis XVIII en tant que roi *de jure* :

« Je hasarde cette lettre, ma chère nièce, sans savoir si elle pourra vous parvenir, mais ma tendresse pour vous ne peut plus se taire dans un moment aussi cruel. Rien ne peut réparer les affreuses pertes que vous avez faites ; mais permettez-moi d'en adoucir l'amertume. Regardez-moi, je vous en conjure, comme votre père, et soyez bien sûr que je vous aime et vous aimerai toujours aussi tendrement que si vous étiez ma propre fille. Si ceux qui vous feront arriver cette lettre vous donnent en même temps les moyens d'y répondre avec sûreté, je serai ravi d'apprendre que votre cœur accepte les offres du mien. Mais, au nom de Dieu, point d'imprudence, et songez bien que votre sûreté est préférable à ma satisfaction. Adieu, ma chère nièce, je vous aime et vous embrasse de tout mon cœur. »

À l'insu de Madame de Chanterenne, la princesse se hâte de rédiger une réponse que Louis XVIII recevra à Vérone le 18 septembre :

« Mon cher oncle, je suis on ne peut plus touchée des sentiments que vous daignez marquer à une malheureuse orpheline en voulant l'adopter pour fille. Le premier moment de joie que je goûte depuis trois ans est celui où vous m'assurez de votre bienveillance. Je vous aime toujours bien et désire pouvoir vous assurer un jour de vive voix ma reconnaissance et mon amitié pour vous.

« Je suis bien inquiète de votre santé et de savoir ce que vous devenez depuis trois ans que je n'ai eu le bonheur de vous voir. J'espère que vous vous portez bien, je le demande tous les jours au ciel, ainsi que de prolonger tous vos jours afin que vous puissiez être heureux, ce qui n'arrivera peut-être que dans longtemps.

« Adieu, je vous prie d'être persuadé que quelque chose qui arrive, jusqu'à mon dernier soupir, je vous serai attachée.

« Marie-Thérèse-Charlotte. »

Sur les marches de Saint-Roch

Ratifiée par plébiscite le 22 août 1795, la constitution de l'an III instaure une république modérée et bourgeoise. Le pouvoir exécutif y sera confié à un collège de cinq directeurs, pendant que deux assemblées – élues au suffrage censitaire – seront chargées de légiférer. Cependant, certains voudraient aller plus loin et restaurer la royauté. Le 5 octobre – 13 vendémiaire an IV –, Paris s'enflamme dans un soulèvement royaliste, violemment réprimé par le général Bonaparte, qui fait mitrailler les insurgés sur les marches de Saint-Roch. Au Temple, Marie-Thérèse confie à Gomin : « Je pleure sur le sang qu'on verse en ce moment. »

Le Directoire, qui s'installe le 4 novembre 1795, amorce un virage à gauche. Gomin est suspecté pour ses opinions monarchistes. Le 10 novembre, « Charlotte Capet » est interrogée par un commissaire de police sur son éventuelle implication dans la tentative du 13 vendémiaire, dont l'un des objectifs proclamés était de la délivrer de sa prison. Durant plusieurs jours, les Tourzel se voient interdites de visite. De son côté, Madame de Chanterenne est consignée au Temple.

Ces mesures, loin de compromettre la libération de Madame Royale, vont la précipiter. Le nouveau régime, dominé par Barras, comprend qu'il est temps d'en finir avec cet abcès de fixation, habilement utilisé par la propagande antirépublicaine. Le 27 novembre, le Directoire exécutif charge le ministre de l'Intérieur, Pierre Benezech, « de prendre les mesures nécessaires pour accélérer l'échange de la fille du dernier roi ».

Dès le lendemain, Benezech se précipite au Temple afin de régler avec Marie-Thérèse les détails de l'opération – qui doit rester secrète – et de savoir quelles dames elle désirerait pour l'accompagner. L'empereur ayant récusé d'avance toute personne ayant servi sa cousine durant sa captivité, Madame de Chanterenne ne saurait être du voyage. Sans hésiter, la princesse désigne la marquise de Tourzel et sa fille Pauline, qui seront écartées comme suspectes. Quant à la baronne de Mackau, trop faible pour envisager un tel déplacement, elle demandera à être remplacée par sa fille, la marquise de Soucy. Comme Madame Royale ne l'apprécie guère, elle écrira à Benezech, le 17 décembre, pour indiquer qu'elle lui préférerait la duchesse de Sérent, ancienne dame d'atours de Madame Elisabeth :

« Toutes réflexions faites, Monsieur, je désire que Madame de Sérent m'accompagne. Je rends justice au mérite et à l'attachement de Madame de Soucy pour moi. Mais, dans la position où je me trouve, seule, ignorant absolument les manières du monde, j'ai besoin de quelqu'un qui puisse me donner de bons conseils, et Madame de Sérent est celle que je crois le plus capable de m'en donner de bons par son âge. J'ai souvent été à portée de la voir, et j'ai reconnu en elle toutes les qualités que je désirais. Si vous ne pouvez me donner avec moi qu'une seule femme, je demande positivement que ce soit Madame de Sérent. Si vous pouvez m'en donner deux, je demande Madame de Soucy pour lui marquer la reconnaissance que je suis [*sic*] des soins que sa mère a pris de moi pendant quatorze ans. »

Le trousseau de la République

Et elle ajoute, plus bas sur la même feuille : « Je vous recommande Monsieur Hue, c'est le dernier des serviteurs de mon père qui resta avec lui en prison. Mon père même me l'a recommandé en mourant. C'est une dette sacrée que je dois à sa mémoire. Il demeure dans l'île Saint-Louis, quai d'Anjou. Il est impossible qu'on ne le trouve pas. Si vous choisissez un de mes gardiens pour me suivre, je demande que ce soit Monsieur Gomin. Il y a plus longtemps qu'il est au Temple ; c'est le premier être qui ait adouci ma captivité. Comme il est sédentaire au Temple, je le connais plus que son camarade. J'espère, Monsieur, que vous m'accorderez ces demandes. »

En fin de compte, c'est tout de même la marquise de Soucy qui prendra la route avec Marie-Thérèse. Madame de Sérent la rejoindra plus tard. Hue recevra pour mission de convoyer à Bâle le riche trousseau que la République, dans sa munificence, a fait confectionner pour l'orpheline du Temple et que, d'ailleurs, cette dernière n'acceptera pas, ne voulant rien devoir à « cette puissance usurpatrice ». Quant au brave Gomin il aura la joie d'escorter sa chère princesse jusqu'en Suisse, sous l'autorité du capitaine de gendarmerie Méchain, « chargé de la conduite de Marie-Thérèse-Charlotte et de son échange ».

Le 17 décembre 1795, veille de son départ, Madame Royale procède elle-même au tri des vêtements qu'elle veut emporter, laissant le reste aux employés du Temple. Puis, parée de sa plus belle robe, elle apparaît une dernière fois dans le jardin. Toutes les maisons alentour sont illuminées, et aux fenêtres se pressent les fidèles venus lui offrir leurs vœux de bonheur. À Madame de Chanterenne, qu'elle va quitter pour toujours, la princesse adresse ces phrases de consolation :

« Ma chère bonne petite Renète, ne vous affligez donc pas tant. Vous augmentez mon chagrin par le vôtre. Pouvez-vous croire que je changerai pour vous ? Non jamais. Je me souviendrai toujours avec plaisir de ma petite Renète. J'espère pouvoir vous revoir. Rien n'est impossible. Quant à ce moment-ci, je vous prie de rester tranquille, et surtout de vous moins chagriner, et de ne pas tomber malade. Vous êtes philosophe. Eh bien, soyez-le en ce moment. La journée de demain est bien triste pour vous. Mais, ma Renète, tâchez de vous occuper. Songez au bonheur de revoir votre famille. Il est si doux d'être avec ses parents et amis. Ne songez beaucoup à moi puisque cela vous afflige. J'aurai bien soin des personnes que vous me recommanderez, et je songerai surtout à vous et à votre respectable famille. Je vous remercie, ma Renète, de tout ce que vous avez fait pendant les six mois que nous avons été ensemble. Je n'oublierai jamais ce temps-là. Je finis, ma Renète, car je ne sais ce que je dis. Aujourd'hui est un grand jour pour moi, et j'ai la tête troublée. Adieu, belle, bonne, douce, aimable, gaie, complaisante, franche, charmante Renète. »

Les portes du Temple

Le lendemain, septidi 27 frimaire an IV de la République une et indivisible – 18 décembre 1795 –, à onze heures du soir, Benezech se fait conduire rue Meslay, à deux pas du Temple, qu'il rejoint à pied. Il frappe deux coups à la porte extérieure. Lasne, qui l'attendait avec un commissaire civil, reçoit de ses mains copie de l'arrêté du 6 frimaire ordonnant le transfert de la prisonnière. Il l'a fait suivre d'une déclaration selon laquelle « les citoyens Gomin et Lasne, commissaires préposés à la garde du Temple, lui ont remis Marie-Thérèse-Charlotte, fille du dernier roi, jouissant d'une parfaite santé ».

La princesse attend au premier, avec Gomin, dans la salle du Conseil. Elle dit adieu à Madame de Chanterenne et lui glisse dans la main une liasse de papiers froissés : le manuscrit de son précieux *Mémoire*. L'orpheline quitte enfin la tour. Songe-t-elle que, dans quelques minutes, le premier jour de son affranchissement sera aussi celui de son dix-septième anniversaire ? Le petit cortège traverse les cours, désertes et silencieuses. Un officier solitaire s'avance et salue. La porte de la rue s'entrouvre. Alors que Benezech lui offre le bras, les yeux de la princesse s'emplissent de larmes : « À l'heure même où je vous dois ma liberté, comment ne point penser à ceux qui ont franchi ce seuil avant moi ? Voilà trois ans quatre mois et cinq jours que ces portes se sont fermées sur ma famille et sur moi : j'en sors aujourd'hui la dernière et la plus malheureuse ! »

En route pour la liberté

La suite, Madame Royale la raconte dans une lettre adressée à sa chère Renète :

« Je donnai [en sortant du Temple] le bras à Monsieur Benezech, et nous acheminâmes dans la rue. Monsieur Benezech me parla du rôle que je devais jouer, de regarder Monsieur Méchain comme mon père. Il m'exagéra les dangers que je courais ;

mais il ne m'intimida pas. [...] Enfin nous arrivâmes assez vite à la rue Meslay, où nous trouvâmes la voiture de Monsieur Benezech. J'y montai avec lui et Monsieur Gomin. Nous fîmes plusieurs tours dans les rues. Enfin nous arrivâmes sur les boulevards, en face de l'Opéra. Nous y trouvâmes une voiture de poste avec Monsieur Méchain et Madame de Soucy. J'y montai avec Monsieur Gomin, et nous laissâmes Monsieur Benezech. Aux portes de Paris, on nous demanda notre passeport. À Charenton, la première poste, les postillons ne voulurent pas d'assignats, et demandèrent de l'argent, menaçant, sans cela, de ne pas nous conduire. Monsieur Méchain leur donna de l'argent. Le reste de la nuit se passa très tranquillement. Les postillons nous conduisirent assez vite.

« Le lendemain 19 décembre, nous nous arrêtâmes à Guignes pour déjeuner l'espace d'une demi-heure. Ce même jour, à quatre heures, je fus reconnue à Provins, comme on changeait de chevaux, par un officier de dragons. Arrivé à Nogent-sur-Seine, le dragon publia que c'était moi. La maîtresse de l'auberge où nous étions descendus pour nous rafraîchir me reconnut et me traita avec beaucoup de respect. La cour et la rue se remplirent de monde qui voulait me voir avec bonne intention. Nous remontâmes en voiture, et le peuple me combla de bénédictions et me souhaita mille félicités. Nous allâmes de là coucher à Grès. La maîtresse de la maison nous dit que le courrier de l'ambassadeur de Venise, Monsieur Cartelli, lui avait dit que je devais y passer avec deux voitures. Nous nous couchâmes à minuit et nous repartîmes à six heures du matin le 20 décembre.

« En passant, nous fûmes arrêtés à Troyes par le manque de chevaux, Monsieur Cartelli les ayant tous pris. Nous en eûmes enfin. Nous allâmes très doucement dans cette journée, n'ayant fait que dix lieues par l'amabilité de Monsieur Cartelli. Enfin, le soir [à] Vandœuvres, Monsieur Méchain se résolut de passer Monsieur Cartelli, et montra à la municipalité l'ordre du gouvernement qui portait qu'il prendrait des chevaux préférablement à d'autres. Monsieur Cartelli fit le diable. Mais, enfin, nous l'emportâmes. Nous partîmes à onze heures du soir et Monsieur Cartelli à une heure du matin, le vilain homme ! Notre courrier, qui est un excellent homme, ne l'aime pas, et ne l'appelle jamais que le marchand de toile, parce que sa voiture en est chargée. Ce courrier s'appelle Charra, et il s'est donné bien du mal pour notre route et faire marcher les postillons. C'est un bien bon homme.

« Accueillie de mille bénédictions »

« Le lendemain matin, nous descendîmes pour déjeuner à Chaumont, où je fus reconnue publiquement par la ville qui courut en foule pour me voir. Monsieur Méchain fit venir la municipalité et lui montra son passeport pour sa femme et pour sa fille. On ne le crut pas. Je remontai en voiture et pendant ce court trajet à pied je fus accueillie de mille bénédictions qui partaient du fond des cœurs, et dont je fus bien touchée. Nous allâmes, le soir, coucher à Fay-Billot, faute de chevaux, ce qui nous arrivait souvent.

« La journée du lendemain se passa très tranquillement. Seulement, les chevaux manquaient. Nous ne fîmes dans la journée que douze lieues. De là, nous couchâmes à Vesoul, et le lendemain nous trouvâmes des chemins affreux, dont on ne peut pas se faire d'idée, des trous énormes, d'où nous ne nous retirâmes que par l'adresse des postillons. Enfin, après avoir éprouvé mille difficultés et être partis de Paris à minuit, le 18 décembre, nous arrivâmes à Huningue le 24 décembre, à six heures du soir, après six jours de marche. [...] Adieu, ma chère Renète, la bien-aimée d'une malheureuse expatriée. J'ai vu ce matin Monsieur Bacher, le secrétaire de France à Bâle. Je le reverrai demain matin ; et demain au soir, à la fin du jour, au moment où l'on fermera les portes, je partirai pour Bâle, et l'échange se fera tout de suite, et aussitôt je partirai pour Vienne... »

Marie-Thérèse quittera en effet le sol français dans la soirée du samedi 26 décembre 1795. Dès lors, s'achève l'histoire de Madame Royale, la dernière survivante des enfants de Louis XVI et de Marie-Antoinette. À Vienne, sa famille maternelle la maintiendra pendant trois ans dans la cage dorée de la Hofburg. Séparée de son entourage français, elle déçoit également les émigrés, auxquels elle ne peut apporter aucune aide matérielle. Ayant refusé d'offrir sa main à l'archiduc Charles, frère de l'empereur François II, elle se marie finalement avec un autre de ses cousins germains, le duc d'Angoulême, comme le souhaitait sa mère. La cérémonie a lieu le 10 juin 1799, à Mittau – l'actuelle Jelgava, en Lettonie –, où Louis XVIII a trouvé asile, grâce à l'hospitalité du tsar Paul Ier. Alors qu'en France, la baronne de Méré transpose ses mésaventures aux Indes dans un roman à clefs, *Irma ou les Malheurs d'une jeune orpheline*, le souverain en exil fait de sa nièce une nouvelle Antigone, l'héroïne de la mythologie grecque emmurée vivante par fidélité aux dieux et à son sang.

Le 24 avril 1814, au terme de dix-huit années d'errance, de Varsovie à Londres, la duchesse d'Angoulême retrouve enfin le sol de sa patrie. Elle s'évanouit en redécouvrant les Tuileries. Soucieux de réconciliation, Louis XVIII utilise la popularité de Marie-Thérèse pour en faire un symbole de paix et de pardon. Rescapée de la tragédie révolutionnaire, elle n'en apparaît pas moins comme un reproche vivant aux tenants de la République et de l'Empire. L'éternelle « orpheline du Temple » devient l'emblème douloureux de la Restauration. Pieuse, charitable, modèle de toutes les vertus chrétiennes, elle cautionne, par sa seule présence, le culte, empreint de dolorisme, célébré autour des « martyrs » de la famille royale.

Le seul homme de la famille

Durant les Cent Jours, la sainte révèle un tempérament de guerrière, en digne descendante de Henri IV. À Bordeaux, elle tente d'organiser la résistance, avant d'être contrainte de s'embarquer pour l'Angleterre. Admiratif, Napoléon saluera en elle « le seul homme de la famille des Bourbons ». La seconde Restauration voit son image se ternir. Sa stérilité, sa bigoterie, ses manières brusques héritées de Louis XVI supportent mal la comparaison avec la personnalité de sa sémillante et féconde belle-sœur, Marie-Caroline, duchesse de Berry. On l'accuse de partager l'intransigeance des ultras, partisans d'un retour à une monarchie autoritaire. Cependant, celle qui devient « Madame la dauphine » à l'avènement de son beau-père Charles X, en 1824, garde la passion de la France, qu'elle sillonnera sans relâche jusqu'à la révolution de 1830.

Le 2 août, à Rambouillet, Charles X signe son abdication. Pendant quelques minutes, son fils Louis-Antoine devient légalement le roi Louis XIX, et Marie-Thérèse la plus éphémère des reines de France. Mais après un bref instant de réflexion, le duc d'Angoulême appose à son tour son paraphe, cédant ses droits à son neveu, Henri V, le jeune duc de Bordeaux. Louis-Philippe proclamé roi des Français, pour les Bourbons commence un nouvel exil. Pour « l'orpheline du Temple », il sera cette fois définitif.

C'est d'abord l'Ecosse, puis Prague et Gorizia, où Charles X s'éteint, victime du choléra, en 1836. Aux yeux d'une partie des légitimistes, qui n'admettent pas les renonciations de 1830, le nouveau roi est « Louis XIX », tandis que les « henriquinquistes » reportent leur fidélité sur « Henri V », duc de Bordeaux et comte de Chambord. Mais, avec une dévotion respectueuse, ils sont unanimes pour considérer la fille de Louis XVI comme leur reine. Au reste, son mari et elle – sous le titre de « comte et comtesse de Marnes » – consacrent tous leurs efforts à l'éducation de leur neveu, en qui ils placent leurs espoirs d'une restauration.

Veuve depuis 1844, Marie-Thérèse mourra d'une pneumonie, le 19 octobre 1851, dans sa soixante-treizième année, au château de Frohsdorf, près de Vienne. Trois jours auparavant, bien que malade, elle avait tenu à assister, comme chaque année, à la messe célébrée en mémoire de l'exécution de Marie-Antoinette. Sur sa tombe, dans la crypte du monastère slovène de Kostanjevica, sans doute aurait-on pu graver, en épitaphe, cette méditation de Lamartine :

« Pour me précipiter de plus haut dans l'abîme,
Le sort mit mon berceau sur les genoux des rois.
La couronne à mon temps me marqua pour victime ;
L'orage de mon front la fit tomber deux fois.

Le bourreau me jeta le bandeau de ma mère
De mes ans dans l'exil je vécus la moitié ;
Mon diadème fut une ironie amère,
Reine ici, reine là, mais par droit de pitié... »

21

Le retour du dauphin perdu

La nouvelle du décès de Louis XVII – survenu le 8 juin 1795 – va être tenue secrète pendant deux jours. Le porte-clefs Gourlet, qui est au courant, est mis aux arrêts. Le commissaire Damont est consigné au Temple. Quant à Gomin, il continue de faire préparer des bols de bouillon, comme pour un vivant. Le 9 juin, à onze heures du matin, quatre praticiens procèdent à l'autopsie. Les docteurs Pelletan et Dumangin, qui ont soigné l'enfant dans ses derniers moments, se sont adjoint deux professeurs de médecine, les citoyens Jeanroy et Lassus. Ignorant des événements, un certain Darlot, de la section de la Réunion, vient relever Damont, le 9 juin vers midi. Les gardiens du Temple le mettent immédiatement dans la confidence. L' autopsie est en cours. Darlot veut y assister. Les légistes ont rasé et scié le crâne au-dessus des orbites. Pourtant, le citoyen Darlot insiste pour identifier ces restes macabres. Il est formel : « Il remet bien cet enfant mort pour l'avoir vu plusieurs fois se promener au jardin des Tuileries avec tout l'appareil du fils de Louis Capet, et dans le petit jardin où il y avait des lapins. En foi de quoi, j'ai signé ma sincère déclaration en ayant été vivement frappé... »

L'examen, minutieux, ne s'achève pas avant quatre heures. Profitant d'un moment d'inattention de ses confrères, le docteur Pelletan prélève le cœur de Louis XVII et le serre dans son mouchoir. Nous reparlerons au chapitre suivant de l'odyssée de cette « relique ». Le soir, l'annonce officielle de la mort est enfin faite aux hommes de garde. Ils sont invités à reconnaître le corps. Quant au compte rendu d'autopsie, il est empreint de la rigueur redoutable et glacée d'une observation scientifique :

« Parvenus au deuxième étage, dans un appartement, dans la seconde pièce duquel nous avons trouvé dans un lit le corps d'un enfant qui nous a paru âgé d'environ dix ans, que les commissaires nous ont dit être celui du fils du défunt Louis Capet, et que deux d'entre nous ont reconnu pour être l'enfant auquel ils donnaient des soins depuis quelques jours. Les susdits commissaires nous ont déclaré que cet enfant était décédé la veille, vers trois heures de relevée ; sur quoi nous avons cherché à vérifier les signes de la mort. [...]

Une maigreur générale

« Nous avons remarqué, avant de procéder à l'ouverture du corps, une maigreur générale qui est celle du marasme. Le ventre était extrêmement tendu et météorisé. Au côté interne du genou droit, nous avons remarqué une tumeur, sans changement de couleur de la peau, et une autre tumeur moins volumineuse sur l'os radius, près le poignet gauche. La tumeur du genou contenait environ deux onces d'une matière grisâtre, puriforme et lymphatique, située entre le périoste et les muscles, celle du poignet renfermait une matière de même nature, mais plus épaisse. »

À l'intérieur du ventre, les opérateurs distinguent une très grande quantité de tumeurs de diverses grosseurs, sur les intestins, l'épiploon et le mésentère. Des tumeurs de même nature sont disséminées dans l'intérieur du péritoine, recouvrant la face intérieure du diaphragme. Néanmoins, les viscères sont déclarés sains. Les légistes concluent : « Tous les désordres dont nous venons de donner le détail sont évidemment l'effet d'un vice scrophuleux [*sic*] existant depuis longtemps, et auquel on doit attribuer la mort de l'enfant... »

La scrofule était le terme général par lequel on désignait, à l'époque, un certain nombre de manifestations de la tuberculose, externes et osseuses. L'une d'entre elles affectait la forme de plaies et d'abcès au niveau des ganglions du cou. On la nommait écrouelles dans le langage populaire. Or, le jour de son sacre, le roi de France était censé recevoir le don miraculeux de « toucher les écrouelles ». Les malades venaient d'ailleurs de fort loin pour bénéficier de cette grâce. Comment ne pas voir ici un signe puissant de l'Histoire ? Le fils du dernier monarque de l'Ancien Régime terrassé par ce même mal royal – ce « *morbus regius* » – que l'onction de Reims donnait à ses ancêtres, depuis mille ans, le pouvoir de guérir. C'est aussi de cette maladie que succomba le premier dauphin. Comme si la vieille race des Bourbons avait perdu à la fois son charisme moral et sa vitalité physique.

Dans son remarquable article *Pathographie de Louis XVII au Temple*, le professeur Pierre Léon Thillaud établit la continuité de l'évolution morbide du jeune prince, depuis août 1792 jusqu'à juin 1795. Pour lui, il ne subsiste aucun doute : nous avons bien affaire à un seul et unique individu.

Car la question s'est très vite posée : l'enfant mort au Temple était-il réellement le plus jeune fils de Louis XVI et de Marie-Antoinette ?

À partir du procès-verbal du 21 prairial, le professeur Thillaud dresse un diagnostic rétrospectif. Les tumeurs au genou droit et au radius gauche – ou tumeurs blanches – proviennent d'une arthrite tuberculeuse. L'affection abdominale aiguë, avec présence d'une abondante quantité de pus, d'adhérences et de météorisation, sont autant de marques d'une péritonite, cause immédiate de la mort. Enfin, on note les séquelles d'une affection pleurale déjà ancienne, sans doute la primo-infection de mai 1793. Une telle affection peut évoluer de diverses manières. Soit elle demeure asymptomatique, soit elle s'attaque au poumon, soit, plus gravement encore, elle se généralise à l'ensemble du corps par le biais de la circulation sanguine.

On assiste dans ce dernier cas à l'apparition d'une variété de manifestations : pleurésies, orchi-épididymites, arthrites ou péritonites. Le « vice scrophuleux » signalé par les praticiens révolutionnaires recouvre ce que l'on nommerait aujourd'hui une tuberculose disséminée chronique. On se souvient que le petit Louis-Joseph, le premier dauphin, avait succombé à une spondylite tuberculeuse, ou mal de Pott. Cet antécédent familial, surajouté aux mauvaises conditions sanitaires régnant dans le donjon du Temple, confirme les indications cliniques de l'autopsie.

La sépulture du fils Capet

Le 10 juin – 22 prairial –, le commissaire Guérin arrive pour prendre son poste. Comme Darlot la veille, il n'hésite pas à reconnaître le prince défunt. Dans l'après-midi, le Comité de sûreté générale décide enfin de « faire donner la sépulture au fils Capet ». À sept heures du soir, deux commissaires civils de la section du Temple, flanqués du commissaire de police Dusser, viennent constater légalement le décès. Quant à l'acte proprement dit, il ne sera porté dans les registres d'état civil que deux jours plus tard, le 24 prairial. À peine plus banal que l'acte baptismal de Versailles, il scelle le destin de « Louis-Charles Capet, âgé de dix ans et deux mois, fils de Louis Capet, dernier roi des Français, et de Marie-Antoinette-Josèphe-Jeanne Dautriche [*sic*]... »

L'ordonnateur des pompes funèbres Voisin a commandé le matin même un cercueil au concierge du cimetière de l'église Sainte-Marguerite, non loin de l'actuelle place de la Nation. Certains historiens s'étonnent des dimensions excessives de cette bière – cinq pieds, environ un mètre soixante-cinq – pour un cadavre qui devait mesurer un mètre vingt au maximum. Ils se hâtent de rapprocher ce fait du témoignage d'un commissaire civil qui, au printemps de 1795, aurait été fort étonné de la grande taille du jeune détenu et « de ce qu'elle aurait pu être s'il se fût tenu debout ». Au-delà de ce sentiment subjectif, rappelons seulement que le procès-verbal d'autopsie, dûment contresigné par quatre praticiens, décrit sans équivoque « le corps d'un enfant qui [leur] a paru âgé d'environ dix ans ».

Il est neuf heures du soir, en ce 10 juin 1795, quand un sinistre cortège traverse le faubourg Saint-Antoine. Précédés d'un détachement commandé par un sergent, quatre hommes portent un cercueil. Suit un petit groupe d'officiels, arborant la cocarde tricolore de commissaire de la République. Au premier rang, il y a Gomin, Lasne et Damont. Assez loin derrière eux, deux détachements de vingt-cinq hommes, dont les baïonnettes luisent aux dernières lueurs du jour, marchent en silence. Des nuages sombres commencent à couvrir le ciel. Un vent de tempête va bientôt se lever.

« On l'enterra à la brune, racontera la veuve du fossoyeur à la Restauration. Il ne faisait pas encore tout à fait nuit ; il y avait très peu de monde ; je pus facilement m'approcher ; je vis le cercueil comme je vous vois. On le mit dans la fosse commune qui était la fosse de tout le monde, les petits comme les grands, les pauvres comme les riches. Tous y allaient, parce que soi-disant, tout le monde était *égaux*... »

À peine Louis XVII est-il inhumé qu'on le signale vivant aux quatre coins du pays. On l'aperçoit près du Havre, de Pithiviers, à Orléans ou dans le Puy-de-Dôme. En 1796, selon les *Mémoires* du marquis de Créquy, on ne compte déjà pas moins de quatre faux dauphins en circulation ! Au cours des décennies suivantes, plus d'une centaine d'aventuriers vont prétendre être le petit prince évadé.

Les cent un faux dauphins

Beaucoup d'entre eux s'inspireront d'un roman à succès paru en 1800, *Le Cimetière de la Madeleine*, dans lequel l'auteur, Jean-Joseph Regnault-Warin, imagine l'enlèvement du jeune roi. Jean-Marie Hervegault, Mathurin Bruneau, le « baron » de Richemont, seront les plus célèbres. Sans oublier l'horloger prussien Carl Wilhelm Naundorff qui, au début de la monarchie de Juillet, parlant à peine le français, parviendra à se faire reconnaître par quelques vieux serviteurs de Versailles. Faux-monnayeur à ses heures, mais aussi artificier et prophète d'une religion nouvelle, Naundorff mourra à Delft, aux Pays-Bas, le 10 août 1845. Son acte de décès – établi selon les déclarations de son entourage – ainsi que sa pierre tombale le désignent comme « Charles-Louis [*sic*] de Bourbon ». Aussi, ses descendants portent-ils légalement ce nom illustre. Aujourd'hui encore, en France et au Canada, ils constituent une étrange dynastie parallèle, servie par une poignée d'irréductibles partisans.

Mais les faux Louis XVII ne se limitent pas à ces quelques individus remarquables. On en trouve un à New York, un autre à Zadar en Croatie, un troisième aux Açores, sous le patronyme portugais de « Capeto ». Un énigmatique « Monsieur Louis » s'établit aux Seychelles, et à Mahé, un hôtel porte toujours le nom d'« Auberge Louis XVII ». Faut-il évoquer Pierre Benoit, disparu à Buenos Aires en 1852 dans des conditions singulières ? Ou encore le pasteur Eleazar Williams, un métis iroquois de la région des Grands Lacs, persuadé de ses origines bourboniennes ? À Green Bay, dans le Wisconsin, son souvenir est toujours perpétué par une *Lost Dauphin Street*...

Le dauphin perdu ! À travers les incertitudes politiques du premier Empire et de la Restauration, l'espérance de son retour se haussera aux dimensions d'un mythe universel. Celui du « Roi caché », du « Grand Monarque » qui sommeille dans l'ombre, mais qui reviendra à la fin des temps pour rétablir l'Age d'or et la félicité sur terre. Selon les lieux et les époques, cette attente s'est incarnée tour à tour en Charlemagne, Gengis Khan, ou Frédéric Barberousse. Elle a pris la forme des faux Sébastien du Portugal ou des faux Dimitri de Russie. Pour les « survivantistes » français, c'est la descendance occultée de Louis XVII qui fera un jour revivre la monarchie de droit divin et la royauté chrétienne telle qu'elle était au bon temps du roi Saint Louis.

Depuis deux siècles, plusieurs milliers d'ouvrages et d'articles ont traité de cette ténébreuse affaire Louis XVII – le « mystère le plus impénétrable de tous les temps », selon le prince Michel de Grèce. En réalité, à de rares exceptions près, aucun d'entre eux n'a soumis le problème aux outils d'une critique objective. La majeure partie de cette production livresque se résume à un galimatias d'hypothèses hasardeuses, de mensonges et d'affabulations. Manque de rigueur, grossières bévues méthodologiques, sollicitations abusives des sources, textes tronqués ou manipulés : la question Louis XVII pourrait servir de catalogue des erreurs à ne pas commettre, à l'usage des étudiants en première année d'histoire !

L'idée que le fils de Louis XVI ait réussi à échapper aux griffes de ses geôliers est séduisante et, ô combien, consolatrice ! Mais hélas – ou heureusement peut-être –, la vérité historique ne fait pas bon ménage avec les légendes. C'est en 1995, à l'occasion du bicentenaire de la mort de l'enfant du Temple, que j'ai publié un premier ouvrage sur le sujet, *L'Affaire Louis XVII*[1].

Or, en étudiant les pièces du dossier, en explorant les différentes pistes, en écartant invraisemblances et impossibilités, j'en suis arrivé à conclure que – selon toute probabilité – l'enfant mort au Temple était bel et bien le fils de Louis XVI et de Marie-Antoinette. Ecartés les mensonges et les fantasmes, aucune des « preuves » du contraire ne résiste longtemps au feu de la saine critique. Sur le plan purement factuel, il était donc hautement probable que l'héritier du trône de France avait péri à l'issue de presque trois années d'emprisonnement, misérable victime de la maladie et des mauvais traitements. C'était là mon intime conviction, quoique fondée sur un faisceau convergent de présomptions. Mais je ne possédais pas d'élément indiscutable à opposer aux vaticinations des « évasionnistes ».

1. Aux Editions Tallandier. Cet ouvrage, aujourd'hui épuisé, étudie les thèses survivantistes et l'histoire des principaux faux dauphins. Autant de sujets qu'il n'y a pas lieu de développer ici.

Or, comme nous l'avons dit, pendant l'autopsie pratiquée sur le cadavre de l'enfant du Temple, le docteur Philippe-Jean Pelletan, profitant d'un moment d'inattention de ses collègues, en avait dérobé le cœur. Depuis 1975, cette relique était enfermée dans une chapelle de la crypte de la basilique de Saint-Denis, la nécropole des rois de France, près de Paris. J'étais convaincu qu'en comparant son ADN mitochondrial – ou ADN mt transmissible en ligne féminine – avec celui de Marie-Antoinette et des Habsbourg – la famille maternelle de Louis XVII – il serait peut-être possible d'avoir le fin mot du mystère du dauphin perdu. La solution de « l'énigme Louis XVII » était à portée d'éprouvettes !

Le cœur de l'énigme

Une première analyse génétique, pratiquée à l'initiative de l'historien hollandais Johann Hans Petrie, avait été conduite par les équipes du professeur Jean-Jacques Cassiman, de l'université catholique de Louvain en Belgique, et du docteur Olivier Pascal, du CHU de Nantes. Cette étude portait sur l'un des plus fameux prétendants à l'identité de Louis XVII, Carl Wilhelm Naundorff. Les descendants de l'horloger prussien, convaincus de la bonne foi de leur ancêtre, avaient alors accepté de le soumettre au verdict de la génétique. Les archives municipales de Delft conservaient, dans des enveloppes scellées, quelques cheveux de Naundorff. Une exhumation de son corps, pratiquée en 1950, avait également permis de recueillir des fragments d'humérus, gardés depuis lors dans un bocal, au laboratoire de police technique de Rijswick. Enfin, Hans Petrie avait fait l'acquisition de quatre cheveux de deux sœurs de Marie-Antoinette : les archiduchesses Marie Josèphe et Johanna-Gabriele, mortes adolescentes. Ces reliques capillaires provenaient d'un chapelet, propriété d'un couvent de Klagenfurt en Autriche. Ses seize médaillons renferment des mèches des seize enfants de l'impératrice Marie-Thérèse, mère de la reine Marie-Antoinette, et donc grand-mère de Louis XVII.

Les résultats de ces comparaisons, rendus publics le 2 juin 1998, sont formels. Il n'existe aucun rapport entre l'ADN mt contenu dans l'os de Naundorff et celui des filles de Marie-Thérèse. Deux descendants actuels de l'impératrice en ligne féminine, la reine Anne de Roumanie et son frère, le prince André de Bourbon-Parme, ont accepté de participer à l'expérience. Leurs empreintes génétiques diffèrent aussi de celles de Naundorff. Ainsi, ce dernier était un imposteur – ce que toutes les études historiques sérieuses démontrent d'ailleurs amplement.

Cependant, ses héritiers ont cru utile de procéder à une contre-expertise. Le 27 octobre 2004, à la demande et en présence de Monsieur Charles-Louis de Bourbon – chef de la branche canadienne des Naundorff –, le cercueil de son aïeul est extrait une fois encore du Kalverbos, l'ancien cimetière de Delft. Des prélèvements osseux sont de nouveau effectués, sous le contrôle vétilleux de maître Dominique Rijnbout, avocat de la famille. Un conseiller municipal de Delft et un officier de police sont également présents. Des analyses ont ensuite été pratiquées par le professeur Peter de Knijff, généticien de l'université de Leyde, et par son collège le docteur Walther Parson, de l'Institut de Médecine légale de l'université d'Innsbruck, en Autriche. Il semblerait que les deux spécialistes aient obtenu sans difficulté des résultats fiables et entièrement convaincants. Mais leur commanditaire ne les a toujours pas autorisés à les publier officiellement...

Une enquête à la Sherlock Holmes

C'est donc vers 1998 que je noue mes premiers contacts avec le professeur Jean-Jacques Cassiman, peu après la divulgation de tests négatifs sur Naundorff. Puisqu'il possède désormais la signature ADN mt de Marie-Antoinette et des Habsbourg, il lui suffirait de la comparer à celle que l'on pourrait éventuellement extraire du « cœur Pelletan ». Ma question préliminaire au chercheur belge est simple : peut-on raisonnablement espérer extraire de l'ADN mt identifiable d'un organe humain réduit depuis deux cents ans à un état de dessication presque absolue ? En scientifique prudent, le professeur Cassiman me répond... qu'il n'en sait rien. Que seul un prélèvement permettrait de le déterminer. D'autre part, il attire mon attention sur la nécessité, préliminaire à toute démarche, de s'assurer de la provenance de cette douteuse relique. Le généticien renvoie la balle à l'historien.

Il conviendra en effet, avant toute chose, de vérifier que ce viscère momifié présente de sérieux caractères d'authenticité. Si ce type d'analyses génétiques peut établir une parenté, elle ne garantit nullement une identité. C'est à l'historien de s'assurer de l'origine et du parcours de l'échantillon – nous dirions aujourd'hui de sa « traçabilité ». La conjugaison de ces deux sources d'information – code ADN et enquête historique – permettra alors de conclure. Car, s'il s'avère que l'enfant mort au Temple en 1795 était apparenté à Marie-Antoinette, il ne pouvait logiquement être que Louis XVII.

Avant de songer à faire analyser le cœur conservé à Saint-Denis, je devrai donc confirmer, avec un maximum de certitudes, qu'il est bien celui que le docteur Pelletan a subtilisé lors de l'autopsie. Cette exigence sera pour moi l'amorce d'une quête passionnante. Pour authentifier le « cœur Pelletan », il me faudra écumer les archives et les bibliothèques, collecter les pièces officielles, au fil d'une enquête digne de Sherlock Holmes[1] !

Revenons donc au 9 juin 1795. Ce jour-là, le docteur Philippe-Jean Pelletan, assisté par les docteurs Lassus, Dumangin et Jeanroy, procède à « l'ouverture » du petit cadavre. Profitant d'un moment d'inattention de ses collègues, Pelletan « soustrait » le cœur, qu'il roule dans du son, enferme dans un mouchoir et cache dans sa poche. De retour chez lui, il place l'organe encore sanguinolent dans un vase de cristal rempli d'« esprit de vin » – ou alcool éthylique. Il le

1. J'en publierai la plupart des éléments en 2000, dans un deuxième ouvrage, *Louis XVII, la vérité*, aux Editions Pygmalion.

dissimule derrière les livres de sa bibliothèque. Une dizaine d'années plus tard, le liquide s'est évaporé. Pelletan range alors le cœur, desséché, parmi d'autres pièces anatomiques, dans un tiroir de son bureau. Ensuite, vers 1810, l'un des élèves de Pelletan, Jean-Henri Tillos, dérobe la précieuse relique, dont le chirurgien a eu l'imprudence de lui parler. Bientôt, Tillos est rongé par la phtisie. Pris de scrupules sur son lit de mort, il abjure sa femme de restituer le cœur à son légitime détenteur.

Les errements d'une relique

Entre-temps, Napoléon a cédé la place à la première Restauration. Pelletan cherche maintenant à offrir son « pieux larcin » aux Bourbons. En butte à des intrigues de cour, suspecté de sympathies bonapartistes, le chirurgien ne parvient pas à entrer en contact avec Louis XVIII. Néanmoins, la duchesse d'Angoulême le rencontre lors d'une visite à l'Hôtel-Dieu. Puis la sœur de Louis XVII lui accorde une entrevue aux Tuileries. La princesse, qui ne doute pas de la mort de son frère au Temple, interroge le chirurgien sur les soins qu'il a prodigués à celui-ci et sur le moyen qu'il a employé pour « soustraire le cœur sans un danger imminent ». Le retour de l'Aigle corse, durant les Cent-Jours, suspend les efforts de Pelletan. Mais, dès 1816, il tente à nouveau de remettre le cœur à la famille royale, sans davantage de succès. Plusieurs enquêtes sont diligentées, par différentes administrations. Le chirurgien fournit des preuves écrites, des témoignages nombreux, en vain...

De guerre lasse, le docteur Pelletan dépose le cœur à l'archevêché de Paris, le 23 mai 1828, entre les mains de Monseigneur de Quélen, qui le reçoit « comme un dépôt sacré », et promet de s'employer à convaincre le roi Charles X. Cependant, lorsque le chirurgien s'éteint, le 26 septembre 1829, à Bourg-la-Reine, le cœur est toujours dans le bureau du cardinal. En juillet de l'année suivante, Paris s'enflamme pendant les « Trois Glorieuses ». Le 29, les révolutionnaires dévastent le palais de l'archevêché. Au cours du pillage, un ouvrier imprimeur, du nom de Lescroart, s'empare du cœur. En lisant les documents qui l'accompagnent, Lescroart constate qu'il appartient à un certain docteur Pelletan. Or, il connaît Philippe-Gabriel Pelletan, le second fils du chirurgien défunt, et lui aussi homme de l'art. Hélas, un autre émeutier s'interpose, brise l'urne de cristal qui renferme la relique, et contraint Lescroart à battre en retraite. Le 5 août, le calme est revenu. Le fils Pelletan, accompagné par l'imprimeur, fouille la cour de l'archevêché. Par chance, les deux hommes retrouvent les débris du vase et le cœur enfoui dans un tas de sable.

Placé dans une nouvelle urne, similaire à la précédente, le cœur restera la propriété de Philippe-Gabriel Pelletan, puis de ses héritiers, jusqu'en 1895. Le 22 juin de cette année-là – un siècle et quelques jours après la mort de l'enfant du Temple –, il est accepté par don Carlos de Bourbon, duc de Madrid, descendant de Louis XIV et prétendant au double trône d'Espagne et de France. La relique et son vase de cristal passent alors clandestinement à Venise, avant de rejoindre la chapelle du château autrichien de Frohsdorf, près de Vienne. En 1942, fuyant les menaces de l'invasion soviétique, la fille de don Carlos, Béatrice, princesse Massimo, emporte le viscère vagabond à Rome. Enfin, le 10 avril 1975, les quatre filles de Béatrice Massimo confient le « pieux larcin » du docteur Pelletan à Monsieur le duc de Bauffremont, président du Mémorial de France à Saint-Denis. En acceptant ce présent, ce dernier va essuyer une violente campagne de presse orchestrée par les milieux survivantistes. Aussi, les arguments positifs que je lui apporterai, tant sur l'itinéraire du cœur que sur la mort de Louis XVII au Temple, le feront-ils accéder à ma requête et envisager favorablement le recours à la génétique.

Le verdict de la science

Une rencontre préliminaire se tient, au printemps de 1999, avec le professeur Cassiman, dans la crypte de Saint-Denis, en présence du regretté professeur Michel Fleury, archéologue éminent et secrétaire de la Commission du Vieux Paris. Après quoi un prélèvement est pratiqué sur la relique, le 15 décembre 1999, par les soins du docteur Els Jehaes, collaboratrice du généticien belge. Le cœur, dur comme de la pierre, doit être attaqué à la scie chirurgicale ! Parallèlement, le docteur Heidi Pfeiffer, spécialiste de médecine légale à l'université allemande de Münster, procède à un examen macroscopique sommaire. Elle confirme tout d'abord qu'il s'agit bien du cœur d'un enfant, âgé de huit à douze ans. Sa description corrobore les procès-verbaux établis par plusieurs médecins en 1895, au moment de la remise du cœur à don Carlos. Comme eux, elle note la présence d'un « fragment de l'aorte, coupé à deux centimètres de son origine ». Nous savons en effet que Pelletan n'a pas pris la peine de sectionner l'artère au ras du myocarde, comme c'était l'usage chez les anatomistes. Ces deux centimètres d'aorte confirment que le viscère de Saint-Denis est bien le même que celui remis à don Carlos en 1895. Et le même que Pelletan a subtilisé au Temple.

Les échantillons, enfermés dans deux gobelets stériles et scellés par huissier, prennent aussitôt le chemin de la Belgique et de l'Allemagne. Les analyses, en effet, seront pratiquées en double, par le professeur Cassiman à Louvain et par le professeur Bernd Brinkmann, directeur de l'Institut de médecine légale de l'université de Münster. Il faudra encore trois mois d'attente – après deux siècles de patience ! – pour que le cœur consente enfin à révéler son secret. Chacune de son côté, les deux équipes scientifiques ont refait plusieurs fois leurs expériences. Elles ont comparé leurs résultats. Tout concorde. Plus aucun doute possible. Les professeurs Brinkmann et Cassiman sont arrivés à la même conclusion, indiscutable :

« Les résultats des analyses ADN du cœur au Centre de génétique humaine de Louvain et au laboratoire de Münster montrent que la séquence d'ADN mt du cœur et la séquence des parents maternels de Louis XVII sont identiques. Cette séquence n'a encore jamais été observée parmi des centaines d'individus testés. Ces résultats appuient très fortement la version officielle selon laquelle Louis XVII, et non un substitué, est mort au Temple à Paris, le 8 juin 1795. »

Mercredi 19 avril 2000, la presse du monde entier – et de nombreux passionnés de Louis XVII – assistent à la conférence de presse où les résultats sont proclamés. Le musée d'Histoire de la médecine de Paris, avec ses vitrines remplies de redoutables instruments chirurgicaux des XVIIIe et XIXe siècles, convient parfaitement à une telle réunion. L'ombre du docteur Philippe-Jean Pelletan plane sur l'assemblée. Le digne praticien va enfin être justifié au regard de la postérité !

Le verdict de la science confirme celui de l'Histoire. La vérité est simple : le fils de Louis XVI et de Marie-Antoinette a succombé à une tuberculose généralisée. Il n'y a jamais eu de substitution, ni d'enlèvement, ni d'évasion. Louis XVII, malheureusement, n'a pas survécu à la Révolution. Mais il en aurait fallu davantage pour convaincre les irréductibles, ceux qui préfèrent continuer de rêver, contre toute espérance, au retour de leur monarque perdu...

22

La vérité sur Louis XVII

Personne, dans le milieu scientifique, ne remettant sérieusement en cause la validité des résultats ADN, l'ultime objection des survivantistes – la seule qui puisse ébranler les conclusions de nos travaux – est de laisser entendre que le cœur analysé n'appartiendrait pas à Louis XVII, mais à un autre enfant, apparenté lui aussi à l'impératrice Marie-Thérèse en ligne féminine.

Que faut-il en penser ? Rappelons d'abord que mon enquête – conduite selon les règles méthodologiques les plus rigoureuses – a démontré qu'à aucun moment n'apparaît la possibilité d'un échange ou d'une substitution du « cœur Pelletan ». À chaque étape de son « odyssée », depuis la tour du Temple jusqu'à la crypte de Saint-Denis, le parcours de ce viscère girovague a fait l'objet de procès-verbaux officiels, de certificats d'authenticité, de déclarations sur l'honneur et autres actes notariés.

Néanmoins, nous avons que le fils aîné de Louis XVI et de Marie-Antoinette, le premier dauphin Louis-Joseph, est mort à l'âge de sept ans et demi, le 4 juin 1789 à Meudon. Le cœur de Saint-Denis ne serait-il pas le sien ? Cette question me surprend d'autant moins que je suis le premier à l'avoir formulée, dans mon ouvrage *Louis XVII, la vérité.* Un critère discriminant permet d'éliminer d'emblée cette hypothèse.

L'embaumement des cœurs princiers

Nous l'avons dit, le cœur de Louis XVII, « soustrait » par le docteur Pelletan, a d'abord été regardé comme une quelconque « curiosité » anatomique. C'est-à-dire que le chirurgien l'a simplement déposé dans l'alcool, sans l'avoir ouvert ni embaumé d'aucune façon. Après quoi le viscère s'est pétrifié à l'air libre. Or les cœurs princiers n'étaient jamais traités d'une manière aussi désinvolte ! Ainsi, le docteur Sucquet, dans *De l'embaumement chez les anciens et les modernes, et des conservations d'anatomie normale et pathologique,* Aurillac, 1872, rapporte au sujet de la dauphine Marie-Anne-Victoire de Bavière, bru de Louis XIV, décédée en 1690 :

« Le cœur, après avoir été vidé, lavé avec de l'esprit-de-vin et desséché, fut mis dans un vaisseau de verre avec cette liqueur ; et ce même viscère, ayant été ensuite rempli d'un baume fait de cannelle, de girofle, de myrrhe, de styrax et de benjoin, fut enfermé dans un sac de toile cirée de sa figure, lequel fut mis dans un cœur ou boîte de plomb, qu'on souda aussitôt pour être donné à Madame la duchesse d'Arpajon, qui le mit entre les mains de Monseigneur l'évêque de Meaux, premier aumônier de feu Madame la Dauphine, qui le porta ensuite au Val-de-Grâce. »

En 1765, vingt-deux ans avant la mort du premier dauphin, le docteur Jean-Joseph Sue – grand-père du feuilletoniste – décrit toujours le même procédé traditionnel, avec une macabre précision, dans son ouvrage *Anthropotomie, ou l'art d'injecter, de disséquer, d'embaumer et de conserver les parties du corps humain, &c.* :

« Le cœur est la dernière partie que l'on embaume. Il faut d'abord avoir l'attention de bien le laver avec de l'esprit de vin ; puis on remplira les gros vaisseaux, les ventricules, et les oreillettes, de la poudre balsamique. Sa surface extérieure sera aussi recouverte de la même poudre mélangée avec le liniment. On a ensuite une poche de toile cirée et à peu près de la figure du cœur, dans laquelle on le met, et que l'on serre au moyen d'un ruban ou d'une ficelle, en conservant autant qu'il est possible, à ce viscère sa forme naturelle. Enfin on le mettra dans une boîte de plomb faite exprès, et dont la structure et la figure soient à peu près les mêmes. Cette boîte sera exactement soudée. »

Ainsi a-t-il été fait pour le cœur du dauphin Louis-Joseph, selon un rite ancestral presque immuable. Bourré d'aromates, entouré de linges, on l'a enfermé dans une double enveloppe de vermeil et de plomb. Comme nous l'avons dit au chapitre 11, il a été déposé, après son embaumement, dans la crypte Sainte-Anne du Val-de-Grâce, identifié par une plaque de cuivre à son nom. Cette plaque – sauvée des tumultes révolutionnaires – se trouve aujourd'hui au musée Crozatier du Puy-en-Velay, avec quelques autres de même provenance.

Mais comment peut-on être certain que Louis-Joseph a bien été embaumé comme l'exigeait la coutume ? C'est que l'on dispose, dans les comptes des Menus-Plaisirs, aux Archives nationales – entre autres sous la cote O1-2983 – du détail des paiements effectués pour les obsèques du jeune prince. On y relève ainsi que les « quatre apothicaires du roi » ont reçu six cents livres pour pratiquer l'embaumement du défunt. Vanot, marchand de toile rue Saint-Denis « à la Picarde » a touché trois cent une livres, dix sols et six deniers pour la fourniture de quarante-huit serviettes et six nappes de cretonne, ainsi que de cinq bandes de toile de Flandre, pour les besoins de l'opération. Quant à Lucas et Gendouin, « entrepreneurs plombiers ordinaires des Bâtiments du roi », ce sont eux qui ont confectionné le « cœur de plomb », facturé trente livres. « Auguste, orfèvre ordinaire du roi » a fourni la plaque en cuivre évoquée plus haut, « pour mettre sur le cœur de plomb, plus un cœur en vermeil, surmonté d'une couronne de dauphin pour renfermer le cœur du prince, aussi avec une suscription ».

Une fantaisie historico-romanesque

Négligeant cette évidence que les cœurs des deux frères, ayant subi un traitement aussi dissemblable, n'auraient pu être confondus – si jamais ils s'étaient trouvés dans un même lieu –, certains évasionnistes têtus se sont évertués à échafauder une incroyable fantaisie historico-romanesque. Tout d'abord, ils ont supposé que l'un et l'autre cœur auraient été réunis chez

Monseigneur de Quélen. Après quoi, ils ont supposé que le cœur de Louis-Joseph aurait été sauvé des décombres du sac de 1830 par Pierre, le fils aîné du docteur Pelletan – croyant lui aussi récupérer le cœur de Louis XVII –, tandis que le cœur de l'enfant du Temple aurait été sauvé, dans le même temps, et à son insu, par son frère cadet Philippe-Gabriel !

Quelques années plus tard – sans doute vers 1870 – le cœur du premier dauphin aurait été offert au comte de Chambord. Le prince l'aurait accepté, croyant de bonne foi qu'il s'agissait de celui de Louis XVII, et il l'aurait placé chez lui à Frohsdorf. C'est là que le cœur de Louis-Joseph aurait été rejoint, en 1895, par celui de Louis-Charles – ou plutôt du « substitué » mort à sa place au Temple. Enfin, dernier tour de prestidigitation, les deux viscères, toujours en Autriche, auraient été intervertis – à une date inconnue – par une main aussi facétieuse qu'anonyme. Main non identifiée qui aurait, par la même occasion, escamoté le cœur surnuméraire !

Un seul élément suffit à faire s'effondrer ce fragile château de cartes. Si, en 1830, le cœur de Louis XVII se trouvait bien, comme nous l'avons vu, à l'archevêché... celui de son frère aîné n'y était point. Pour alléguer le contraire, les survivantistes ne peuvent citer qu'une phrase, tirée d'un article publié dans une obscure feuille locale, *Le Littoral de la Somme...* en 1895, trois quarts de siècle après les événements. En revanche, dans la narration qu'il fait peu après sa visite au cardinal de Quélen, le docteur Philippe-Jean Pelletan rapporte :

« Monseigneur l'archevêque [...] me dit qu'on devait très incessamment rendre au culte l'église du Val-de-Grâce [...] ; que le projet était d'y placer le cœur du frère aîné de Louis XVII, qu'un avocat qu'il me nomma avait heureusement conservé. » Or, à aucun moment Monseigneur de Quélen ne laisse entendre à Pelletan que le cœur du premier dauphin serait présentement à l'archevêché. Au reste, dans ce cas, il lui aurait probablement montré. Et le chirurgien aurait consigné le fait dans son compte-rendu.

L'histoire du deuxième cœur

Il convient ici d'expliquer que, depuis la Révolution, le cœur embaumé de Louis-Joseph a connu, lui aussi, un parcours mouvementé. Au cours des derniers mois de 1792, le Val-de-Grâce est profané. Dans le n° 182 de son journal *Les Révolutions de Paris* – daté du 29 décembre 1792 – Prud'homme évoque « les cœurs des tyrans, embaumés [... qui] déjà gisent pêle-mêle sur le pavé de la chapelle funéraire [...] dépouillés de leurs enveloppes d'argent et d'or ». Grâce aux pièces du dossier O3-629 des Archives nationales, nous savons que certains de ces cœurs – en particulier ceux de Louis XIII et de Louis XIV, transférés l'année précédente de l'église Saint-Louis-Saint-Paul du Marais – ont été emportés par des artistes qui comptaient les broyer pour en faire de la « mummie », une sorte de fixateur utilisé en peinture.

Quant au cœur de Louis-Joseph, un « rapport au roi » de 1817, émanant du ministre de l'Intérieur

Joseph Lainé – et conservé aux Archives nationales sous la cote F7-4389 D 2-4 –, nous apprend qu'il a lui aussi échappé à la destruction :

« Sire, il vient d'être fait remise au maire du 12e arrondissement de Paris, par un Sieur Thévenin qui en était dépositaire, du cœur de Son Altesse Royale Monseigneur le dauphin fils aîné de Sa Majesté Louis XVI.

« Monsieur le préfet de la Seine en me donnant cet avis me transmet les renseignements suivants qu'il assure avoir été recueillis avec le plus grand soin par Monsieur le maire.

« En brumaire an II (octobre 1793), lors de la spoliation des tombeaux de la famille des Bourbons, au Val-de-Grâce, un Sieur Legoy, secrétaire du comité de l'Observatoire assistant à cet enlèvement, recueillit un cœur qui suivant l'indication gravée sur la double enveloppe de plomb et de vermeil dont il était recouvert était celui de Son Altesse Royale Monseigneur le dauphin Louis-Joseph-Xavier-François, fils aîné de Sa Majesté Louis XVI, né à Versailles le 22 octobre 1781 et mort à Meudon, le 4 juin 1789.

« Dans la crainte d'être inquiété, à raison de ce dépôt, comme fonctionnaire public, le Sieur Legoy le remit à son père. Au décès de ce dernier, arrivé le 1er août 1811, ce dépôt resta entre les mains de sa veuve.

« Enfin, d'après l'intention plusieurs fois manifestée et jamais réalisée de la part de la dame Legoy de confier ce dépôt au Sieur Guichard son voisin, la femme Malevre, femme de confiance de cette dame, et parente du Sieur Thévenin détermina sa maîtresse peu de temps avant son décès à le remettre audit Sieur Thévenin dernier détenteur.

« Ces faits paraissent ne devoir laisser aucun doute sur l'origine et la sincérité de ce dépôt.

« J'ai l'honneur de prier Sa Majesté de vouloir bien me donner ses ordres à ce sujet. »

Un autre document de la même liasse nous apprend que « d'après le rapport de Monsieur le préfet de la Seine, c'est Monsieur le maire du 12e arrondissement (Monsieur Cochin, rue du Canivet n° 3 près Saint-Sulpice) qui a remis le cœur de Son Altesse Royale le dauphin, fils aîné de Louis XVI. »

Ce Thévenin, « dernier détenteur », est-il l'avocat évoqué onze ans plus tard par Monseigneur de Quélen dans sa conversation avec Pelletan ? On retrouve effectivement, aux Archives du Palais de Justice, plusieurs hommes du loi du nom de Thévenin, dont un certain Jean-Baptiste-Antoine, qui sera même bâtonnier, mais on ne relève nulle trace du cœur de Louis-Joseph dans les papiers que possède son descendant, lui-même avocat.

La relique serait-elle donc restée entre les mains de Jacques-Denis, baron Cochin, maire du 12e – actuel 5e arrondissement ? La famille Cochin – qui plonge ses racines jusqu'au règne de Saint Louis – n'en a gardé aucun souvenir. Aurait-il été détruit au cours d'une des révolutions qui ont embrasé le XIXe siècle parisien ? Nul ne saurait aujourd'hui l'affirmer. Plusieurs pistes à exploiter s'offrent encore à l'enquêteur. La recherche demeure ouverte...

Pour autant, rien ne permet de prétendre que « Henri V », comte de Chambord, dernier rejeton de la branche aînée des Bourbons, se serait vu remettre, aux alentours de 1870, un cœur présenté comme celui de Louis XVII – mais qui aurait été en fait celui de son frère aîné. Cette hasardeuse hypothèse, elle aussi, ne repose que sur une citation unique. Dans une lettre datée du 17 octobre 1885 – conservée aux Archives des Jésuites de Vanves, près de Paris – le père Bole, aumônier du défunt comte de Chambord, évoque en ces termes le cœur soustrait par Pelletan : « Monseigneur l'a reçu après avoir fait examiner toutes les pièces et documents qui en constatent l'authenticité. »

Selon le dictionnaire Littré de 1872, le verbe « recevoir » peut signifier « agréer, accepter », « reconnaître comme vrai, comme valable ». C'est sans doute le sens qu'il faut lui donner ici, d'autant que le père Bole, partisan zélé des Bourbons d'Espagne, ne manquera pas, en d'autres circonstances, d'« interpréter » après coup les propos et les intentions du comte de Chambord.

Nous savons en effet que le 5 juin 1883, Maître Edouard Barre, exécuteur testamentaire de Philippe-Gabriel Pelletan, a adressé à Joachim Barrande, mentor et fondé de pouvoir du comte de Chambord, un dossier très détaillé au sujet du cœur de Louis XVII. Dans sa réponse, Barrande s'est déclaré favorablement impressionné, ajoutant qu'il a transmis le dossier au prince, dont il attend une réponse positive.

La commission du comte de Blacas

De son côté, dans ses *Notes et souvenirs pour servir à l'histoire du parti royaliste*, Henri-Scipion-Charles, marquis de Dreux-Brézé, confirme qu'en 1882, les partisans des Naundorff ayant lancé une campagne de propagande, « le propriétaire du cœur de l'enfant mort au Temple, cœur recueilli au cours de l'autopsie par le docteur Pelletan, sollicitait de Monseigneur [le comte de Chambord] la permission de le lui offrir. Le renouvellement de ces attaques et cette proposition décidèrent Monsieur le comte de Chambord, quelque temps avant sa mort, à accueillir, s'il y avait lieu de le faire favorablement, la demande qui lui était soumise.

« Il avait déclaré son intention de constituer une commission chargée d'étudier la question de l'authenticité de ce cœur et désigné, pour en faire partie, les personnes dont les noms suivent : Messieurs le comte de Blacas, le comte H[enri] de Vanssay, Lucien Brun, le comte A[dheaume] de Chevigné, Delepouve et moi. Cette commission, dont le comte de Blacas eût été le président et le comte A[dheaume] de Chevigné le secrétaire, devait, après s'être entourée de tous les renseignements destinés à l'éclairer, soumettre, sous forme de rapport à Monseigneur, les résultats de ses recherches et le résumé de ses impressions. Elle n'a, par suite de la mort de Monsieur le comte de Chambord, jamais fonctionné ».

Le 24 août 1883, « Henri V » rend son âme à Dieu, sans avoir eu le temps de prendre sa décision finale. Inutile de préciser que, si un « autre cœur de Louis XVII » – transmis par Pierre Pelletan – s'était d'ores et déjà trouvé à Frohsdorf, le prince n'aurait pas pris la peine de mettre sur pied cette commission, composée de ses plus proches et fidèles collaborateurs. Et Barrande l'aurait alors signalé à Maître Barre, en s'étonnant de son étrange requête. Ajoutons enfin que, dans le *Journal* inédit que le comte de Chambord a tenu quotidiennement de 1846 à sa mort – et dont je viens d'établir l'édition critique –, il n'est jamais question de ce cœur fantomatique, ni en 1870, ni à aucun autre moment.

De la « traçabilité »...

Ainsi donc, la « traçabilité » du cœur de Louis XVII peut non seulement être établie depuis la tour du Temple jusqu'à la crypte de Saint-Denis où il repose aujourd'hui grâce à une pléthore de documents d'archives qui attestent de son identité. Mais encore, la différence de traitement entre le cœur de Louis XVII – conservé dans l'alcool – et celui de Louis-Joseph – embaumé selon les procédés traditionnels – aurait interdit qu'on puisse les confondre. Par ailleurs, rien n'atteste que les deux cœurs des deux frères aient été jamais réunis.

Interrogé par le ministre de la Culture, M. Jean-Jacques Aillagon, sur l'opportunité d'une déposition solennelle du cœur de Louis XVII à Saint-Denis, l'universitaire Jean Tulard écrira, dans son ouvrage *Les Thermidoriens* :

« Que le cœur ait été refusé par Louis XVIII et la duchesse d'Angoulême ne signifie pas qu'il n'est pas celui de l'enfant royal. C'était une forme de prudence que ne pouvait que partager l'historien jusqu'aux résultats des analyses d'ADN publiés le 19 avril 2000. Les résultats obtenus par les professeurs Cassiman et

Brinkmann montrent un lien de parenté avec Marie-Antoinette et confirment en conséquence que ce cœur est bien celui de Louis XVII mort au Temple. (*Note de l'auteur* : Philippe Delorme, *Louis XVII, la vérité*. Philippe Delorme a été à l'origine de l'examen) [...] Il est vrai que Louis XVII avait eu un frère aîné, Louis-Joseph, décédé le 4 juin 1789 [...] Mais le cœur qui a été soumis à l'analyse de l'ADN ne montrait pas de traces d'embaumement ou d'un traitement respectueux de la personnalité du dauphin. On peut donc penser, si l'on fait confiance à l'analyse ADN (procédé reconnu par la justice), que Louis XVII est bien mort au Temple le 8 juin 1795. »

Son authenticité établie, avec la bénédiction de la Vᵉ République, le cœur du petit roi peut enfin rejoindre ses parents, pour l'Eternité, à Saint-Denis dans la crypte des Bourbons.

En ce matin du mardi 8 juin 2004, plus de cinq mille personnes ont répondu à l'appel du passé. La cérémonie se veut à la fois grandiose et familiale. La basilique de l'abbé Suger revêt ses fastes d'autrefois et le parfum des siècles. Depuis les obsèques de Louis XVIII, à l'automne de 1824, l'antique nécropole des rois de France n'a pas connu pareil décorum.

Au premier rang, don Luis Alfonso de Bourbon – « Louis XX » pour ses partisans –, le seul avec le duc de Séville des Bourbons madrilènes, domine l'assistance de sa haute taille. À sa droite, l'archiduc Karl d'Autriche représente les Habsbourg-Lorraine, la lignée maternelle de Louis XVII. Alentour, une brassée de Bourbon-Parme, dont le prince Jean de

Luxembourg, occupent les places d'honneur. Ne restent-ils pas les plus proches, par le sang, du petit prisonnier du Temple ? Cependant, si l'on remarque parmi ces descendants de Philippe V d'Espagne plusieurs princes de nationalité française, comment ne pas regretter l'absence du comte de Paris et des princes de la Maison de France ? Le duc de Parme, le duc de Castro et le comte de Bourbon-Busset, chefs des autres lignées capétiennes, ne sont pas là eux non plus. Sans doute parce que aucun d'entre eux ne veut reconnaître à leur cousin Luis Alfonso sa qualité très contestable de « chef de la Maison de Bourbon ». La veille, le cœur de Louis XVII a été exposé toute la journée à Saint-Germain-l'Auxerrois, l'ancienne paroisse parisienne des rois. Symboliquement, le prince Jean d'Orléans, duc de Vendôme, y a fait déposer une gerbe de lys.

La messe du Sacré-Cœur

Dans le corbillard automobile de la Maison Borniol, escorté par des motards, la relique royale vient de regagner Saint-Denis. À dix heures, une sonnerie de trompettes éclate lorsque le jeune prince Amaury de Bourbon-Parme, douze ans, remonte la nef à pas cérémonieux en portant le vase de cristal, recouvert d'un voile violet. L'archiprêtre, le père Dominique Lebrun – aujourd'hui évêque de Saint-Etienne –, ne cache pas sa joie de voir ainsi sa cathédrale archicomble. Par le truchement d'un écran géant, dressé près du porche, il s'adresse également aux très nombreux fidèles qui n'ont pu trouver de place à l'intérieur, ainsi qu'à toute la population dyonisienne. Quant à l'urne, elle a été posée sur une estrade fleurdelisée, juste devant la couronne des funérailles de Louis XVIII. Commence alors la messe dédiée au Sacré-Cœur. Dans les stalles, autour de l'autel, se presse un nombreux clergé, où domine la crosse du cardinal Jean Honoré, archevêque émérite de Tours. En face de lui, le nonce apostolique Monseigneur Fortunato Baldelli, témoigne par sa présence de la reconnaissance officielle de l'Eglise et du pape Jean-Paul II.

Au cours de son homélie, le cardinal Honoré stigmatisera le « fanatisme et le cynisme criminels » des geôliers de Louis XVII, qui ont poussé l'ignominie jusqu'à contraindre le dauphin à accuser sa mère d'inceste. Soulignant « le respect absolu qu'impose la fragilité d'un enfant dans notre monde actuel », il rend hommage à « l'innocence martyre de l'Enfant du Temple, enfant perdu ne sachant plus rien de ce qu'il a été et de ce qu'il est ». Un enfant « à la vie qui s'en va et la mort qui approche ».

L'après-midi, une cérémonie moins solennelle – plus spirituelle peut-être – accompagne le petit cœur jusqu'à sa dernière demeure, dans la chapelle des Bourbons. L'abbé Christian Chanut, curé de Milly-la-Forêt, prononce une bouleversante absoute, s'adressant au fils de Louis XVI avec ce titre de « Sire » que seule sa mère, sans doute, lui a donné. Evoquant ensuite les malheurs des Français sous la Révolution, le prêtre s'interroge : « Quel roi a été le roi de son pays plus que vous, vous qui viviez les mêmes misères, les mêmes terreurs et les mêmes injustices ? » Et de conclure, pour que ce destin brisé serve d'exemple, et qu'à l'avenir, plus aucun enfant ne soit ainsi victime de la folie des adultes : « Dans cette crypte, nous voulons voir naître l'espoir. »

À cet enfant dont l'on a dérobé l'existence, justice a été enfin rendue en lui restituant la vérité de sa mort. Quel temps faisait-il lorsque s'est éteint, le 20 prairial de l'an III, dans la pénombre du Temple, abandonné de tous, « Louis-Charles Capet, fils du dernier roi des Français » ? Deux cent neuf ans plus tard, un glorieux soleil rayonnait sur Paris et sa banlieue. Comme si le ciel avait voulu signifier qu'il s'agissait d'un jour d'espérance et non de deuil. L'enfant roi, égaré depuis deux siècles dans les limbes de l'Histoire, retrouvait enfin les siens.

Orientations bibliographiques

Nous n'avons sélectionné que des ouvrages
en français, actuellement disponibles en librairie.

BEAUCHESNE (Alcide de), *Louis XVII, sa vie, son agonie, sa mort, captivité de la famille royale au Temple*, deux tomes, reprint, 2003.

BERTIÈRE (Simone), *Marie-Antoinette, l'insoumise*, 2003.

BLANRUE (Paul-Eric), *Le Mystère du Temple – la vraie mort de Louis XVII*, 1996.

BLED (Jean-Paul), *Les Lys en exil ou la Seconde Mort de l'Ancien Régime*, 1992.

BLUCHE (François), *La Vie quotidienne au temps de Louis XVI*, 1989.

BORDONOVE (Georges), *Louis XVI, le roi martyr*, 1993.

CARTRON (Michel-Bernard), *Marie-Thérèse, duchesse d'Angoulême,* 2003.

CASTELOT (André), *Madame Royale*, 2008.

DECAUX (Alain), *C'était Versailles*, 2007.

FÉLIX (Joël), *Louis XVI et Marie-Antoinette, un couple en politique*, 2006.

FRASER (Antonia), *Marie-Antoinette*, 2006.

FURET (François) et OZOUF (Mona), *Dictionnaire critique de la Révolution française*, 1992.

GAXOTTE (Pierre), *La Révolution française*, 1996.

GIRAULT de COURSAC (Paul et Pierrette), *Louis XVI et Marie-Antoinette, vie conjugale – vie politique*, 1990.

HAMANN (Jacques) et ETIENNE (Maurice), *Louis XVII et les 101 prétendants*, 1999.

HUERTAS (Monique de), *Madame Royale, l'énigmatique destinée de la fille de Louis XVI*, 1999.

LEVER (Evelyne), *Marie-Antoinette*, 1991.

MARCHAL de SALM (Eric), *Les Ancêtres de Louis XVII*, 2004.

OZOUF (Mona), *Varennes : la mort de la royauté, 21 juin 1791*, 2005.

PETITFILS (Jean-Christian), *Louis XVI*, 2005.

REYNAUD (Elisabeth), *Madame Elisabeth, sœur de Louis XVI*, 2007.

RITCHEY NEWTON (William) et ARIZZOLI-CLÉMENTEL (Pierre), *La Petite Cour : services et serviteurs à la cour de Versailles au* XVIIIe *siècle*, 2006.

SECHER (Reynald) et Murat (Yves), *Un prince méconnu, le dauphin Louis-Joseph, fils aîné de Louis XVI*, 1998.

ZWEIG (Stefan), *Marie-Antoinette*, 1999.

Table